品读大连·第四季

记忆大连老街（续）

JIYI DALIAN LAOJIE

嵇汝广 著

大连出版社
DALIAN PUBLISHING HOUSE

图书在版编目(CIP)数据

记忆 · 大连老街:续 / 嵇汝广著. —大连:大连出版社,2015.2
(品读大连 · 第四季)
ISBN 978-7-5505-0848-4

Ⅰ.①记… Ⅱ.①嵇… Ⅲ.①城市史—大连市 Ⅳ.①K293.13

中国版本图书馆CIP数据核字(2014)第298698号

出 版 人:刘明辉
策划编辑:刘明辉 李 岩 郭朝晖 张 波 卢 锋
责任编辑:檀 月
封面设计:林 洋
封面绘图:孙有强
版式设计:阎 骋 王 岩
责任校对:尚 杰 刘丽君 姚 兰
责任印制:阎 骋

出版发行者:大连出版社
地址:大连市西岗区长白街10号
邮编:116011
电话:0411-83627375/83621075
传真:0411-83610391
网址:http://www.dlmpm.com
邮箱:cbs@dl.gov.cn
印 刷 者:大连华伟印刷有限公司
经 销 者:各地新华书店

幅面尺寸:170mm×230mm
印 张:21.25
字 数:385千字
出版时间:2015年2月第1版
印刷时间:2015年2月第1次印刷
书 号:ISBN 978-7-5505-0848-4
定 价:49.00元

我爱大连

大连出版社将要编辑出版“品读大连”系列丛书，我非常赞成。作为一个土生土长的大连人和曾经参与过这个城市建设与发展的领导人之一，我对大连总是有一种偏爱，总是觉得这个城市所蕴涵的文化值得我们去认真挖掘。这套丛书动员十几位作者，分十几个专题对大连的文化现象进行挖掘和梳理，我认为这项工作十分有价值。

大连是一座充满活力、现代感非常强、文化不断创新的城市，也是一座有着特殊历史和个性的城市。因此，如何在新的时期找出大连的文化定位，挖掘大连的文化内涵，突出大连的城市性格，使城市的根和魂能不断通过文化来体现，并最终提炼出大连的城市精神，既是城市的管理者、建设者所要关注的，也是所有文化工作者义不容辞的责任。另一方面，随着经济的飞速发展，中国的城市化进程不断加快，在这个过程中，我们也面临着“千城一面”的特色危机，很多城市面貌趋同，城市个性模糊。实际上，城市发展不仅仅是 GDP 的单纯增长，文化内涵的建设与发展也是一个重要方面，文化竞争力将决定城市未来的竞争力。

因此，我觉得此次大连市委宣传部和大连出版社共同策划出版“品读大连”系列丛书，可谓正当其时。从多层面多角度挖掘、整理、总结、诠释大连的风物人情、文化脉络、人文价值，并以图书的形式把这些宝贵的非物质财富积累、沉淀下来，无论是对于大连这座年轻却饱经沧桑的城市来说，还是对于 600 万大连市民乃至我们的子孙后代来说，都是一件功在当代、利在千秋的好事情。当然，在宣传城市、促进交流、满足各界人士阅读需求、提升市民文化素养、锻造城市品牌力等方面，也都具有重要意义。作为一个大连人，我对这套丛书充满期待。

与中国其他城市相比，大连建市时间较短，很多人以此认为她没有文化，甚至使用了“文化沙漠”这样的词汇来定义她，很多大连人往往也是一提到“文化底蕴”就没了自信。实际上，大连有自己独特的历史文化积淀，她缺的不是文化，而是发现的眼睛、挖掘的意识、提炼的行动。这正是我们应该做并且正在做的。

最后，我想借用一句大连的流行语来表达我的心情：

我爱大连，从未离开。

这句话揭示了每一个热爱故乡的大连人内心深藏的情感。作为其中的一员，我愿怀着赤诚之心为她作出自己绵薄的贡献。

中共辽宁省委副书记 

目录
CONTENTS

目录

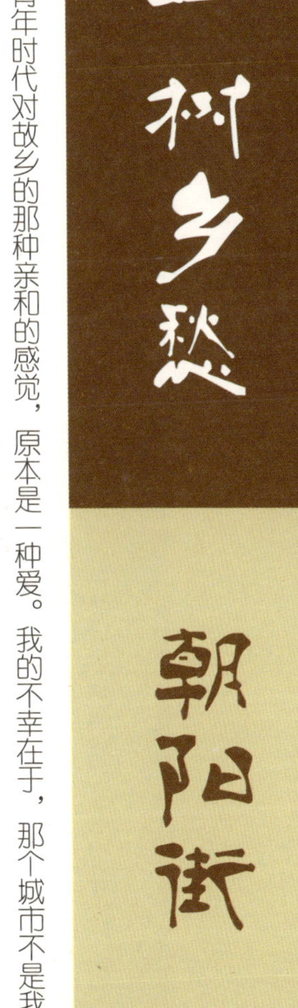

『从幼年到青年时代对故乡的那种亲和的感觉，原本是一种爱。我的不幸在于，那个城市不是我的祖国土地的一部分，我却似乎一生都不会放弃对它的执着。』

友谊医院
（满铁朝阳寮旧址，2013年拆）
出光商会旧址
三八广场
鲁迅路
顺阳街
高田写真馆位置
和阳街
学士街
杏林街
朝阳街
育才街
春德街
风景小学靠朝阳街
路旁最老的银杏树
附近即清冈卓行故居一带

朝阳街位于大连东部，是三八广场周边放射状道路之一，1909年始建，当时叫朝日町，解放后改朝阳街。

▼三八广场

朝阳街上最值得一说的当是三八广场。

日本侵占大连后，沿袭俄国人的城市规划，于1914年大致完成东部市街建设，设置了8个具有代表性的圆形广场，三八广场便是其中之一。俄国规划中此为博物馆广场，日本侵略者后来在此建宣扬侵略战功的表忠碑，故称为“表忠碑广场”。1925年开通有轨电车，表忠碑被迁至中央公园（今劳动公园）。翌年，“表忠碑广场”改名“朝日广场”。1946年6月1日，“朝日广场”改名“朱德广场”。后周恩来到大连视察时，提出毛泽东、朱德等领导人名字不宜用于命名城市道路，又为了纪念“三八”国际妇女节，广场因而改叫“三八广场”。

三八广场的大连友谊医院旧楼是原满铁朝阳寮（即独身宿舍），建于1935年。苏军进驻大连后，于1947年将这里改为医院，称“旅大市中苏友谊医院”，由苏联专家管理，是当时大连地区拥有一流医疗技术水平和设备的医院。

1950年12月26日，为做好抗美援朝医疗后勤工作，接受伤员治疗任务，旅大市卫生局及中苏友谊医院组成第三战勤医院。许多朝鲜战场上受伤的志愿

今日朝阳街（摄于2014年11月2日）

军战士都被运至这里治疗，附近的有轨电车夜间时就曾担任过运送受伤战士的任务。1952年8月，第三战勤医院编号撤销，位于朝阳街42号的旅大市中苏友谊医院全部搬迁到五五路43号，保留了第三战勤医院的部分医务人员，医生、护士主要是苏联人，服务对象以中国人为主。1958年，苏军撤离前将医院移交给中国政府。同年8月，根据旅大市卫生局指示，旅大市立第一医院并入旅大市中苏友谊医院，合并后名称为旅大市中苏友谊医院。

此后，医院先后更名旅大市第一人民医院、中心医院。1968年10月，医院三八广场住院部划归旅大市卫生局，更名为中山区人民医院。1982年，正式定名大连市友谊医院，不过，老大连人还是习惯称之为“三八医院”。在大连谈及友谊医院不一定谁都知道，但是一提三八医院，多数人都有印象，已然成为当时地标性建筑。

友谊医院东面三八广场2号深圳发展银行所在建筑是日本侵占时期出光商会故址。出光商会本店在日本门司，业主叫出光佐三，1940年3月改组为股份有限公司。出光商会大连支店主要经营石油、汽油、润滑油、沥青、涂料、五金机械、锅炉、自动三轮车、电石、火柴、蜡烛、酒精及海上火灾保险等。《满洲建筑杂志》记载，出光商会大连支店办公楼原名成发东，建于1936年左右。日本投降后，出光商会大连支店关闭，后为苏军接收。

大连友谊医院旧楼，日本侵占时期是满铁朝阳寮（已拆，摄于2013年12月）

“表忠碑”旧照

位于顺阳街口朝阳街4号的日本房是高田写真馆（照相馆）旧址，现为一处公宅，古韵依旧。其西侧的一座日本房原是日本侵占时期清水组（一家建筑工程公司）旧址，现在被用作某楼盘的售楼处。林立的高楼之中，它们让人尚能触摸到那些消失的景致。

▼清冈卓行故居

清冈卓行是日本当代著名诗人、作家。他在大连出生长大，因此对滨城充满“乡愁”之情。他写过很多回忆大连的文章，第一篇与大连相关的小说是《清晨的悲哀》,写作起因是爱妻的病逝。他同妻子在大连相识并结合，对往事充满了无限眷恋，为此又一气写下《洋槐树下的大连》，这部自传体小说也是其作品中最为著名的。1969年，小说荣获日本最高文学奖“芥川奖”，因为广为传播，在很多日本年轻人心目中形成了大连比日本好的烙印。

“从幼年到青年时代对故乡的那种亲和的感觉，原本是一种爱。我的不幸在于，那个城市不是我的祖国土地的一部分，我却似乎一生都不会放弃对它的执着。”度过动荡的人生才能沉淀出这样的文字。清冈卓行儿时在大连的居所就在洋槐林立的朝阳街上。

清冈卓行

日本侵占时期的清水组旧址（摄于2012年10月）

世人想起故居便会感到亲暖，这种纯朴的情感，人皆有之。沐浴着温暖的冬阳，清冈卓行于1982年重返大连，探访儿时故居。故居位于原朝阳街93号。那一带的地理，早已深深铭刻在他的脑海中，一枝一叶，一草一木，是那样引人动情。故居院中有一株银杏树，老大连人叫白果树，那是清冈卓行读小学三年级时，由他的父亲种下的。洋房门前是人行步道，红色和暗红色的门以前都是白色，唯有窗框和过去一样。

清冈卓行回忆，他的故居位于日本侵占时期“共荣住宅”

的东端。“共荣住宅”组合以满铁社员为中心，联合三井物产、三菱商事大连支店的职员们组成。百余座建筑样式基本相同，但又各有特点，绿屋顶，白墙壁，红围墙，建筑用的砖瓦都是西洋式的，给人的感觉颇似第一次世界大战后的风格。房子皆有暖房设备，先进程度甚至超过当时的日本。房屋的排列具有明显的欧陆风情，形形色色高大的石造建筑间，多有高高的英国式、法国式、荷兰式等风格的砖瓦围墙相隔。登上附近的小山远眺，红色、茶色、绿色、灰色等各样的屋顶后，皆有一根高高的四角形状的烟囱，非常壮观。

日本投降前，清冈卓行的父亲已经退休，当时刚好63岁。他曾担任过满铁土木课技师、满铁工务课课长、大连筑港事务所所长、哈尔滨造船厂厂长等职。退休后，他自寻乐趣，或在院子里拾掇花草，或与附近的老人们下围棋。清冈卓行的母亲则从心底憎恨战争，终日牵挂战场上的两个儿子，天天在神龛前祈祷。

1948 年，清冈卓行一家离开大连故居，这里随后住进高大的苏联人。1958 年，一个叫林意贵的大连人成为别墅的新主人，他是部队转业干部，1933 年在四川省广安县参加红军的老军人，曾任大连市交通公司经理。林意贵非常热情地接待了访问故居的清冈卓行。对于历史的际遇，无需刻意躲避，主人和他唠起了家常，彼此之间没有一点隔阂，林意贵还让儿子拿来三十里堡的苹果给清冈卓行品尝。

清冈卓行故居的那株白果树（摄于 2013 年 10 月）

2011 年 8 月，林意贵先生的大女儿林乐星和笔者在大外宾馆相会。林乐星讲，她家所在的大院有 12 栋别墅，院中间是一个大鱼池，即清冈卓行在《初冬的大连》里描写的那个萦绕在他梦境中的蓝色钓鱼池。当时，每家门前都有高大的白果树和藤树，夏天的晚上，女孩们会聚集在藤树下玩，而男孩们则集中在大鱼池那儿嬉戏……洋楼多年前已拆除，但清冈卓行父亲种下的银杏树还在。

如今风景小学院外靠近朝阳街的最粗壮的白果树就是清冈卓行故居院中的那株，林乐星说，作为记忆，它应该被保护起来。

槐香渐远

鞍山路

雨过天晴，虫鸣鸟唱，槐树花香沁人肺腑。若有兴致，可徒步走到桥上回望斜阳。人生何处不风流，慢慢消解一点一滴乡愁。

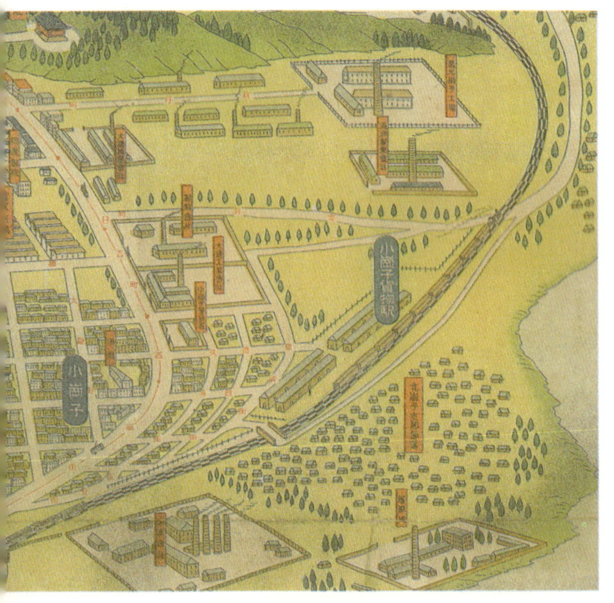

1930 年手绘地图上的鞍山路

游走每一条大连老街，都能寻找到记忆的碎片，鞍山路即是如此。

朋友贺业伟送笔者一本日本侵占时期《大连番地入案内》(复印本)，看后才知晓，大连原先也有长安大街，即北岗桥与东关桥间的鞍山路路段。鞍山路始建于 1912 年，东起东关桥，西至中长街，因是土路，遇上大风天便会尘土飞扬，赶上雨季亦是坑洼泥泞，行人苦不堪言。1920 年，鞍山路铺设柏油马路；1923 年，铺设部分花岗岩条石路面；1934 年，横跨沟壑建造了敦实的北岗桥。鞍山路两旁曾遍植洋槐和柳树。

大连最好的季节是五月，盎然之间飘散着初夏的萌动。每年这时，人们都盼着赏槐会，槐花胜雪，一簇簇挂满枝梢。树荫下，游人久不散去，沉醉在槐香里不能自已。

鞍山路上的老槐树几经变迁，很多已经不见了。东关桥洞旁尚存有十数株，歪歪扭扭顽强耸立路北，灰白相间的老房子依稀错落路南。大连人对槐花的感情就像对大海的感情般与生俱来，不仅赏、闻，还有尝，发明了很多与槐花有关的吃食。儿时在外面疯跑累了，捋一串槐树花塞到嘴里，香甜的槐汁浸润着童年的美好。

▼北岗桥

北岗桥源于地名，即北岗子。北岗子一带还有另一个称谓，叫朱家屯，因大粪厂在此，老大连人又把这里称为“大粪厂”。双兴街一带，旧时称“埋立地”。“埋立地”在日语中是“填海造地”的意思，也就是说建城之初这一带是海滩。因屠宰场在这里，民间又将这里俗称为“杀猪场”。虽然名字有些俗气，却透着乡土的亲切感。无论上班下班，还是购物逛街，沿着铁路行走是朱家屯人生活中的一部分。桥南桥北两重天，在人们眼中，向南跨过北岗桥就算进了城。

北岗桥是老大连人自行建设新开大街工程的一部分。早年因为没有桥，住在北岗子与“埋立地”的居民若想去新开大街必须绕路远行。如果图省事，就得攀越火车道，不

今日北岗桥（摄于 2014 年 7 月 28 日）

仅危险，也有失都市的风度。如果还要找些理由，与“杀猪场”多少有些关系，无论是西岗市场，还是新开大街，抑或是福兴里一带的肉铺，都要到“杀猪场”进货，没有桥他们也不方便。这些虽不是正解，却符合人情世故。有了北岗桥，住在香炉礁一带的居民也来此借光，遂有了新开大街的繁华。

记忆中，北岗桥最美莫过于春末夏初的雨落槐香。雨不大却绵绵续续，槐树花刚刚绽开就被打落到地上。雨过天晴，虫鸣鸟唱，槐树花香沁人肺腑。若有兴致，可徒步走到桥上回望斜阳。人生何处不风流，慢慢消解一点一滴乡愁。

▼大连西站

鞍山路尚残留许多碎忆，大连西站即是。东站（2011 年拆除）在东大连，日本殖民者把它叫作“吾妻驿”；西站在西岗，旧时称“小岗子”，故叫作“小岗子驿”。 1922 年 12 月 1 日，满铁设置小岗子营业所（原大连西站）。

说起小岗子驿，很多老大连人会记起周子扬。周子扬生于1888年，是“此地巴子”（即大连当地人）。上世纪初，周子扬在小岗子泰来当铺工作。1913年，他开始自主创业，在小岗子创办泰来油坊。那时正是大连油坊业鼎盛时期，因其亲力亲为，泰来油坊的产量甚至超过张本政、郭精义、庞睦堂等富豪所经营的油坊。20世纪20年代初，周子扬成为一方

泰来油坊的广告

富甲。第一次世界大战结束后，西方国家油的需求量减少，再加上税费、运费等原因，油坊业利益空间剧减，大连一些油坊相继倒闭，但泰来油坊照常营业。

周子扬为人敦厚务实，又肯帮大家办事，在西岗一带颇有威望。1926 年，周子扬当选小岗子华商公议会副会长。当时，北岗桥尚未建造，西岗商户多要到今日大菜市附近海边取货，极不方便。1927 年，周子扬代表小岗子华商与满铁交涉。东大连商业繁荣，西边沙河口一带也已发展起来，唯有小岗子周边还有许多真空地带，满铁自然想把势力发展过来。几经交涉，小岗子货车站得以开辟，并建有存储货物的仓库，不仅解决了附近商户货物运输及储藏困难，也为日后新开大街的繁华提奠定了基础。

解放后，小岗子驿改名大连西站。20 世纪 90 年代，这里仍旧繁忙。随着大连港部分功能转移，西站逐渐消落，慢慢废止，西站旧址如今已建成高档住宅小区。

▼大连罐头食品厂

鞍山路一带曾经聚集了大连早期的很多工厂。

鞍山路 50 号金佳商业广场是大连罐头食品厂旧址（原三春町 26 番地）。工厂前身是建于 1929 年的满洲制果会社，主要从事各种果品、肉类、鱼品、野菜等罐头产品制作，市内第一工厂建在三春町 15 番地（今东北路），第二工厂建在云井町 1 番地（今工华街），第三工厂建在三春町 26 番地。1946 年，政府利用旧厂房创建新厂，称作旅大罐头食品厂。

旅大罐头食品厂当时是大连的骨干企业。抗美援朝战争爆发后，人民志愿军进入朝鲜作战，需要

旅大罐头食品厂商标

“红塔”牌罐头商标

大量后勤补给。大连市政府接到东北军需局指示后，于 1950 年 11 月立即着手组织生产军需罐头、压缩饼干和糖果等。由于品种新、产量大，原有设备无法满足军需生产需要，罐头食品厂便组成技术攻关小组研制全自动生产线。1951 年春节，全厂干部、工人仍坚守在生产一线。大年初一凌晨，时任市委书记欧阳钦、市长韩光深入车间给辛勤劳动的工人们拜年。据记载，1950 年 11 月至 1951 年年底，罐头食品厂共生产各种罐头 2394 吨、

压缩饼干1.4万吨、各种糖果400吨，为抗美援朝战争胜利做出了重要贡献。1959年6月，朱德、董必武等来大连，亲赴工厂视察工作。说起老罐头食品厂，人们自然会想起全国知名品牌“红塔”牌罐头。1986年，“红塔”牌系列罐头产量达到2.1万吨，在辽宁省同行业中居首位，在全国同行业中位居第四位。1997年，大连罐头食品厂破产。

▼“玻璃窑子”与“小大连”

鞍山路65号丽都园小区一带是大连玻璃厂旧址。1911年，满铁中央实验所设立附属窑业实验厂（厂址在老电瓷厂大石头房附近），开始陶瓷器制作研究。1917年设立硝子（即“玻璃”之意）实验工厂和耐火砖瓦实验工厂。因为当时晶石玻璃及刻花晶石的技术发端于欧洲，特意聘请了波希米亚的玻璃工艺名匠。起初，工艺玻璃、平板玻璃、耐火砖瓦生产都属大华窑业株式会社。1922年，平板玻璃工厂和中央实验所玻璃工艺研究所合并，以昌光硝子株式会社名义独立出来，后迁至鞍山路。我国奥运第一人刘长春1927年时曾在此做过描画的学徒工。

1945年，苏军接管昌光硝子株式会社，将其改名远东电业公司玻璃工厂。1949年时，我国仅有秦皇岛、大连、沈阳的3家工厂生产平板玻璃，年产量只有92万重量箱。1950年，工厂移交给中国政府，翌年改名大连玻璃厂。当时，仍有苏联专家留在大连玻璃厂支持工作，其中有一位叫沙峰诺夫。1951年9月，秦皇岛耀华玻璃厂出现技术问题，玻璃上出现大量气泡。他们进行了多次试验，仍然没有解决这个问题，于是向重工业部请示，聘请当时大连玻璃厂的苏联专家沙峰诺夫来指导。同时，又给毛主席写信，汇报情况。

1952年出版的有关玻璃厂的书籍

毛主席看过报告后，非常重视，指示有关部门立即办理。1952年2月，沙峰诺夫来到耀华玻璃厂。经过一个月的努力，气泡问题基本得到了解决。

过去，滨城人一直把大连玻璃厂叫作“玻璃窑子”。朱家屯（今景润小区）曾有“玻璃窑子”职工宿舍。那时，“玻璃窑子”工资不高，却养活着很多人。2003年，大连玻璃厂搬迁至金州区亮甲店镇。2011年，大连玻璃厂停产。

鞍山路80号（鞍山路与联合路十字路口）的万益花园所在是政记铁工厂旧址。据《简明大连辞典》记载，政记铁工厂创立于1935年2月，位于秋月町18番地，主要从事机械、船舶机械、矿山机械、桥梁、泵、钢筋、铸铁制造、汽罐、车辆零部件、阀门等加工与销售。张本政聘请王德崇担任政记铁工厂经理，雇用128名工人。政记铁工厂因铸造工艺精密而声名远扬，被老大连人称为“小大连”。据陈维深老人记忆，工厂门面坐西朝东（即面向联合路）。解放后，人民政府以政记铁工厂为基础创建大连机床厂。

▼阀门厂与搪瓷厂

鞍山路63号“大连帝威汽修”所在是原大连高压阀门厂旧址。1956年，国有大连空气压缩机厂和公私合营水暖器材厂合并组成新厂，生产小口径锻钢阀门，1962年改叫大连高压阀门厂。工厂生产的小口径锻钢阀门产量曾占全国总产量50%以上，居全国行业之首，产品销往全国21个省市自治区。如今工厂已搬迁至后盐陶瓷城附近，旧厂房仍在。

已经废弃的鞍山路73号大连大唐商贸中心是大连搪瓷厂旧址。工厂建于1947年6月，初名大成珐琅厂，主要生产日用搪瓷制品、厨房用具、洗衣机、脱桶机、工业搪瓷等。先后更名大连珐琅厂、大连搪瓷厂，1979年改名大连搪瓷工业总厂。1985年8月，时任国务院总理赵紫阳曾来此视察。1997年，大连搪瓷厂破产。

虽说工厂倒闭了，人们每每路过还会说起老厂的名字，它已成为老大连人心底的地标。搪瓷厂生产的搪瓷制品如今是绝版收藏品，国内各大收藏网站都能寻觅到那些精美的艺术品。

大连搪瓷厂旧址（摄于2011年1月31日）

老厂碎记

『小五金』

鞍山路与长江路间的联合路路段，旧时称秋月町。以其为核心，周边都是工业区，过去坊间将这一片称作『小五金』。

鞍山路与长江路间的联合路路段，旧时称秋月町。以其为核心，周边都是工业区，过去坊间将这一片称作“小五金”。主要包括今天的工华街、振工街及联合路北段附近区域。

▼工华街上的老缝纫机厂

日本侵占时期，工华街属云井町，起自鞍山路，止于长江路，解放后改现名。工华街少有人家，多是厂矿企业。

工华街东侧2号（原云井町11番地）为一汽集团大连柴油机厂的一部分（详见东北路），日本侵占时期，这里是满洲矿石制粉工厂。工厂建于1937年12月，主要生产人造硅砂、硅石粉末、酸化铁粉、涂料、矿石粉末等，日本投降后关闭，厂房后并入大连柴油机厂。

工华街西侧是已经拆迁的瓦轴集团大连轴承制造厂旧址，正门位于北侧三春街43号（原云井町10番地）。这里也是大连缝纫机厂旧址。缝纫机厂前身是1958年成立的大连小五金厂，试制生产缝纫机，1965年更改厂名为大连缝纫

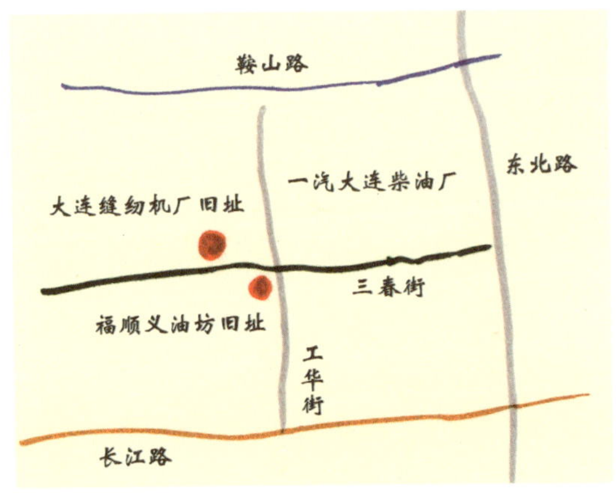

“小五金”之工华街一带

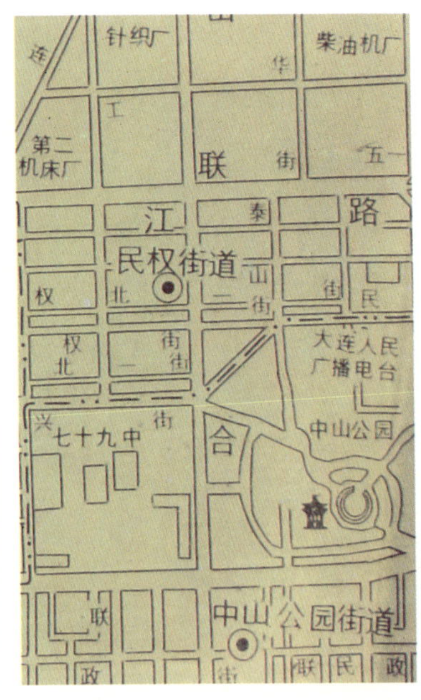

1970年大连老地图上的“小五金”一带

“前进”牌缝纫机的铭牌

厂。这也是这一区域被称作“小五金”的由来。如果再往前追溯，大连小五金厂的前身是建于1934年11月的泰兴铁工厂，主要从事罐车、铁门、蒸汽罐的制造与销售，产品销往东北腹地。日本投降后大连小五金厂关闭。说起

缝纫机，老人们多会记起“上海”牌和“前进”牌。“上海”牌顾名思义是上海货，“前进”牌则是大连造。20世纪70年代，缝纫机与自行车、手表并称结婚必备“三大件”。因为处于计划经济时代，只能凭票购买。普通人家可以没有自行车，也可以没有手表，却不能没有缝纫机。那时，逢年过节人们很少到商场买新衣，多是自缝自制。会一手针线活，蹬一脚缝纫机也是当年女人贤惠持家的标志。现在，这样的女生已不多见，老式缝纫机也成了收藏品。

三春街20号位置是福顺义油坊旧址，系解放前庞氏[1]家族产业。庞氏原是大连湾柳树屯（今大连湾镇大房身村）富裕农家，沙俄侵占旅大后，庞氏四兄弟开始做购运羊草生意。1905年，他们在大连市内经营商业。1907年夏，庞氏在西岗久寿街附近开设福顺义钱庄，后又在东乡町（今修竹街一带）增设一处福顺义钱庄。1924年6月，在云井町6番地投资10万元创办福顺义油坊。不久，庞氏兄弟分家，云井町油坊和伊势町福顺恒代理店（今友好路新世界百货东门一带）归老三庞志方（字心堂）所有，福顺义银号和钱庄归老四庞志顺（字睦堂）。庞氏兄弟性格不同，庞睦堂好公益行善事，庞志方低调务实。庞志方经营的福顺义油坊颇具规模，曾雇工88人，采用水压式压榨机生产大豆油、大豆粕。解放后，油坊关闭。

大连针织厂旧址（摄于2011年1月31日）

▼振工街的玻璃纸与火花

振工街原起自大连叉车厂旧址，止于长兴街，日本侵占时期属秋月町、福星街一带，1946年始用此名。2000年民兴花园建成，振工街便止于长江路。坐落在振工街与连胜街交会处的“Z28时尚硅谷”是大连针织厂旧址，“Z28”取意振工街28号，隐藏着大连针织厂的历史印记。大连针织厂前身是建于1942年的秋月美丽公司，1951年改称大连针织厂。曾几何时，其产品驰名国内，远销海外，但依然没有逃脱破产的命运，1998年实施停产搬迁，2006年9月6日宣告破产。

【1】庞家有四兄弟，老大早亡，老二名字不详，创办企业后病故。老三庞志方，执掌云井町和伊势町一带的庞家产业。老四庞睦堂1933年出资建“睦堂幼稚园”（在原北岗桥小学位置），并联合华商创建协和实业学校（在今抚顺街小学对面）。

2007年5月，大连服装行业协会出资注册成立"Z28时尚硅谷"。"Z28时尚硅谷"利用原有老厂房进行改造，基本没有破坏原有的历史风貌，仅在建筑表面镶嵌了朱红色墙砖，既古朴又典雅，也不失时尚。一期改造工程竣工后，蒂姆、瑞玛、韩力、模特学校等17家企业、机构及设计师陆续入驻。

"Z28时尚硅谷"对面的刁氏公司附近（振工街24号）是1993年宣告破产的大连玻璃纸厂旧址。工厂成立于20世纪50年代，是东北第一家，也是辽宁省唯一一家生产玻璃纸的企业。20世纪70年代末，全国有大小玻璃纸厂近20家，大连玻璃纸厂是同行业的龙头老大。1982年，大连市委、市政府把大连玻璃纸厂改扩建项目定为主抓的三大重点工程之首。工程提前半年完工，投产后，产量提高三倍。项目不仅填补了我国生产卷筒玻璃纸和防潮玻璃纸的空白，也使中国生产的玻璃纸达到国际标准。大连玻璃纸厂生产的"月光"牌玻璃纸曾是国内的抢手货，为购得产品，很多需求单位排起了长队。

随着合成塑料薄膜生产技术的发展，特别是聚氯乙烯薄膜使用各种改性剂，具备了玻璃纸的独有特性，且其生产工艺简单、污染少、制造成本低廉，玻璃纸迅速被取代。瞬息之间沧桑变幻，这里如今已是"中盛家园"。

中盛家园西南侧曾有大连火柴厂。小时候，大人们一直把火柴叫作"洋火"。火柴是西方人的发明，1827年，英国诞生了世界上第一盒火柴——"约翰·华克"牌火柴。随着帝国主义入侵，"洋火"进入中国。最早的国产火柴是1879年由广东巧明火柴厂生产的。因为生产设备和工艺落后，国产火柴始终无法与"洋火"竞争，西方国家的火柴，尤其是日本火柴充斥着中国市场。作为日本殖民地的大连有许多日资企业，大连燐寸株式会社就是其中之一。"燐寸"即日文火柴之意。大连燐寸株式会社由日本人木村淳集资50万元，于1919年8月创立，地址在原秋月町3番地。大连燐寸株式会社是当时的大企业，鼎盛时有职工346人，其品牌"得宝"牌火柴年产量3万箱（每箱240包，计2400盒）。日本投降后，工厂被接收，更名大连火柴厂。

大连燐寸株式会社商标

1948年，大连火柴厂不幸发生火灾。不久，辽宁省轻工业厅调整行业布局，将大连火柴厂合并到营口火柴厂，生产设备全部运到营口。

现在，火花（即火柴盒上的贴画）已成为一种艺术收藏品，大连火柴厂生产的老火花是火花迷收藏的珍品。大连火柴厂曾生产有“火炬”、“卧鹿”、“胜利”、“富强”等牌火柴，其火花图案上甚至还有米格飞机的身影。往事已矣，记忆尽在方寸间。

▼联合路上的过眼云烟

联合路1914年始建，1924年建成，日本侵占时期属秋月町、王阳街、圣德街三丁目、芙蓉町一带，北起鞍山路，南至胜利路，中途穿过鞍山路、长江路、黄河路、同泰街、中山路、五四路、高尔基路、胜利路。1955年联合路全线翻修，建成柏油马路，两侧洋槐林立。2010年联合路再次拓宽。

“缤纷四季”与“缤都园”东侧是已经拆迁的大连叉车厂旧址，此处也是新民铁工所旧址。新民铁工所（今大冷集团前身）创建于1930年7月，经理叫陈民立，主要从事各种机械、油槽、气罐、冷冻装置、自来水用铸铁管、阀门制造与修理。解放后，陈民立当选为关东公署工业厅长，将工厂捐献给政府。1946年，政府在此创建大连叉车厂。1958年，新中国第一台叉车就诞生在这里。随着经济的发展，2003年组建大连叉车有限责任公司，开始搬迁改造。2010年年末，旧厂区被夷为平地。

鞍山路畔大连庆堂工业有限公司及联合路4号荣德汽配商行一带日本侵占时期属秋月町19番地，是福和盛油坊（油脂加工厂）旧址。福和盛油坊业主叫任召南，油坊资本金30万元，雇工93人，采用水压式榨机生产大豆油、大豆粕。解放后，油坊关闭。南侧曾有机电研究所，日本侵占时期属秋月町12番地，是一家叫怡顺东的油坊，创建于1910年，老板叫于文顺，资本金10万元，雇工47人，主要生产大豆粕、大豆油，日本战败后关闭。

三春街59号亿鑫大厦是日本侵占时期秋月町13番地德增铁工所旧址。德增铁工所1935年1月创建，主要生产各种钢铁铸件、农具铁器、车辆部件、道轨部件和信号机等。日本投降后关闭，后并入大连第二机床厂（简称“二机床”）。

联合路23号中国电信网点是日本侵占时期秋月町9番地，曾有洪盛兴铁工所和万盛兴铁工厂。洪盛兴铁工所是一家机械加工厂，主要生产矿山机械、桥梁、

“小五金”之联合路一带

钢筋、建筑五金及其他机械零部件，兼做修理。万盛兴铁工厂由牛既葆于1934年3月创建，雇工110人，生产锅炉、工业用罐及各种机械，兼营电气瓦斯焊接及工程承包。解放后，洪盛兴铁工所和万盛兴铁工厂一起并入“二机床”。

日本侵占时期，长江路与黄河路间的联合路路段称王阳街。王阳街上过去最令人神往的地方便是圣德公园，即今联合路62号中山公园。

1908年4月，满铁大连工场（原东清铁路机关车制造所）迁至市郊沙河口，建沙河口工场（今中长街大连机车厂），西大连随之逐渐发展起来。“小五金”一带都属于沙河口，此处因属工业区，居者多为中下层百姓。当时，大连港自由开放，开出的工资为日本两倍之多，许多在日本生活拮据的人蜂拥而至。鱼龙混杂，自然有人惹是生非，殖民者感觉有失“日本风尚”，于1913年在圣德街一带成立“圣德会”，建造圣德太子庙。“圣德太子”[1]被誉为“日本的释迦牟尼”，为日本人所信仰。“圣德会”还在今联合路周边围建起了住宅群。

上世纪30年代，茑井清治、藤泽新一郎重新设计圣德太子庙，1933年8月建筑现业员组合开始建造，1936年左右建成。当时，日本人还打算建造圣德公园，规划了预留地，公园尚未建成

原圣德太子庙前的圣德太子像

圣德太子庙旧址（摄于2011年2月9日）

即战败投降。

1954年，市政府将原圣德公园改建为中山公园，用以纪念辛亥革命先驱孙中山。1955年2月，全国人大常委会副委员长宋庆龄来大连视察，曾到此参观。1958年，中山公园进行大规模建设，将

【1】圣德太子（574–622年）是日本推古天皇外甥，592年立为皇太子，593年辅佐天皇摄行朝政。596年拜师高句丽僧慧慈，学习佛法。后根据国内外形势，推行改革，确立以天皇为中心的中央集权制。607年派遣隋使小野妹子来中国建交，吸收中国先进文化制度。因他致力于振兴佛教，被尊为日本佛教始祖。

圣德太子庙改为沙河口区少年之家，先后建游艺室、露天剧场等。中日建交后，许多日本友人纷至沓来，探访旧事。1983年，日本舞鹤市为纪念与大连市缔结友好市一周年，赠送给公园一座标志着和平友谊的石塔。20世纪80年代末至90年代，圣德太子庙旧址一度为沙河口区少年宫培训中心，现为沙河口区老干部活动中心。公园自发形成武林乐园，在庙前建有一座太极老者全身铜像。

华宫古文化一条街由当年的溜冰场改造而成，1993年叫明清一条街。因为当时电视剧《西游记》《封神榜》风靡国内，开发者受到启发，便斥巨资建造仿古建筑。项目没有突出大连特色，亦缺乏新意。

2003年，中山公园改为敞开式公园，辟逸仙广场，广场中央立孙中山全身铜像，座基上雕有“天下为公”四个大字，常有游人驻足细赏。

逸仙广场（摄于2011年2月9日）

从广电中心楼上俯瞰中山公园（刘日忠摄于2014年11月3日）

联合路南是中国人聚集区。20世纪30年代，在今联合路碧海蓝天KTV位置曾建有一栋大型娱乐建筑。1931年9月23日，业主苏省三在此开设落子园（落子即评剧），名中华大舞台。1944年2月改为大明电影院。这是当时第三座以中国人为对象的专业电影院，面临联合路，大连光复后仍在经营，改名新华电影院。1946年4月，发起大连影业联合会，新华电影院老板龚长春担任会长。同年10月21日，大连影业联合会在新华电影院正式成立。1949年后，新华电影院因一场火灾而逐渐衰落。

▼川岛浪速

黄河路与五一路间的联合路路段是日本侵占时期圣德街3丁目。20世纪90年代末，联合路改造，洋楼悉数化作瓦砾，废墟之上建成“天兴花园”住宅区。

川岛浪速是当年居住在联合路一带的显赫人物，其府宅位于今联合路122号。洋楼早已拆除，旧址重新建起欧式小楼。川岛浪速生于1865年，因其精通中文，甲午战争期间担任日军翻译。义和团运动后，他与清肃亲王善耆开始交往。1906年，41岁的川岛浪速与40岁的肃亲王善耆结拜为兄弟，川岛浪速没有子嗣，善耆就把女儿金壁辉送给他做养女，改名川岛芳子。

辛亥革命胜利后，川岛浪速将善耆及家眷带出王府，护送到旅顺。随后，他寻求日本及关东都督府支持，协助善耆成立宗社党，以旅顺为基地策划“满蒙独立运动”。1912年6月，日本人转而支持北洋政府，“满蒙独立运动”失败。1916年7月，第二次“满蒙独立运动”宣告失败。

家业再大也经不起折腾，曾经银子都要用斗来量的肃亲王濒临破产。川岛浪速遂以善耆代理人身份拜访关东都督府寻求支持。经过他的游说，获得了桥立町（北京街附近）一块地，特许经营露天市场。露天市场一开始便由川岛浪速把控，他的才能在政治上无法施展，在生意场上却如鱼得水，露天市场很快火了起来。

1922年，善耆病逝，川岛浪速成了王府实际的主人。九一八事变后，川岛浪速在圣德街上修建豪宅，定居大连。

川岛浪速没有完成“满蒙独立”，但年近古稀却看到了伪满洲国。溥仪也没有忘记其昔日劳苦，1935年访问日本，途经大连，特地派侍从长官到川岛浪速府上“慰问”，大行赏赐。

世事自有天道。太平洋战争后，日本陷入欲罢不能的困局。1943年，78岁的川岛浪速察觉局势不妙，打算返回日本，便将露天市场以125万元转让给张本政等人。露天市场易手后，钱款大半被川岛浪速私吞。不久，川岛浪速乘船回到东京，1949年殁。

据《幻的大连》记述，中山公园南门外曾有川岛芳子的故宅。1912年，6岁的川岛芳子跟随川岛浪速前往日本，接受日本教育，完全西化。1927年冬，川岛芳子返回大连，在川岛浪速主持下与甘珠尔扎布于旅顺大和旅馆结婚，关东州高官及清朝遗老都来参加婚礼，其中还有媒人关东军参谋长斋藤小弥太和参谋河本大作。婚后不久，他们从旅顺搬到大连圣德街居住。那栋洋房原住着甘珠尔扎布的妈妈，据说房前有座石门，庭院里树丛修剪得整整齐齐，伸展出去的门廊与宽敞的客厅相接。这栋砖砌的二层楼外表看虽是洋楼，内部摆设和装饰却都是中式的。

野心勃勃的川岛芳子在此居住了不到一年，便离开了婆家，也离开了大连。后来，她便成了那个传闻逸事无数的东洋女谍。

残简拾珍

东北路

『朱家大院』的故事体现了先民迁徙历史和大连民族工业发展历史，堪称大连版『大宅门』。

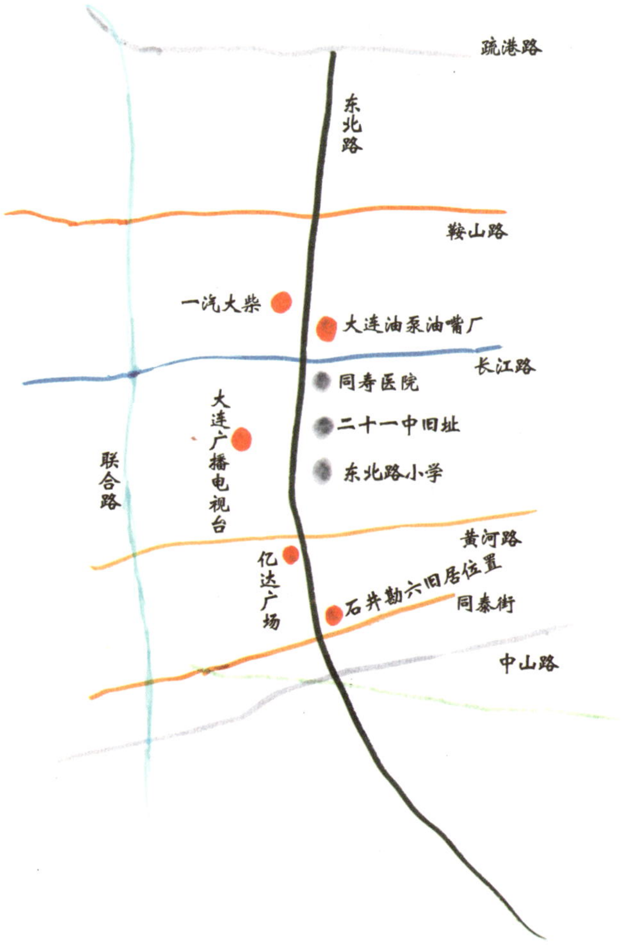

疏港路
东北路
鞍山路
一汽大柴
大连油泵油嘴厂
长江路
同寿医院
二十一中旧址
东北路小学
大连广播电视台
联合路
黄河路
亿达广场
石井勤六旧居位置
同泰街
中山路

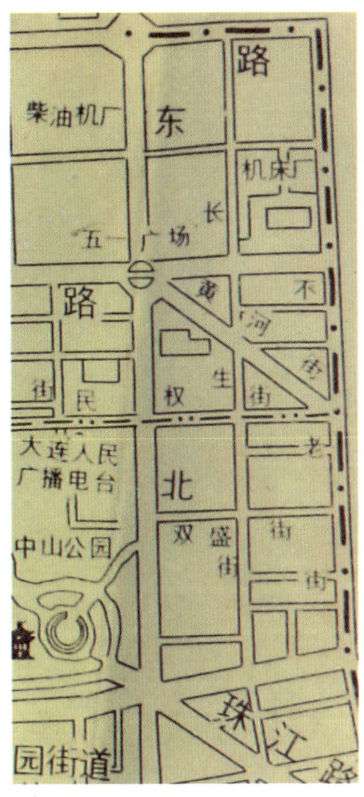

1970 年老地图上的东北路

东北路 1913 年始建，初为碎石路，1922 年改建成柏油马路。日本侵占时期，东北路指三春街、回春街、圣德街一丁目、早苗町一带，北起香炉礁铁路北桥洞，南至胜利路。1987 年两侧皆植洋槐，此后，每到五月便香飘倾城。伴随城市发展，东北路不断拓进，1986 年 12 月打通白云隧道，与石道街相接；1988 年架起当时国内最大的香炉礁立交桥；1996 年建成东北快速路，穿过椒金山隧道，与华北路相接。

▼朱家大院

鞍山路与长江路间的东北路路段属工业区。东北路 58 号（现含东北路 44 号）大连油嘴油泵厂，日本侵占时期属三春町 15 番地，曾有魁兴东长记铁工厂、兴亚食料工业株式会社第一工厂等。魁兴东长记铁工厂由朱长宽、朱长宦兄弟于 1924 年 4 月创建。主要从事建筑小五金、铸铁铸造、暖气房制品、油坊及船舶机械以及各式汽罐制造与修理，产品销往东北腹地。当时，其北侧还有朱氏同族朱长义开办的魁兴炉铁工厂及三星铁工厂。解放后，朱氏企业均捐献给政府，改为机械五厂。1962 年，大连柴油机厂油嘴油泵车间与原公私合营大连拖拉机配件工厂在此合并为大连油泵油嘴厂。

东北路 49 号解放大连柴油机分公司原是株式会社大连铸造所与魁兴福铁工厂旧址。株式会社大连铸造所是日本侵占时期日资企业，创立于 1920 年 3 月，初为独资企业，1940 年 6 月改为股份制企业，本社在大连三春町 14 番地（今东北路），

朱长宦与其子朱作霖、朱作霈合影

东北路 44 号朱家大院，2010 年拆迁，朱作震（已故）在此留影

主要从事铸铁、铸钢、耐热耐酸铸品及各种齿轮、机械器具制造与销售，产品多用于自来水、煤气、铁路车辆、线路信号用品及船舶用品等，日本投降后关闭。

魁兴福铁工厂位于原三春町 4 番地，创建于 1937 年 1 月，老板叫朱长城，也是朱氏族人，曾任西大连商会副会长、大连总商会副会长。工厂主要从事各种铸造活栓、阀门、铸铁管制造，制罐与建筑设计，瓦斯切割与焊接，电气熔接，机械制品设计及船舶蒸气设备制作与修理等，厂长叫谭子芳，日本投降后关闭。1951 年，此处建旅大机械五金总厂，1956 年改名旅大柴油机厂，1986 年加入长春第一汽车工业集团。

东北路 44 号是朱氏后人记忆深处的“朱家大院”，因为扩路被拆掉。其后身即是旧三春町 15 番地魁兴东长记铁工厂。

朱氏家族堪称本地大户，其全族产业仅次于首富张本政。过去如果谁说自己姓朱，大家都会问：“是香炉礁老朱家吗？”

大连朱姓源自烟台牟平杏林堡，疑为明后裔。一直致力于香炉礁朱家历史研究的朱明说，朱氏先祖明初曾奉旨赴云南征讨元军，明永乐年间定居山东鳌山卫，后迁居山东登州。明朝灭亡后，为避祸，不按祖制命名，另起字辈。清乾隆年间，朱敬章、朱敬福、朱敬礼、朱敬信、朱敬仁五兄弟渡海来连开拓。“文革”期间，朱氏谱书遭到焚毁，现有手抄《族谱》是族人根据记忆整理出来的。另据烟台杏林堡友人言，杏林堡分南北杏林堡，现已没有朱姓。

旧家谱没了，“不考举人”、“不当衙役”、“不当兵”的祖训依然口口相传。“人文敬王，士成万长”的范字隐含着皇族霸气，名字仍按照祖制匹配五行之字。

根据香炉礁朱家传说，五兄弟渡海来连后，老四因体弱被老虎所吃。后来，兄弟四人齐上阵，把虎打死。因而，朱氏家族就有了“上阵父子兵，打虎亲兄弟”的团结精神。

2009 年 4 月 29 日下午，朱长宦四子朱作震与本家朱善来同去百合山庄西侧山坡，考察一块塓地。在那里，他们发现了 1985 年左右新迁的朱氏坟墓若干盔。墓地坡顶上方的一方老碑也是后迁入的，碑额横书“万古流传”。碑面从右至左竖刻碑文：“嘗思瓜瓞长绵，本根不失；箕裘永续，一脉相传。意旨原籍系山东登州府（今蓬莱市）宁海州（今烟台牟平）城东十五里杏林堡。自此再追，世远年湮，无所考矣。始祖迁此已历九世，分门别户，生息日蕃；春露秋霜，未报大德。爰勒贞珉，以垂不朽【是、祀、弥、祢】尔。”碑面正中为“皇清显始祖考妣朱公讳文江、王老太君之墓”。碑面偏左有“二世祖讳敬章、敬福、敬礼、敬信、敬仁，从此分为五支”。末署“合族敬立，宣统三年丑月榖旦”。据此，印证了“朱氏五兄弟”的民间流传。

朱善来推度此碑为老碑，宣统三年为 1911 年，是年丑月为 12 月 20 日至次年 1 月 18 日，辛亥革命已经爆发，时信息不灵，依旧照书，不知中华民国。碑文说已历九世，时间与乾隆年间来大连基本吻合（即 1736 年至 1911 年，约 20 年一辈），九世可信。碑当由“成”、“万”字辈偕“长”字辈立。从碑文看，立碑人或许没有见过旧家谱，推断非长枝人。朱万常的后人推断，此枝人靠前。从坟地布局看，由朱万超后人迁此。朱长宽、朱长宧兄弟即老碑所记“朱敬仁”之后。

近百年来，朱家出了很多了不起的人物。朱秀春是参加中共六大的四位大连籍代表之一。朱长宧长子朱作霖（又名向宽）1945 年至 1948 年在北大法学院学习，是最早在北大读书的大连人。他 1946 年入党并担任法学院地下党支部书记，1948 年到解放区工作，解放后在北京市委组织部干部科工作。

朱长宧三子朱作霙被誉为“大连籍音乐家的启蒙老师”，美国哈佛大学的音乐硕士李小璐、美国纽约民族乐团副团长赵志民、日本沙皇乐团首席中提琴师张鹏、中国音乐

徐沛东与朱作霙（左，已故）

家协会党组书记徐沛东、为北京奥运会闭幕式作曲的作曲家郑冰、《长城长》编曲娄连广、著名歌唱家袁晨野、大连市音乐家协会主席曲致政等都是他的学生。市政协之友办公室主任朱作盛、根雕艺术家朱作德等亦出自“香炉礁老朱家”。

被称为“大连足球活字典”的朱元宝老师介绍，老朱家还出了朱秉琦、朱作富、

朱秉臣、朱明生、朱波等很多足球人才。朱秉臣是前辽宁队和全国公路队队员，其女儿朱玉红是国际级助理裁判。

2013年6月，中央电视台纪录片频道《闯关东》摄制组对“朱家大院”以及香炉礁朱家的家族历史传奇进行考察。10月，以“朱家大院”为故事拍摄纪录片《闯关东》第五集。央视摄制组认为，“朱家大院”是非常宝贵的历史资料，它所传承的人文精神，是闯关东这一时代背景下各种元素的集中缩影。“朱家大院”的故事体现了先民迁徙历史和大连民族工业发展历史，堪称大连版“大宅门”。

▼五一广场

笔者在父亲的笔记中看到“刘家屯”这一称谓，他还打括号注解：五一广场一带。老辈人记忆中，刘家屯属于东沙河口。沙河口顾名思义，源于马栏河，明朝时叫沙河，附近统称“沙河墩”，当时的地图中即有标注。解放前，机车厂一带在河之北，叫北沙河口，五一路一带在河之南，故称南沙河口，今交通大学西侧一带在河之西，称作西沙河口，东沙河口也是地理方位使然。

俄国人在“达里尼规划图”上绘制了多个圆形广场。日本侵占大连后基本延续着“达里尼规划”的科学性，广场周围的建筑充分考虑了其体量大小对整体视觉的影响，即便能建造高楼，也没放到广场边上。刘家屯一带就这样被改造成回春广场、圣德公园，自此，“刘家屯”的称谓淡化了。但是，老大连人仍习惯把公园叫作“刘屯小山”。城市的脉络始终在人们的心底，即便没有正式记载，也会口口相传保留下来。

解放前，老电车已从广场圆形花坛中心穿过。1953年，广场重建。20世纪90年代初，五一广场中心是围起的花坛，中间有电车道，来来往往的汽车围着花坛分流。

满铁沙河口工场建成后，处于大连东西结合部的五一广场逐渐发展起来，日本人的圆圈自然画到这里——回春广场。广场东北角大连合家欢健身中心，即原大连油泵油嘴厂办公楼，是日本侵占时期株式会社大连精粮故址。大连精粮建于1919年，社长叫铃木新五郎，经营贩卖大米等粮食。此处临街原是一座中国式二层楼宅，对着广场中心方向。因为顺着道路原因，房子不是直棱直角。解放后被接收，改为大连柴油机厂油嘴油泵车间的一部分。1962年与公私合营大连拖拉机配件工厂合并为大连油泵油嘴厂，此处则用为办公楼。

广场东南角大世界家居广场位置是同寿医院旧址。同寿医院于1924年创建，为满铁大连病院分院，大连名医杨凤鸣就曾在此担任院长。同寿医院与滨城另一位赫赫有名的医生孟天成也有渊源。1946年5月，孟天成将自己的博爱医院捐献给公安总局。1948年5月，博爱医院改称关东和平医院，住院部则迁至五一广场原同寿医院，孟天成继续担任院长。1949 年 4 月，改为公安总局医院，简称公安医院。1955 年 3 月 15 日公安医院与职工医院合并，5 月改名旅大市第二医院。五一广场住院部则成为解放军二一五医院，孟天成曾调到这里担任院长。

原二一〇医院护士王桂花女士回忆，后来，二一五部队与二一〇部队换防，此处改为二一〇医院门诊部。医院为周边市民带来福音，笔者的友人张高翔就曾在此挂号求诊。风兮云兮，瞬息变幻，20 世纪 90 年代末，医院拆迁，2001 年废墟上建成现代时尚的大世界家居广场。

五一广场东角，即长生街、黄河街、长江路交会处公共绿地位置原为一片临街二层中国式建筑，原是二一〇医院宿舍。长生街与黄河街的拐角呈三角形，那里原有一栋三层楼房，正门在长生街，20 世纪 50 年代黄河街临街是商店。曹隽卿女士回忆，她的同学郭永莲就住在三楼，当时大家都称之为“同寿医院楼上”。2006 年福兴里拆迁改造，一并拆除。

广场西南角皮肤病医院花坛位置，日本侵占时期原是一个洋车停车场，沿着皮肤病医院旧楼后身向西的斜坡，停着两大溜人力洋车。那些洋车上都有像手风琴一样折叠的黑色风箱布质防雨棚，车夫皆穿着清一色的背心。洋车停车场大约在 1972 年左右被取消。

朱作芬女士回忆，皮肤病医院旧楼旧址是大连商贾李永和、李永达兄弟财产，原为一座四层楼，供周边的老百姓居住，楼西面边上有商店、菜市、小吃铺等，解放后改为卫生所，后改为轻工医院，20 世纪 90 年代改成皮肤病专科医院。

皮肤病医院旧楼西面的新楼位置原是一白色墙面的楼房。1951 年前是一家冰棍厂，谭世光女士儿时常常跑到门外去闻那清凉香甜的味道，久久都不愿离去。那时谭世

图中圆圈标注的区域即被高架桥遮住的五一广场，高架路是贯通市区与大连开发区的城市快速路——东快路（王永健摄于 2014 年 10 月 16 日）

光女士家距离冰棍厂很近，住在一栋有天井的中式三层楼房里，从大街上看四四方方的。楼房靠街有若干个门，每个门两旁各有一至两扇窗户，进门即是厨房，两旁为住房。通常，两家合用厨房，左右各两家，而且一楼人家有前后门，临街的前门在北，可以看见

摇摇晃晃的电车，后门通大院，院中间有楼梯，呈天井状。院中有水龙头，全院共用。1951 年秋，市政府通知此处改为商用，动员市民搬到闲置的日本房去住。于是一辆破牛车拉着谭家的破家当，咣当咣当就到了中山公园南面的德和巷。此处已于上世纪 90 年代改建为火柴盒式板楼，用为大连市沙河口区国税局。

曹隽卿女士回忆，广场西北角原有“小衙门”。“小衙门”即日本侵占时期三春町官吏派出所，解放后，回春广场改名五一广场，遂改为五一广场派出所。东北路 51-57 号板楼“好利来蛋糕店”位置大致是“小衙门”旧址。

“小衙门”西面多为大杂院。长江路 775 号“北菜阿叔”板楼原为南北向的皮革大院，因为住着皮革厂职工，故名。长江路 785 号“午月海鲜烧烤”也是昔年的大杂院旧址，多为中下基层居者，也有小商小贩，还有捡破烂的杂居其中。两个大杂院中间还有粮店、小卖铺等。

电车道北多为住家用平房，进去之后多为院子套院子，且每家都有属于自己的一小块“领地”；而道南的四合院式的

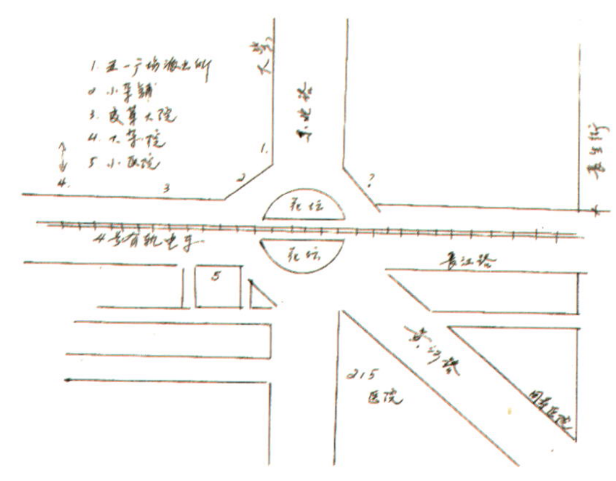

曹隽卿女士绘出了记忆中的老五一广场

临街楼房多是房产主出租用的商业房屋。1953 年左右，五一广场西部电车道南、北两侧有五一小学（大约 1950 年成立，教室分散多处）两处四五年级的教室，道北一间教室在广场西面第一条横街（即工华街）右拐，坐西向东，教室南边坐北向南的临街住着谷建芬家（工华街路口西侧，长江路临街即是，当时谷家已从长生街搬到这里，北面不远是当时的教室）。道南第一条横街东南角（即泰山东街与长江路交会处）是一栋三层楼，四合院式，楼下临街是商店，教室在三楼，由泰山东街的门洞进去。建筑极有质量，水泥地几乎可以“打滑溜刺儿”（大连话“滑冰”之意）。20 世纪 90 年代中期，旧城改造，遂成记忆。

成为记忆的还有广场中心的花坛。20 世纪 90 年代中期为改善广场周边交通拥堵状况，将花坛拆除。

▼二十一中

大世界家居广场南面是原大连市第二十一

中学校舍（双盛街55号），学校已经搬到振工街东侧，旧址上建起了一栋酒店式公寓楼——第九频道。学校旧楼属欧式简约风格，呈横L形，东面和北面因地势低是三层建筑，其余是二层建筑，正门开在南面的双盛街上。它的前身是大连高等女学校，为日本侵占时期四年制中学，1935年5月由大谷光瑞创建。大谷光瑞是日本西本愿寺第22世宗主，他的妻妹是大正天皇的皇后，故此日本权臣都要让他三分。大谷光瑞多次探访我国丝绸之路，盗取文物。1915年，大连西本愿寺别院建成，大谷光瑞亲临落成典礼。大连宾馆是大谷光瑞当时经常下榻的地方。1933年，大谷光瑞移居旅顺，建钢盔之家，利用他在佛教界的地位和影响，支持日军侵略。日本战败后，大谷光瑞滞留大连，寄居在大连宾馆。1946年1月5日，大谷光瑞因膀胱癌住进满铁医院。6月，大连市公安局以间谍嫌疑罪将其拘留。7月，大谷光瑞被释放。翌年2月底，他混上遣返船“远州丸”逃回日本，1948年病殁。

“跑了和尚跑不了庙”，高等女学校被人民政府接收。因为不少知识分子尤其是部分教师对民主政府持怀疑态度，大连市政府教育局于1945年12月25日在这里举办第一期师范讲习所，培养新时代的人民教师。师范讲习所开学典礼在1946年1月4日举行，2月24日结业，学员大多被分配到中小学工作。同年3月至8月间，又举办第二期师范讲习所，这期学员大多面向社会公开招生。

同年8月8日，师范讲习所并入旅大建国学院（今教育学院），此处改为大连市联合中学校舍。1950年，大连市联合中学改为女子中学，称大连一中，1957年改为男女生同校，1958年易名大连第二十一中学。60年来，二十一中桃李遍天下，今大连众多球星多出自二十一中，三级跳“亚洲飞人”邹振先也是从这里开启了人生的跨越。

▼中国足球国脚的摇篮

东北路最显耀的地方莫过于东北路小学，它不仅是大连足球的基地，也是国脚的摇篮。

圣德寻常高等小学校旧址，即今东北路小学（刘日忠摄于2014年10月15日）

学校前身为日本侵占时期圣德寻常高等小学校，成立于1927年4月，著名曲作家谷建芬曾在此读书。解放后，这里被人民政府接收。当时，中共大连市委决定以大连总工会名义举办大连工人训练班，课堂便选在圣德寻常高等小学校。第一期工训班于1945年10月25日开学，11月5日结业。由于第一期试办成功，决定扩大规模继续办下去，工训班迁至松山街，课堂和食堂则借用当时“羽衣女子高等学校”，即今大连理工大学化工系北楼；圣德寻常高等小学校旧址则改为大连市第一完全小学和旅大师范学校第一附属小学。

大连广电中心（孟亮摄于2014年10月23日）

抗美援朝战争爆发后，学校于1951年临时用作大连第一战勤医院。1953年2月，周恩来总理曾来此慰问志愿军伤病员。1956年易名为东北路小学，2002年校舍被列为大连市第一批重点保护建筑。

这里的足球逸事更令人难忘，中国足球三分之一国脚出自大连，大连籍国脚百分之七十便出自这里。从盖增圣、盖增臣、贾秀全、庄连胜到孙伟、大王涛、王鹏、周挺、张耀坤、冯潇霆、董方卓、周海滨、崔鹏、王大雷、马晓旭……这是大连人的骄傲。

▼广电的前世今生

大连广播电视台（即民权街162号，一般称作广电中心）后面掩藏着一栋漂亮的洋楼——大连广播电台旧址，其前身是建于1925年7月的大连中央放送局。大连中央放送局初在中央电话局（今中山广场）设立广播室，1925年8月9日始播，呼号为“JQAK”。当时，收听广播需要收费，但费用并不贵，仅需1日元。广播内容颇为丰富，包括业余歌手比赛、合唱汇演、大连赛马实况、大连管弦乐团演奏等，1925年年末的申请收听广播人数达到2421人。1933年，大连中央放送局由满洲电信电话株式会社管理。1936年迁至圣德公园（今中山公园）北侧新建成的大连中央放送局。此时，申请收听广播的人数突破了1万人。1938年，日本殖民当局加强情报控制，禁止收听短波和海外放送。

大连中央放送局于 1945 年 8 月停止广播。当时，电台四围还有高压线铁塔般的角钢广播铁塔，今中山公园东北角（即现电视台围墙外）尚有两个广播铁塔底座遗墟。苏联人控制电台后，拆走了部分设备。12 月上旬，大连广播电台第一任台长康敏庄在苏军代表陪同下前往大连中央放送局进行接收。12 月 29 日，大连中央放送局最后一任台长广濑登与康敏庄完成清点和交接手续，电台正式回到中国人手中。

大连广播电台因为建台人手不足，机务部门几乎全是留用的日本人，一律原职原薪。这些日本人认真，很快修复广播机。日本职员当中有不少人又在大连广播电台工作了好几年才返回日本。由于电台广播资料奇缺，日本人留下的资料又不适用广播宣传，康敏庄就写信到胶东大众报社及联合书店求援。大连大众书店、《人民呼声》报、《新生时报》及苏军中文报《实话报》等单位纷纷给予帮助，提供了不少资料。为丰富广播内容，主持文艺节目的姜毅还四处寻找，从旧物资商店、博爱市场（原破烂市场）淘来许多旧唱片。

1946 年 1 月 16 日清晨，大连广播电台正式播音，成为我国早期人民广播电台之一。电台原打算用《渔光曲》作为开始曲，经过集体讨论，最终使用了激昂的《大路歌》，结束曲则采用了悠扬的《南岛傍晚》。电台播音后，《人民呼声》报还于 1 月 21 日在显著地位刊登消息。

大连中央放送局旧影

大连中央放送局旧址今日仍完整屹立在广电中心的后身（刘日忠摄于2014年10月16日）

当时大连广播电台的覆盖面积很大，东北、华北、华东等国统区及日本、朝鲜、东南亚和南北美都能收听到广播。因为其在政治上所起到的作用已经远远超过地方电台，一度面临国民党“中央广播事业处”（设于沈阳）的篡夺，几经较量终取得胜利。

日侨被遣返后，约 6 万台收音机流

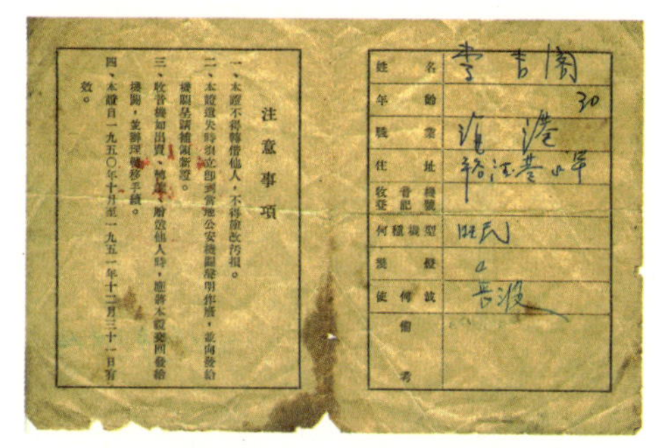

姓名	
年齡	30
職業	
住址	
收音機登記號	
何種機型	
裝燈	
使何波段	
備考	

注意事項

一、本證不得轉借他人，不得塗改污損。

二、本證遺失時須立即到當地公安機關聲明作廢，並向發給機關呈請補領新證。

三、收音機如出賣、轉讓、贈送他人時，應將本證交回發給機關，並辦理轉移手續。

四、本證自一九五〇年十月至一九五一年十二月三十一日有效。

解放初的收听广播证件（李光禄提供）

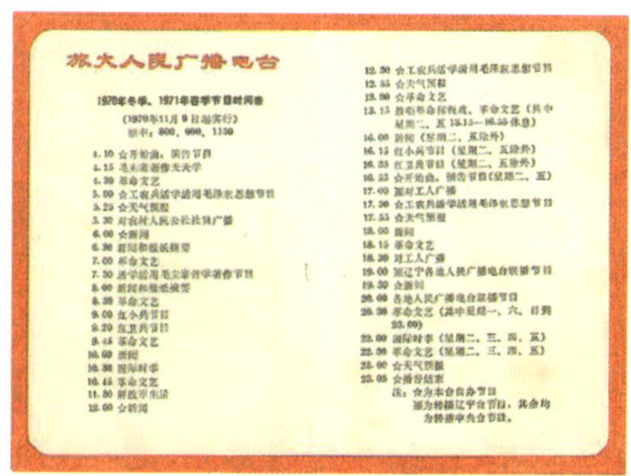

旅大人民广播电台

1970年冬季、1971年春季节目时间表

（1970年11月9日起实行）

频率：800、990、1130

4.10 ☆开始曲，预告节目
4.15 毛主席著作天天学
4.30 革命文艺
5.00 ☆工农兵活学活用毛泽东思想节目
5.25 ☆天气预报
5.30 对农村人民公社社员广播
6.00 ☆新闻
6.30 新闻和报纸摘要
7.00 革命文艺
7.30 活学活用毛主席著作学著作节目
8.00 新闻和报纸摘要
8.30 革命文艺
9.00 红小兵节目
9.20 红卫兵节目
9.45 革命文艺
10.00 新闻
10.30 国际时事
10.45 革命文艺
11.30 解放军生活
12.00 ☆新闻
12.30 ☆工农兵活学活用毛泽东思想节目
12.55 ☆天气预报
13.00 ☆革命文艺
13.15 教唱革命样板戏、革命文艺（其中星期二、五 13.15—16.55 休息）
16.00 新闻（星期二、五除外）
16.15 红小兵节目（星期二、五除外）
16.35 红卫兵节目（星期二、五除外）
16.55 ☆开始曲，预告节目（星期二、五）
17.00 派对工人广播
17.30 ☆工农兵活学活用毛泽东思想节目
17.55 ☆天气预报
18.00 新闻
18.15 革命文艺
18.30 对工人广播
19.00 派辽宁各地人民广播电台联播节目
19.30 ☆新闻
20.00 各地人民广播电台联播节目
20.30 革命文艺（其中星期一、六、日到23.00）
22.00 国际时事（星期二、三、四、五）
22.30 革命文艺（星期二、三、四、五）
23.00 ☆天气预报
23.05 ☆播音结束

注：☆为本台自办节目，派为转播辽宁台节目，其余均为转播中央台节目。

20世纪70年代旅大人民广播电台节目单

转到中国人手中。据登记，当时有3.2万收听用户，收听广播逐渐成为大连人必不可少的娱乐休闲活动。大连广播电台曾先后易名“大连广播电台”、“关东广播电台”、“大连新华广播电台”、“大连人民广播电台”、“旅大人民广播电台”等。1971年3月，在此设置大连电视台，称旅大电视台，隶属于旅大人民广播电台。旅大电视台于1970年5月1日正式开播，后来于1981年析出，改名大连电视台。上世纪八九十年代，由大连电视台出品的电视连续剧《竹林街十五号》《篱笆、女人和狗》等反响强烈，广受欢迎。《篱笆、女人和狗》还荣获第九届“飞天奖”三等奖，主题歌《篱笆墙的影子》经毛阿敏演唱，一下子红遍了全国。

受影视冲击，20世纪90年代初大连广播电台逐渐变得冷清。不过，广播在互动性上的优势却是电视所无法比拟的，人们不再担当被动的接受者，而是积极参与其中，电台很快重新火爆起来。2000年春，在大连广播电台东侧建成大连广播电视中心。“合久必分，分久必合”，2010年10月15日，大连广播电台、大连电视台合并成立大连广播电视台。

贝雕旧事

不老街

期盼着大连贝雕能够涅槃重生，毕竟它属于绿色环保低碳的产业，是大连特有的旅游工艺品，便是称作大连一大特色文化也不为过。

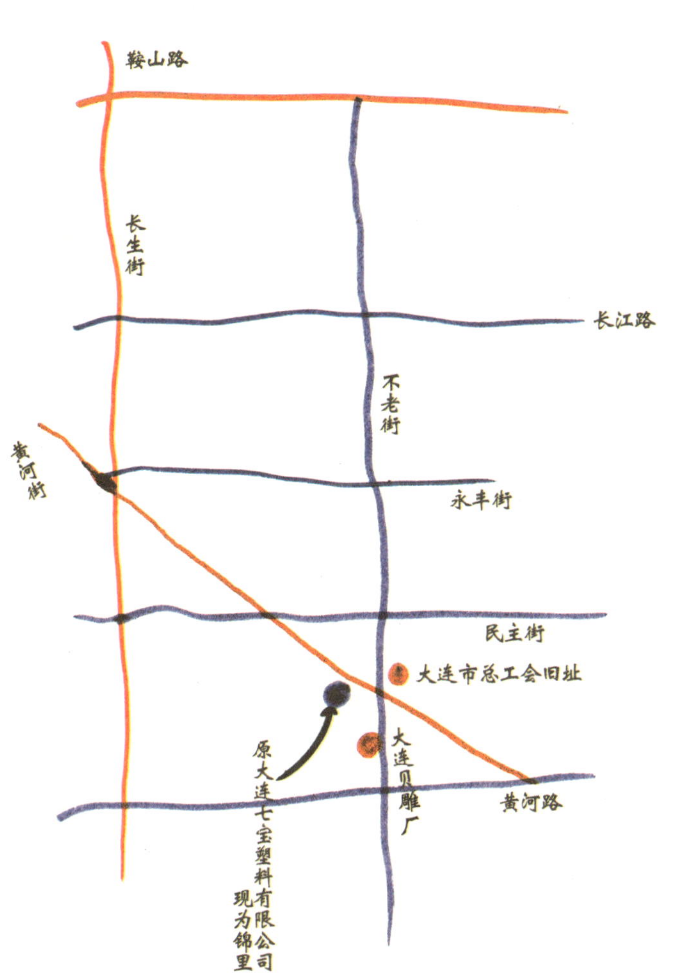

不老街街口（摄于2014年11月1日）

不老街始建于20世纪20年代，起自鞍山路，止于中山路，鞍山路至长江路段日本侵占时期属日吉町，长江路至中山路路段日本侵占时期属不老街，解放后合二为一命名新民街，1949年改为不老街。“文革”时期改名青年街，1973年恢复原名。通常印象中，不老街指黄河街至黄河路间路段，因喧嚣繁华，走多了便在人们心底烙下印记。

▼大连市总工会旧址

不老街上曾有解放初大连市总工会旧址（旧不老街61号），就在黄河街畔的大连市体检中心五一广场分部附近。它前身为日本侵占时期的劳务协会，全名“关东州厅劳务协会”，相当于今劳动服务中心，由关东州厅于1938年10月22日建立，初在民主广场，后迁至此。劳务协会会长一般由关东州厅长官兼任，副会长由关东州厅内务部部长、警察部部长、经济部部长兼任，其下设常务理事、理事11人，日常工作由常务理事主持。劳务协会负责制定“工人登记规则”及实施，负责工人登记，并发放劳工票。登记工作非常严格，不仅需要填写登记申请表，而且还要贴照片、按指纹。劳工票需要签证，否则视为无效。1940年1月，开始实行职业能力申报登记。日本战败后，劳务协会解散。

1945年9月2日，大连市总工会成立大会召开，来自52家工厂的工人代表200多人参加了大会。唐韵超曾是大连中华工学会副委员长，在工人中颇有威望，被选为委员长。9月3日，劳务协会旧楼外面挂上了大连市总工会的牌子。解放初期，大连市总工会贡献卓著，创办工人训练班、《人民呼声》报等，大连遭遇国民党部队封锁期间积极筹建民生贸易合作社，筹集粮食和物资等。

▼白玉霜与大连

过黄河街便可看到立交桥旁的大连七宝塑料有限公司（大世界东向对面，2011年8月拆），此处是“明星舞台”旧址，光复后改为大连塑料七厂。“明星舞台”是白玉霜昔日演出评剧的遗址。1920年，年仅14岁的白玉霜跟随师傅孙凤鸣来大连跑码头，在露天市场临时修建的岐山小舞台表演。白玉霜原名叫李桂珍，她身材高挑，面貌俊俏，扮相妩媚，唱腔婉转悠长，是岐山小舞台台柱。

评剧演员白玉霜便装照（约1936年）

白玉霜

四年后，长大成人的白玉霜离开大连，回到天津。1933年大连举办“满洲博览会”，白玉霜应邀重返故地。7月24日，白玉霜与李金顺、花莲舫、筱翠芬、筱桂花、筱麻红、筱彩凤等在满洲大舞台同台汇演，受到各界赞许。1934年白玉霜在上海演出，受到上海文化界重视，被欧阳予倩、洪深、田汉等赞誉为“评剧皇后”，人们还把她与刘翠霞、爱莲君、喜彩莲并称评剧“四大名旦”。故地大连对她亦是追捧，大连影艺社出版的《评戏指南》就是以白玉霜的肖像作为封面。

1935年7月，白玉霜再来大连，还是在明星舞台为喜爱她的大连人表演了《天河配》。

▼贝雕厂旧事

不老街65号“蝶恋花夜总会”是大连贝雕厂旧址，昔日厂区包括振华街至大胜街间两栋临街居民楼。贝雕厂前身是1956年的“美术石膏合作社”，由40多个从事绘画、雕塑、木刻等职业的个体劳动者组成，社址在友好广场附近一座小木板房。

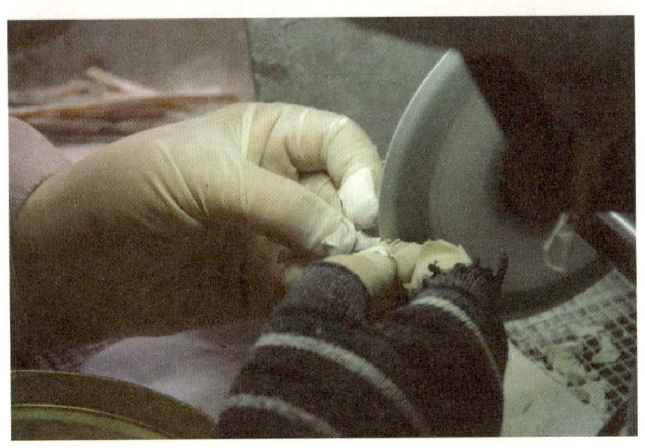

创作大连贝雕画过程（刘日忠摄于2014年10月20日）

1958年合作社因为亏损，号召社员开展生产自救。王波、宋岱等人开始尝试用牙钻和砂轮对贝壳进行精雕细琢，制作出半浮雕式贝雕工艺品《雄鸡牡丹》。工人们把《雄鸡牡丹》送到市委后，市领导立即召开现场会，把它命名为“贝雕工艺”。自此，“大连贝雕”诞生，这也是世界贝雕开篇之作。《旅大日报》《辽宁日报》《中国青年报》《光明日报》及《北京日报》等媒体纷纷报道，盛赞大连贝雕是“中国新工艺品种”。

1958年，贝雕厂正式建厂。1960年5月，陈列在人民大会堂辽宁厅的两幅高2.45米的巨幅贝雕画《和平富贵》和《花鸟争荣》受到党和国家领导人的赞扬。同年秋，大连贝雕在广交会上打开对外销路。

“文革”时期，因为《红灯记》《毛主席去安源》《炼钢炉前》等时代题材贝雕画需求越来越多，工人们常常加班赶活。当年，无论是平民人家，还是企业办公室，都挂着各样的贝雕画，就连年轻人结婚也会选择贝雕画作为新居装饰品。

朱德、董必武、华国锋、邓颖超等党和国家领导人及李

大连贝雕厂旧址（摄于2011年2月11日）

宗仁、西哈努克亲王、美国著名记者赖斯顿等都曾来贝雕厂参观。沈钧儒还为大连贝雕题词“巧夺天工”。著名作家茅盾同样把拥有“大连贝雕”作为一件骄傲的事情。1961年，茅盾来大连休养期间参观了贝雕厂，还买了两幅贝雕画，图案分别为红花蝴蝶和水仙翠鸟。他颇有兴致，在日记中写下一段关于大连贝雕的文字：“尤奇妙者，利用一种细如芝麻之紫色螺（据云此种螺附生于海带）黏缀为禽鸟之颈毛，极逼真。”

20世纪80年代末，大连贝雕开始走下坡路，不得已将最好的厂房租给了夜总会。振华街畔，各种汽车修配店将贝雕厂淹没，仅有“大连贝雕有限公司”牌匾还未摘掉。期盼着大连贝雕能够涅槃重生，毕竟它属于绿色环保低碳的产业，是大连特有的旅游工艺品，便是称作大连一大特色文化也不为过。

胜利东路上有绿山巷，小品《不差钱》谈及的老鳖湾就在这里，官方叫绿山湖。

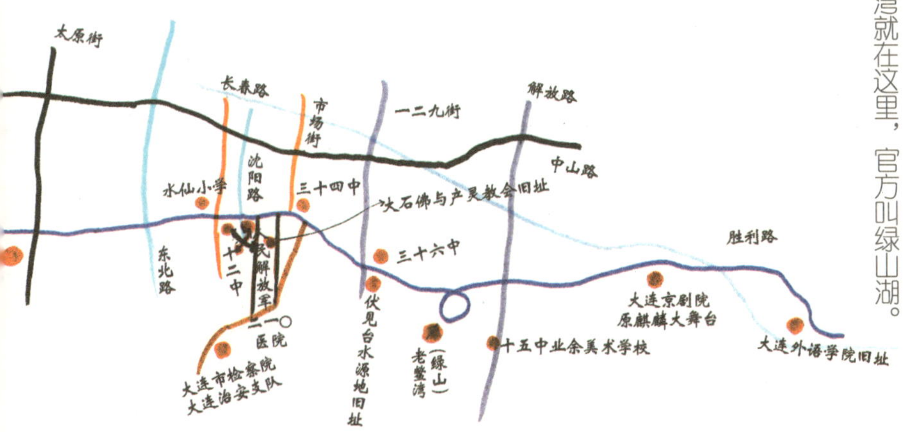

今日胜利路（摄于2014年11月2日）

胜利路东起大连外国语大学老校区，西至马栏河胜星桥，横跨中山、西岗和沙河口三区。胜利路分为两段，东段大连外国语大学至茂田巷间于1992年建成；西段从茂田巷至白山路于1993年建成。1997年延至太原街，1998年建胜星桥，跨越马栏河。

日本侵占时期的西本愿寺旧照，位置在今胜利路大连外国语学院老校区

▼大连外国语大学

大连外国语大学简称“大外”，是日本侵占时期西本愿寺旧址。西本愿寺为日本佛教宗派，大谷光瑞是其22世宗主。西本愿寺关东别院原在南山，1907年迁至劳动公园南，1910年增设长江路临时布教所。《伊东忠太建筑作品集》记载，大谷光瑞计划在中国大连设立分寺，1906年7月拜访伊东忠太，让他负责设计。1907年，伊东忠太完成设计规划，很遗憾设计

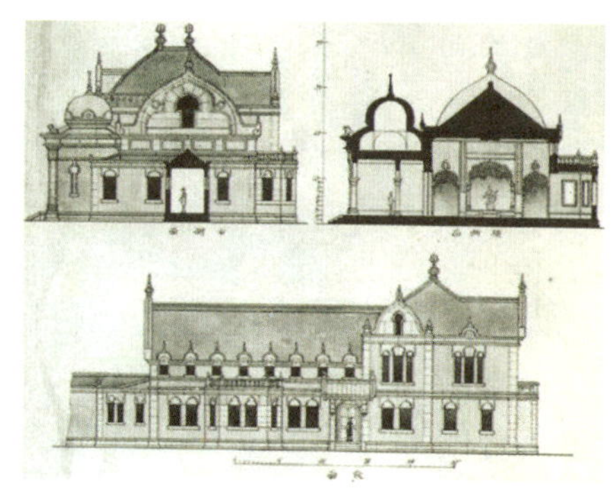

西本愿寺最早的设计图

没有实现，仅留下一张图纸。1915年寺院建成，大谷光瑞虽然不再是宗主，仍参加了落成典礼。此后，这里成为西本愿寺活动中心，解放后废弃。

1964年3月，在西本愿寺旧址成立大连日语专科学校。1970年8月，学校改为辽宁外语专科学校，1978年正式定名大连外国语学院，2013年4月更名为大连外国语大学。大外亦是桃李满天下，驻英大使刘晓明、中央政府驻香港联络办副主任李刚、朝鲜问题特命全权大使陈乃清等皆出自大外。2012年，大外迁往旅顺大学城，老校区规划他用。

▼东本愿寺与罗振玉藏书

麒麟西巷畔有老人们常说的“日本大庙”——东本愿寺关东别院。“大庙”背后的山峦，日本侵占时期称若草山，1926年5月，日本人在山下建成三层楼的本堂——东本愿寺。这里遂成为日本殖民高层及信徒常驻之所。

东本愿寺系仿唐建筑，佛堂内悬挂着国学大师章太炎所书匾额。当时，东本愿寺正在中国布教，章太炎认为，中日宗教在学理层面可以互取短长。1929年，“大庙”改称“东本愿寺满洲别院”。

《大连市史》记载，现存的大庙建筑是钢筋混凝土结构，重建于1931年8月13日，1933年5月8日建成。

此处与罗振玉藏书颇有渊源。解放后，因为苏军搜查，罗振玉藏书惨遭哄抢。远在延安的毛泽东知道后，立即指示东北局和旅大地委，抢救和保护罗家藏书。旅大地委责成刚刚成立的旅顺市政府，设法抢救保护罗家藏书。旅顺市政府动员旅顺市区的中小学生，将大云书库的藏书装成6000麻袋，运往一处仓库贮藏保管起来。1946年年初，罗振玉孙子罗继祖在旅顺人民政府教育局任科员，以旅顺荒废的娘娘庙作罗家残破藏书的处理场。

根据中央指示，旅大地委派当时正在大连休养的原辽北省（东北解放区设置的临时省份）教育厅厅长廖华，以视察员身份前往旅顺，主持罗振玉藏书保护整理工作。1947年4月，关东行政公署成立，廖华出任关东公署文物保管委员会

昔日的东本愿寺如今已成为大连京剧团的办公和演出场所（摄于2013年7月22日）

（1949年改名旅大市文物保管委员会）首任主任。在廖华的主持下，罗振玉藏书全部运到大连，存放在关东社会教育工作团的一处驻地，即旧东本愿寺（另一说在延安路常安寺）。

罗继祖等人被安排在此整理藏书。1948年整理工作完成，罗继祖将藏书无偿捐献给人民政府。其间罗继祖转任关东公署教科厅科员兼文物保管委员会职员，1949年后，参与接收原满铁图书馆，并担任大连图书馆参考研究部研究员。罗继祖非常感激廖华，称他为“引我参加革命工作之恩人也”。

解放初，大连图书馆馆舍不足，许多珍贵古籍和史料移藏于“大庙”，成为大连市图书馆书库。20世纪60年代，顾颉刚、沈从文、梁漱溟等名流皆曾来此品阅典籍。因为“大庙”不具备久藏珍贵图书史料的条件，故建新图书馆。1990年，此处改为大连京剧团，内设麒麟舞台。“大庙”上下两层，楼上是练功房、办公室和装行头的仓库，楼下进门是剧场。剧场里的舞台由神龛改建，立有两根朱红色的柱子，虽说有些小，仍有票友痴迷，逢年过节有专场，甚为热闹。

▼风雨老鳖湾

胜利东路上有绿山巷，小品《不差钱》谈及的老鳖湾就在这里，官方叫绿山湖。绿山湖1907年始建，原是日本殖民当局建修的贮存和调节雨水用的春日池。劳动公园荷花池中的水亦来自老鳖湾，因是源源不断的活水，所以池中荷花茎叶繁茂，蓬莲依依。

1983年版《大连风物传说》载有老鳖湾故事，但更吸引人的却是发生在这里的逸事。日本侵占时期，老鳖湾长期作为处决罪犯的刑场，解放后继续沿用，

老鳖湾旧影

87岁的汉奸张本政就是在此处被执行枪决。

1951年，大连光复后第一任中国人市长迟子祥也是在这里被枪决的。迟子祥是日本侵占时期的大富商，曾任山东同乡会会长，常常为同乡利益与殖民当局据理力争。20世纪30年代后期，迟子祥辞去山东同乡会会长职务，推荐同乡徐兴利杂货代理店老板徐宪斋继任。但山东同乡遇到难事，还是由迟子祥奔走打理。大连光复后，张本政、邵慎亭拉着迟子祥组建“大连自卫委员

大莲寺旧影

大连画家于歌绘大莲寺旧影

会”。苏军进驻大连后，在苏军的许可下，更名为“大连中国人会”（后改大连地方治安维持委员会）。

迟子祥懂俄语，颇受苏军欣赏。据《西岗文史资料》载，迟子祥曾对苏联驻军司令高兹洛夫直言，“苏军解放大连，大连人民当然感激万分，但有一事不妥，把大工厂的重要机器拆卸，作为战利品运走，极大地伤害了市民的心。”他的这种直率性格，赢得苏联人的尊重。在大连市各界代表人士会议上，苏军司令高兹洛夫提议：“苏联军管期间，应由中国人出任大连市市长，产生办法是经大连各团体代表一致推选。我认为迟子祥居连数十年，曾担任大连山东同乡会会长，又是治安维持会副会长，市面情况非常熟悉，适宜担任大连市市长。”

当时，大连市内约76万人，其中日本人约21万，山东人约50余万，因此迟子祥做市长似乎是顺理成章的事情。当然也是政治需要，苏联人进驻大连后，意欲远图，因而选择市长颇为用心。1945年11月8日，大连市政府宣告成立，迟子祥担任市长。1951年4月，一直同美蒋保持密切联系并为其提供情报的迟子祥被捕，8月12日枪毙。《旅大人民日报》刊登逮捕、处决迟子祥的消息后，全市震惊。

解放路畔中山区教师进修学校（这里有十五中业余美术学校）位置曾有日本侵占时期的日本寺庙“大莲寺”。松村寿显所著《日莲宗满洲开教状况》记载，日本佛教诸宗中，日莲宗最早在中国大陆布教。莲永寺第35世小泉日慈于1907年到大连开设“日莲宗清国大连布教所”（后改称大莲寺），传教对象最初是日本人，九一八事变策划者石原莞尔便是日莲宗信徒。松村日量接管大莲寺后，开始向中国人传教。解放初，寺庙被取缔，一度是大连第四十三中学校舍，后改为大连服装职高。

▼广和配水池

胜利东路上有大连自来水集团水表公司，其院内遗有1902年建成的广和配水池，日本人把它称作“伏见台贮水池”。当年，建筑的顶端还刻着“1902”字样。花园中矗立着一块石碑，碑文如下：

光荣的榜样

周恩来总理一九五一年九月[1]视察广和街配水池

一九五一年九月，周恩来总理来大连疗养期间，对大连城市供水事业格外关心。一天，总理在视察完大西山水库、台山水厂以后，又来到广和街配水池。总理听取了情况汇报，察看了主要供水设施。为了让总理多呼吸一点清新空气，当总理坐在藤架下小憩时，工作人员打开了外面水

广和配水池纪念碑

原伏见台贮水池的泵房（摄于2014年10月18日）

胜利路伏见台水源地旧影

池的喷水头，总理热情地向工作人员点头致谢。没喷多久，他便告诉工作人员将喷头关掉，并说，大连缺水，不要喷得时间太长。总理这种事事为人民着想的崇高精神，永远值得大连人民敬仰。

大连市自来水集团有限公司

二〇〇一年七月

【1】据史料记载，应为5月。

广和配水池与城市同龄，1899年始建，1902年建成，是大连市第一座供水配水池。那座老配水池是俄国侵占时期的泵房——“达里尼配水池”。1901年，俄国人经过一年多调查，发现马栏河地下5.7米处有水源，即便干旱季节水资源也非常丰富。作为水源地，俄国殖民者征用从马栏村向西约3俄里的马栏河谷。1902年，俄国人在马栏河谷建了两个直径7米的集水井，使用唧筒（即水泵，有拉杆和活塞的一种抽水装置），1小时可抽500桶。然后，再使用泵站通过150毫米粗的水管将水提升至“达里尼配水池”，作为城市用水使用。配水池1902年建成，为了纪念，俄国人在泵房的门楣处刻上“1902”字样。泵房是古老的欧式建筑，尖尖的绿屋顶，如教堂般沉静、肃穆而庄重。两旁石阶梯台呈对称状，四周环抱着古木枯枝。

日本侵占大连后，城市人口剧增，广和配水池日1000立方米的供水能力不能满足需要。1904年，日本殖民者开始重修广和配水池，同时修建新泵房，1906年3月工程结束。日俄战争时期，这里是日本天皇的弟弟伏见亲王的驻营地，故改名叫“伏见台水源地”。1908年，大连市内开始安装自来水供水龙头。1910年，铺设伏见台水源地至中山广场的供水干管3956米，配水管6.3万米，日供水量5100吨。解放后，大连人又赋予它新名字“广和配水池”。过去，此处曾有一条小河，名曰广河，叫着叫着，传成了“广和”。

▼张茜与大连

当年，《泰东日报》的泰斗金子雪斋就筑屋在胜利路（原叫光明台）。据称，那里共有12栋洋楼，他偶居其中一间，院中开满洋菊。金子雪斋与同盟会保持着友谊，黄兴、宋教仁、张继等在清末来连时，都住在他的府宅。

据陈毅元帅长子陈昊苏回忆，当年大连的家也在胜利路。陈毅元帅次子陈丹淮在《三个新四军女兵的多彩人生》中留下这样的记述：

张茜

……1947年4月，华东野战军决定，把重要后方基地和野战军的领导家属全部撤退到大连。7月，陈毅夫人张茜带着三个孩子从威海登上了去大连的轮船，当时同行的有正在病中的徐海东一家、野战军领导的家属和孩子几十人及和平医院人员。因为国民党军舰在渤海与黄海交界处不停地巡逻，这次渡海是很危险的，只能选择夜晚偷渡……

到大连后，张茜等人住在沙河口苏联红军指挥部的对面，那是一个十几栋两层楼的院子，两家一楼。张茜一家和钟期光夫人凌奔一家住在一起，张茜住楼下，凌奔住楼上。陈昊苏、陈丹淮时常在长满野花的院子里玩耍。他们虽然年纪小，却不愧为革命后代，喜欢激昂地唱着革命歌曲："嘻嘻哈哈笑呵呵，快快活活扭秧歌，妈妈身体很健康，爸爸前方打胜仗，打垮了反动派，一家大小团圆过，你说快活不快活……"

华东野战军领导的家属还在大连组织了党支部，张鼎丞的夫人路凯任支部书记。由于大家都没有工作，支部就组织大家学习文化，学习俄语。开始大家热情很高，都积极参加，后来因各种原因人越来越少，最后俄语班只剩张茜一个人，只好停办了。张茜就坚持自学，把家里的各样东西都贴上俄文标签，每次见了就读。当时，支部还经常组织去参观，一次到旅顺口动物园，集体拍了几张照片，十几个夫人、十几个孩子还真是热闹……

现在，那些孩子都已成为古稀老者。陈昊苏说："只记得我们住的房子在海边附近，后来我还曾去找过那个地方，可惜找不到了。"那个未知的故居烟消云散了，故人的音容笑貌却留在了世间。2007 年，徐海东大将的女儿徐文惠回忆道："六十年前我才 9 岁，在大连认识了很多阿姨，就觉得张茜阿姨是最漂亮的，后来到了北京，认识了更多的阿姨，可是我还是觉得张茜阿姨是最漂亮的。"

▼苏军营房的变迁

当年，长春路西侧至二一〇医院（即中国人民解放军二一〇医院，今胜利路 80 号）一片是苏军的驻地。以前没有胜利路，就是一条山前排水沟（积存山水的大坑）横在长春路前，也没有大连十二中学（今胜利路 76 号）。山沟对面是一条通往石道街地区的小土路，那条路正如鲁迅所言，是人踩出来的小道，爬坡翻过山梁就是石道街果树园。过沟有一座小桥，跨过小桥，土路（今沿长春路从胜利路至白云山车站）西侧都是苏军军营。紧靠小路边的一排简易平房是他们的军营厨房，大门是向军营大院里开的，在小路旁有几扇小窗户，窗户上都安装防护铁栏杆。

1953 年，旅大市教育局决定在斯大林广场（今人民广场）的南山脚下建立一所中学。同年历时 10 个月，建成一座砖瓦结构的二层苏式教学楼。1954 年 9 月 1 日，因新校舍没有礼堂，遂借用西岗区水仙小学礼堂举行开学典礼，宣布大连市第十二初级中学正式成立。1960 年改现名，1987 年后发展成为高中。

二一〇医院是日本侵占时期大连高等商业学校旧址。1936 年 11 月 17 日，福海茂太郎财团设立私立学校，创建初期使用早苗小学校（今教育学院）作为校舍。1938 年 9 月末，光明台新校舍（今解放军二一〇医院）建成，迁至新校舍。1941 年，转为官立大连高等商业学校，1944 年 4 月，大连高等商业学校改大连经济专门学校并迁回早苗小学校，光明台校舍变为光明寮。日本战败，光明寮被苏军接收，用为营房，后移交中国人民解放军用作医院。

胜利路 75 号水仙小学，临街的新楼刷成鲜明的红色，旧楼是原来的会堂，已经被岁月洗成苍白。水仙小学前身为大连昭和高等女学校，是 1937 年 4 月创立的私立 4 年制日本中学。虽说是日本学校，也招收中国学生。解放后收为国有，1954 年在此创建水仙小学。

水仙小学旧楼（摄于 2011 年 2 月 16 日）

▼马车会社

白云山庄是“马车会社”旧址，位于白山路以西、胜利路以南、成仁街以东、南到山脚下。原与胜利路隔着一条沟，沟深 4-5 米，沟上有三座木桥供人和车行走。其实，马车会社的位置就在今天的莲花山庄。

马车是俄国侵占时期大连的主要交通工具。1906 年大连有 299 辆客马车，为便于管理，1907 年成立大连人力车、客马车营业组合，1911 年又成立大连货马车组合。

昔日的胜利路马车会社

大连、山东一家亲，都市化的大连也影响到一海之隔的烟台。1911 年，威海商人王子芹从大连购进 1 辆四轮洋式客运洋马车在烟台市内营运，那也是烟台历史上第一辆客运洋马车。

1917 年 3 月，日本人出资 20 万元创立大连自动车、马车株式会社。因为发展迅速，日本人大连商工会议所于 1919 年在白云山庄建设容纳马车和车夫的院落，即马车会社。马车会社共建有 90 栋店铺和宿

日本侵占时期“满洲大博览会”第一会场正门

舍，可容纳马车 530 辆，马 1100 匹，宿舍可容纳 1600 人落脚，依靠按月收取租费运转。

1923 年大连颁布《客马车管理规则》，1924 年颁布《货马车管理规则》，一定程度上，促进了城市交通的有序发展。马车会社得以迅速发展是在 1922 年。那年，大连八大富商之一周子扬当选株式会社大连马车收容所社长。

▼满洲大博览会

2010 年上海世博会期间，笔者看到一本关于“满洲大博览会”的书籍。据载，1933 年 7 月 23 日至 8 月 31 日，日本殖民当局在大连白云山麓举办“满洲大博览会”，并设迎宾馆、满铁馆、大连馆、大阪馆、新京馆等建筑。“满洲大博览会”是当时伪市长小川顺之助筹划的政绩工程，他亲自担任博览会会长，不仅调动了日本在东北的力量，还得到满铁及关东军的支持。

“满洲大博览会”旧址大致在胜利路之太原街至马栏河一带。那些建筑便似上海世博会一样，多数被拆除了，当然也会留下一些残迹。曾看到一段当时的宣传文字，中文大意是：“这里是满洲，它虽然与你的故乡相隔千万里，但是，在那里，夕阳照耀下的荒野里，掩埋着忠骨。满洲，它不是描写淘金狂的对象，那里是掩埋着为国捐躯的大地！满洲，使我们牺牲了十余万的英灵，耗费了巨亿国币。为满洲而战斗！为满洲，日本可以牺牲一切！捍卫东洋和平的摇篮地——满洲！捍卫日本的生命线——满洲！这是日本国民的心愿！这是日本既定的国策。”

这段文字毫不掩饰日本人赤裸裸的野心。自明治维新以来，日本就开始这样的梦想，极力脱亚入欧。日本侵略者之所以在大连举办“满洲大博览会”，第一是炫耀在大连的殖民统治，第二是为伪满洲国创造国际承认的既定事实，第三便是想以大连作蓝本，开发东北内陆地区。当时，除大连之外，东北确实没有值得夸耀的国际城市。特定的历史时期，“满洲大博览会”诞生。此后，虽先后在长春、哈尔滨等地举办过，都不及这次的影响力。

深巷往事

一二九街

虽然时光老去，老街老屋依旧，世间无论怎样变化，唯一不变的就是大连的心。

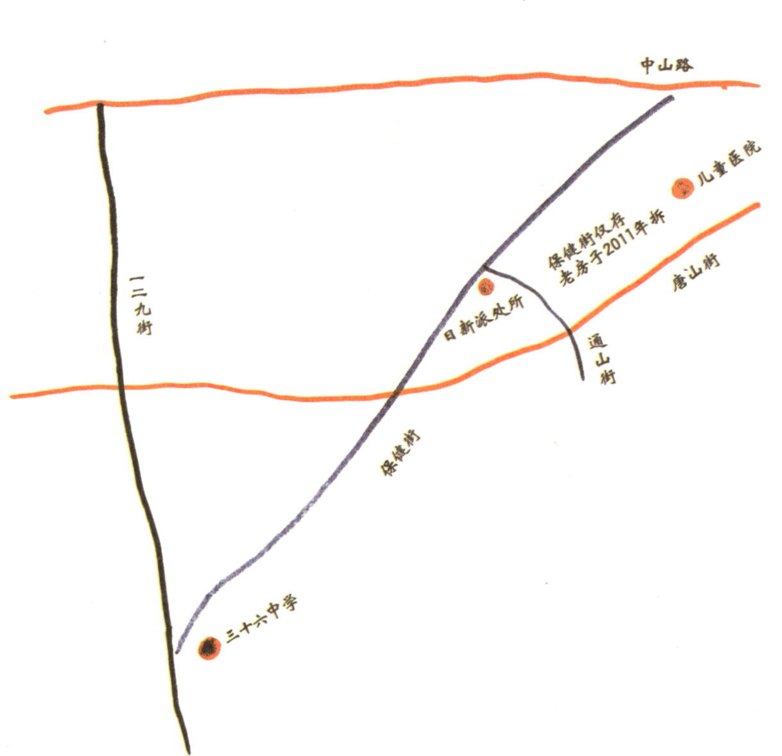

习惯上，大连人把一二九街、保健街、三元街一带统称为“一二九街”。提起一二九街，人们首先想起的是化物所，许多年来它一直是这里的地标性建筑。翻阅典籍会发现，百年前的一二九街还有很多地标建筑。

▼大鼻子兵营

日本殖民者1906年绘制的《大连市街图》上将这一带的俄国兵营称为“旧兵营”，大连人则习惯称之为“大鼻子兵营”。“大鼻子”是相对于日本人而言，解放前，大连人习惯把日本人称为“小鼻子”，俄国人的鼻子大，自然是当之无愧的“大鼻子”了。今三元街65号居民楼附近（三十四中学东墙外）就遗存着一栋俄军兵营。

俄国侵占时期，一二九街一带仍是山丘，密密麻麻皆是丛林，今日的道路在当时顶多算林间小路

三元街65-69号之间的俄国兵营旧址（摄于2011年10月）

1906年地图上的旧兵营区域

或者土路。虽然距离“欧罗巴市区”（商业街）很近，但在俄国人的规划图上属于“中国人街区”，在他们眼里其实是市郊。1902年，他们在此区域中山路北侧建筑兵营，将东西伯利亚步兵第十二联队官兵816人调到这里驻守，团长叫拉泽多尔斯基。大连人又把俄国人叫作“老毛子”，兵营亦习惯称为“老毛子兵营”。

日俄战争爆发后，俄国人决定放弃“达里尼”市。1904年5月26日深夜，“达里尼”市长萨哈罗夫突然接到俄旅顺要塞司令部急电，命他在于5月27日天亮之前，务必将“达里尼”市的俄国

居民撤到旅顺，并协同拉泽多尔斯基一起炸毁大连港。

关于"大鼻子炸大连港"的故事有三种说法。第一种说法是"达里尼"设计者萨哈罗夫是一个浪漫多情的人，不忍心毁掉自己建造的大连，仍幻想着有一天还会再来。所以，他在执行命令时采取了某些变通，即实施了爆炸，却没有伤及大连港。第二种说法是日本通过间谍活动，收买了俄国人的翻译官张德禄，并通过他买通拉泽多尔斯基。俄国人维特曾说："在东方，良心是可以出卖的。"看来，"大鼻子"的良心也是可以出卖的。第三种说法，早在1904年5月初，俄国人就开始制订炸毁大连港的计划。据测算，炸毁大连的一切设备，需要耗尽旅顺储存的所有炸药。这当然是不可能的事情了。所以，拉泽多尔斯基和他的东西伯利亚步兵第十二联队仅将港内的挖泥船和其他作业船全部炸沉，机械设备一一毁掉，并烧毁了达里尼市政厅。随后，他们便沿着马栏河沿岸向旅顺逃窜。

俄国人逃走了，日本侵略军进驻大连。明治天皇的弟弟伏见宫亲王的部队就驻扎在"大鼻子兵营"，把一二九街一带统称为"伏见台"。"大鼻子兵营"一夕之间又变成"小鼻子兵营"。

1906年8月10日，日本设立"南满洲铁道株式会社"（简称"满铁"），以大连为中心进行扩张。《旧南满洲铁道株式会社的住宅政策》记述，1907年满铁本部迁往大连时，其职员多达3000余人，除此之外，还有1万多名被称作"佣人"的作业工人。如何解决数量巨大的职工住所问题迫在眉睫。起初，满铁利用俄国人的旧建筑改建住宅，但想要给万余人提供住宅显然是不够的。地位低下的工人大约十五六人拥挤在12-15平方米的房间里，有人戏称为"最下等的客舱"。

满铁接收"大鼻子兵营"后，改为"满铁从事员养成所及宿舍"，故称为之"满铁社宅"，在日本殖民者1916年绘制的地图上有清楚标示。其实，这里就是"最下等的客舱"。

解放后，"满铁社宅"成为军队用地。1985年后，兵营的老房子陆续拆掉，如今仅存一栋，成了拾荒者的乐园。

▼三十六中记忆

保健街起自中山路，止于胜利东路，日本侵占时期属红叶町，1946年才改叫现在的名字。

笔者的母校大连市第三十六中学就位于悠扬的保健街。三十六中前身是建于1912年的大连商业学校，追溯历史最早是创建于1910年的大连商业补习学校。日本推理小说作家石泽英太郎曾在此读书。石泽英太郎因为出生在大连，始终把大连当作心底的故乡。1934年毕业后，他就职于"满洲电业"，在此工作了13年，他曾这样总结"把青春献给了满洲电业公司（苏联接管后为大连电力公司）”。1947 年，石泽英太郎返回日本。后来，写下了小说集《别了，大连》。“我生长在旧殖民地大连，因为我与中国人长期共同生活，所以没有民族偏见。”这

保健街 42 号大连市第三十六中学承载着许多人美好的回忆（摄于 2014 年 10 月 18 日）

是石泽英太郎的原话。

三十六中门前有两条路：一条是保健街，一条是一二九街，连在一起便似“人”字。日本侵占时期，一二九街属三室町一带，1946 年改叫一二九街，起自中山路，止于保健街。

保健街 42 号就是三十六中所在。虽然已经走出校门多年，却依然记得校园里那棵参天的古树、草丛里跳跃的蚂蚱和黄土路上匆匆忙忙的山蚂蚁。那时，顽皮的同学常会在午后课间随手捉两只大蚂蚁放在石台上戏逗。陈年往事，点滴美好。

1991 年秋，一些日本老校友回访母校。我们这些少年学友便在雨中为他们表演广播体操，年过花甲的老人们拿着相机不停地拍照。见面会刚结束，这些老者就急不可耐地寻找自己年少时的教室和座位。虽然旧时光故去多年，学校依然保持着原貌，每周都打蜡的教室地板，走在上面仍然会发出吱吱的响声。这群花甲老者每走一步便停下来低头细看，有的人站在教室门前竟哽咽不能自已。

童年的美好回忆没有意识形态和民族差别，也不是一代人或某一些人的专利，它是几辈人珍贵的财富。夕阳下，孤望中，枫叶飘落下来，一如从前那般美丽。虽然时光老去，老街老屋依旧，世间无论怎样变化，唯一不变的就是大连的心。拾起一枚枫叶放到鼻前，植物的芬芳慢慢沁入肺腑，便感觉到自己的青春年华。学校校舍现为大连市第二批重点保护建筑。

▼保健街诗情

日本侵占时期，经常在《亚》诗刊上发表现代诗的龙口武士就住在保健街。《亚》诗刊由安西冬卫发起创办，1924 年 11 月创刊至 1927 年 12 月正式停刊，共刊行 4 卷 35 期。安西冬卫自幼跟随父亲多次来大连，1919 年，他来

大连发展，就职于满铁会社。虽然他是一个腿部残疾的青年，却非常阳光浪漫。1924年，他搬到樱花台（今智仁街）山崖上的洋楼居住。11月，安西冬卫联合北川冬彦、龙口武士、三好达治、尾形龟之助等在自己的家中创办《亚》。他这样解释刊名的含义："亞（即亚）源于上下同形左右均齐的造型美，通过这种造型带来美的追求。"

《亚》让更多的人认识了大连，安西冬卫评价《亚》是"日本现代诗歌运动确立的桥头堡"。日本评论家川村凑这样评价《亚》："日本现代主义诗歌是在大陆的一角——殖民地的都市大连发生的。"

昔日的保健街，高楼少，车也少，空气要比现在好很多，夕阳西落时，便会望见一袭红霞。

保健街很狭窄，显得拥挤，却并不妨碍行人的脚步。保健街最美的季节是冬日，每遇大雪，许多男孩儿在街上疯闹，打雪仗是常见的项目，温顺的女孩儿也会被欢乐气氛感染参与进来。这样的日子、这样的快乐一年一年延续。

记忆中的通山街口仍未变，保健街16号与通山街1号是一栋楼，西面是日新街派出所，北面是洗浴中心，对面通山街2号如今已成拾荒乐园。2011年时，保健街上还零星保存着几栋老房子，皆是和式洋风的建筑，错落之间，非常雅致。

保健街的老房子（摄于2011年3月1日）

城市发源

青泥洼

某种意义上，青泥洼等同于大连，是最具乡土乡情的大连元素，大连人对之有着深厚的情感，它是代代相传的心灵家园。

大连源自青泥洼。某种意义上，青泥洼等同于大连，是最具乡土乡情的大连元素，大连人对之有着深厚的情感，它是代代相传的心灵家园。青泥洼一带又称青泥洼桥，是因河与桥得名。这里不仅掩藏着桥的旧址，河的故迹，还记录着城市的发展进程。

如今的青泥洼，就跟早年的天律街一样，已成了大连繁华商业街区的代名词。这里云集着大商、麦凯乐、百年城、秋林等大连人耳熟能详的商业巨擘，展现着大连时尚亮丽的国际范儿。

▼大商前世

早年的青泥洼一带是有河的，即青泥洼河。随着城市的变迁和发展，青泥洼河逐渐填埋，河道自然成为街道，即青泥洼街，现在叫青泥街。青泥街自建设街至五惠路间，日本侵占时期属羽衣町（今青泥洼桥附近）一带，1946年改称青泥洼街，“文革”时期易名红港街，1973年改叫青泥街。

青泥街的老建筑多已拆除，仅存装饰过的大商旧楼。大商前身叫信农町市场，是日本人在今火车站前胜利广场位置组建的商业市场。20世纪30年代中期，因建造新火车站，临时搬到羽衣町，与羽衣町零售市场合并。1936新市场开始动工，1937年竣工，同年12月15日改名大连市场。市场以副食品为主，兼营百货、服装、土杂等，一层是水产品市场，二层是食堂叫因丸食堂，三层是百货称商和公司。商场日客流量超过2万人次，销售额2万多日元，繁华自不待说。

大连市场（大连商场前身）旧影

当年青泥洼附近虽有繁华的连锁街商业区（今五金交电一带），还是少有中国人游逛，大连市场却是中国人常去的地方。中国孩子常常会结伴来这里游玩。老大连人孙来成讲，一楼中间是一个大空场，一次，他和小伙伴曾在那里看过一条很大的鱼，也不知是鲸鱼还是鲨鱼，大家都好奇地围上前去看。当时，普通中国人家常去那里买些便宜的臭鱼烂虾等水产品，孙来成印象最深的便是大人们常买些虾头回家熬汤。他说，那汤红红的，味道鲜极了，不知怎的，现在的虾头就是做不出那个色香味来。这就是那些日子的碎忆，也是许多老大连人的记忆。

“文革”时期，大连市场改

今日五惠路周边高楼林立（摄于2011年3月1日）

叫太阳升商店，1982年正式定名大连商场，今大商集团便是由其发展而来。大商俨然是青泥洼的代名词，知名度享誉国内。2007年大商的销售额超过500亿元，2009年在中国500强企业中排第86位。

▼五惠路

走过青泥街便是五惠路。日本侵占时期，五惠路属羽衣町，是一条土路，1950年建成水泥路，取武汉街、慧中街首字命名武慧路，后演变成五惠路。“文革”时期，先后改叫红旗路、代代红路，1973年恢复原名。

武汉街与五惠路成一线，从解放路至解放街，亦是百年老街，老大连人孙来成当年就住在武汉街。因为在伏见台公学堂（今大连理工大学继续教育学院东侧）读书，他要穿过解放路，踏着土路上学。第七完小（即原青泥洼小学）是他解放后的母校，如今那里伫立的已是“百年城”（商业大厦）。记忆中，瑞诗酒店西面曾有组合教堂大连双叶学院。《满洲建筑杂志》记载，双叶学院建筑由William M. Vories于1937年4月至7月间设计，1939年12月11日

罗工柳《把一切献给党》插图

由共进组施工建成。雍景台位置曾有一日本神社,称能乐堂。新中国成立后,教堂和日本神社均被接收。1949年2月,大连市政府决定集中招收烈士子女和干部子女组建育才学校,同时组建育才学校幼儿园。8月,学校和幼儿园开始招生,9月1日正式开学。育才学校是今二十四中前身,幼儿园便在组合教堂大连双叶学院与日本神社位置,后成为中山区业余艺术学校、大连市群众艺术馆。

远在北京的卢家荪先生送给笔者一张照片,可以此解读其中的故事。照片很珍贵,是中国美协档案资料,照片下面还附有《旅大日报》(《大连日报》前身)1960年8月24日的报道:"中国美术家协会与旅大市群众艺术馆主办罗工柳留苏油画习作展览将于8月25日至9月7日每日上午九时至下午七时在旅大市群众艺术馆进行。"罗工柳是我国著名的油画家,曾为吴运铎自传小说《把一切献给党》制作插图。展览在当时颇具影响,主办方还用钢笔记录下观众人数:20001人。展览结束后,于9月8日至9月15日举行爱好者临摹,共有78人参加,一共临摹了381幅作品。

怀古幽思,追忆往昔,老房子所承载的历史沧桑是多么的厚重。

▼劳动公园

劳动公园始建于1898年,《大连要览》记载:"此地原为名为青泥洼的村子,俄国建设大连市时将此地辟为公园。公园阔50余万坪,背山林壑,夏天绿树成荫,春秋姹紫嫣红。中央为大运动场,还有音乐堂,为祭祀典礼之用,为大连第一的游园地。俄国殖民时期曾于此豢养老虎,故

20世纪50年代劳动公园正门旧影

又称为老虎公园。”大连坊间过去俗称其为“虎公园”或“老虎花园”。

那时日本自以为是主人，所以侵占时期对公园进行过多次扩建。他们很会用水，故意将青泥洼河水拦住形成荷花池，荷花池畔建有和风特色的小桥，桥下是人造瀑布，利用规则的石头垒砌出的落差营造而成。

劳动公园虎溪桥旧影

这里也是大连人喜欢游玩的地方。1925年初，年仅18岁的大连足球名宿罗仙樵就和伙伴们经常在老虎花园里练球。1926年4月1日，公园改称中央公园， 罗仙樵等人就在这一年组织起来，以公园的名字命名为中央队，约战红极一时的大连中华青年队，未料一败涂地。罗仙樵认识到不足,开始刻苦钻研，业余时间经常看英国《足球》、中华全国体育协进会《足球规则》等。掌握大量足球知识后，罗仙樵又重新组建球队。因为处于日本殖民统治下，所以要起一个既能维护民族尊严，又不致于引起日本人注意的名字。队中正好有六七名正隆银行的职员，遂决定以正隆银行华人球队作为招牌，定名隆华足球队，实为兴隆中华之意。后来，这支球队真为大连人长了脸，多次战胜日本球队和其他外国球队。

1947年，中央公园改叫列宁公园，1949年3月易名劳动公园。因为这年9月将举办大连工业展览会，当年3月整个城市公建设施进行修缮改造，政府积极发动群众参与义务劳动，对公园进行整修。孙来成也参加了当年修筑劳动公园的义务劳动，他说，工程是围绕荷花池开始的。人们在中心岛建造了亭子和通向中心岛的曲桥，还有池北侧的假山、南侧的阶梯看台及荷花

昔日在劳动公园举办的大连劝业博览会

老照片中的劳动公园荷花池

池周围的栏杆等，原日本人的忠灵塔被改建成有五角星的、纪念大连解放的五一塔。工程结束后，在荷花池畔矗立一块纪念石碑，上书六个大字“劳动创造世界”。3月3日，公园改叫劳动公园，5月1日正式开园，举行盛大的“五一国际劳动节游园会”。

不同的人对劳动公园有不同的解读，但大家印象最深的是20多年前荷花池中洁白硕大的荷花。若是雨后，更显美丽，许多蜻蜓在荷叶上盘旋飞舞。池塘南端（今日钓鱼处）也是笔者的儿时乐园，烂泥里挤着一群男孩儿，有的蹲在泥里捕鱼，有的抱着盛满水的罐头瓶子等待，那种单纯的快乐经年不忘。同一位置不同景致，亦是不同的心情。在《我的祖父罗振玉》中看到这样一张照片，是罗振玉曾孙罗继祖与夫人陈文珍在荷花池亭栏处的留影，他们背后的池塘里一望葱茏，尽是硕大的荷叶。那是1964年的暑假，罗继祖当时正在北京中华书局参与《二十四史》的点校工作，忙里偷闲，回到大连消夏。

国画大师柳子谷则是用写意小品来解读劳动公园。他在大连旅居多年，当时就住在岭前附近的日式小楼里。闲暇时，柳子谷最爱到劳动公园写生，绘制了多幅写意小品。现代博物馆曾举办过柳子谷大师的画展，展

今日劳动公园荷花池（摄于2013年8月6日）

示了他当年的画作。旧影不在，这些小品更显珍贵。

还有一种更普遍的解读，便是在荷花池畔消磨时间，一盘象棋，一锅儿扑克，一曲京腔……与公园相伴，度过庸常而平静的日子，这未尝不是一种幸福。

人说“水是江南的灵魂”，那么槐就是大连的灵魂，每一个城市都有自己的味道。因为槐树枝上长满坚硬的尖刺，大连人叫槐树为“刺儿槐”。槐树的生存能力特强，即便贫瘠的山坡也能扎根。劳动公园里就有许多要几人合抱的老槐树。20 多年前，大连到处都是槐树。端午节前后，一蔓蔓洁白的槐花泛着甜甜清香让满城倾醉。大连人对槐树的喜爱是渗透到骨子里的，从来没见过哪个城市如此痴迷。大连赏槐会至今已举办 20 余年了。

▼棒球与“打野卯”

劳动公园还可以找到 100 年前大连棒球运动的遗迹。笔者对棒球的了解很肤浅，喜欢棒球是因为小时候玩过的游戏——“打野卯”。这是我记忆中玩的第一个集体游戏，因流传原因，有“打野卯”、“打原卯”、“打乙卯”三种不同称谓。经过思索、考证，笔者判定这个游戏是由日本殖民者带进来的棒球运动演化而来。

打野卯（孙群萃画）

1907 年后，棒球传到大连。大连人韩海生是日本通，他告诉我，棒球的日语写法是“野球”。 韩海生还从翻译的角度帮助佐证。“原”是“本”的意思，“原卯”即棒球本垒之意。“乙卯”中文是农历年，乙卯日语发音是“imo”，地瓜的意思，在此是“第二垒”之意。我们现在

貧民搬家救濟資金募集野球戰
11月 3日 10日 12日
實業對滿俱 一般券
入場券

解放后棒球比赛球票

用的化学名词“甲醇”、“乙醇”等据说也是从日本传过来的。“野卯”是“在远垒”的意思，这是日本昭和年代使用的词语，现在也不用了。那时，日本不允许用英文这种外来语，如“radio”得用汉字写成“收音机”。

棒球是当时在连日本人最热衷的体育活动，他们最喜欢的比赛是“实满棒球赛”。所谓“实满棒球赛”即满铁所属满洲

俱乐部与满铁以外会社的联合队——大连实业团之间的比赛，日本人称之为“实满战”。从1913年开始，每年举行定期比赛，拥趸者因此分成两派。两支球队在中央公园（今劳动公园）内各自建成棒球场，满铁棒球场就是今日的火车头体育场。

因为战争缘故，从1934年开始，大连的棒球运动开始走向衰落。日本战败后第二年，即1946年五一节和某个星期日，大连又举行了几场实满比赛，称“贫民搬家救济资金募集野球战”。比赛由大连居民住宅调整募捐委员会、中苏友好协会主办，大连市政府卫生局协办，目的是筹集资金援助从东北逃难到大连的日本难民。清冈卓行在《洋槐树下的大连》中记述了这段故事。比赛结束了，但是棒球运动并没有在大连结束。新中国成立后，国家棒球队球员大部分出自大连，大连第三中学便是棒球人才的输送地。

解放前，“海南丢”很少有机会参与棒球运动，经过改动逐渐演变成“打野卯”。游戏之前，一群孩子分成攻守两帮，还会捡一些砖头摆出四至五个垒位；如果找不到合适的砖头，就用白颜色的滑石或者红颜色的砖头块在地上画出本垒和其他垒位。玩“打野卯”一般都远离车道，因为多是平房，会在街道两边墙上画出垒位，有时也会利用电线杆子作垒位。像棒球一样，打野卯也有投球手，民间叫“喂球的”，而且喂球手所投的球必须高过手臂，否则算坏球重新再发。如果守方接住击打出的球，击球者就算死掉，重新更换击球手。如今，已经很难看到有人玩“打野卯”了。

▼祈福钟

2003年客居青岛，常去湛山寺，曾在捐资后，撞了三下大钟。由此，笔者想起小时候敲过的大钟。2004年回故乡探望母亲，便寻机到劳动公园寻望

今日劳动公园内的祈福钟（摄于2011年3月14日）

大钟。那时，大钟又有了新名字，叫“祈福钟”，旁边还有钟志铭。祈福钟原名“至正六年钟”，是600多年前的古钟，高2.2米，钟口直径1.35米，重1.67吨，铸造于元顺帝至正六年（即1346年）。元顺帝为在高丽国（今朝鲜半岛）弘扬佛法，派遣使臣带领工匠前往朝鲜金刚山督造此钟。日俄战争后，大连被日本占领，日本东本愿寺派法师阿部荣全来大连布教，建造东本愿寺。阿部荣全向日本政府报告他在朝鲜仁川传教时所见过的“至正钟”，日本政府便派人将此钟从朝鲜运到大连，安放在东本愿寺内。1958年东本愿寺周边改建，大钟被运到劳动公园。

原先，大钟直接放在地上，后遭人为破坏，其肩部处有一残损漏口。常有顽皮男孩来玩耍敲打，而今，铛铛的钟声，久未再听到，让人无限怀恋。仔细端量祈福钟，会看到钟面铸满经文。那是用兰查体梵文篆刻的《阿罗尼咒》，主要内容是祈祷各方佛祖保佑平安健康。祈福钟无论从时代、钟体及所饰钟文、整体造型来看，在国内都属罕见。2007年3月31日，祈福钟正式入藏旅顺

劳动公园全貌（摄于2014年11月2日）

博物馆。入馆前，大钟被送到金州金世家青铜艺术有限公司铸造厂进行维修，同时进行复制。所以，我们现在看到的钟楼还是原来简易的钟楼，大钟已不是原来的大钟。

▼“大足球”的前世今生

劳动公园中最显眼的景观当属“大足球”建筑。大连是足球城，大足球便是滨城当之无愧的市徽。

追根溯源，“大足球”所在位置，之前安放的是日本人于1926年建造的忠灵塔。忠灵塔本是三八广场的表忠碑，因为交通建设迁至劳动公园。日本侵占时期，每到祭祀日，日本人便会来此举行祭祀活动，而且那时大连的学校也要定期带学生来祭祀。1933年5月，郑孝胥亦在此行礼祭拜。

“大足球”位置以前矗立的是五一塔（大连画家刘宝森友情提供）

“大足球”已是今日劳动公园的标志（摄于2014年11月2日）

解放后，忠灵塔改叫五一塔，因为建筑非常壮观，很多游客在此拍照。1975年夏，五一塔拆除；1982年，旧址建成圆明阁。每年旅游季节，特别是赏槐会期间，小小的圆明阁里挤满了人。槐香笑声，都沉于人们的记忆之中。

1985年圆明阁拆除，建成醒目的建筑艺术馆。建筑艺术馆的外形是非常大气的红白相间的球体，直径19.6米，高21米。人们便把它称作“大足球”。

劳动公园受到很多影视剧的青睐，老电影《虎穴追踪》《失去的歌声》里就有许多公园的镜头。大连籍演员董洁因为出演《幸福时光》而被称作“幸福女孩”。劳动公园是《幸福时光》主要的外景地，赵本山与董洁的对手戏常以劳动公园为背景。重温电影《幸福时光》就像漫步劳动公园，是非常幸福的事情。

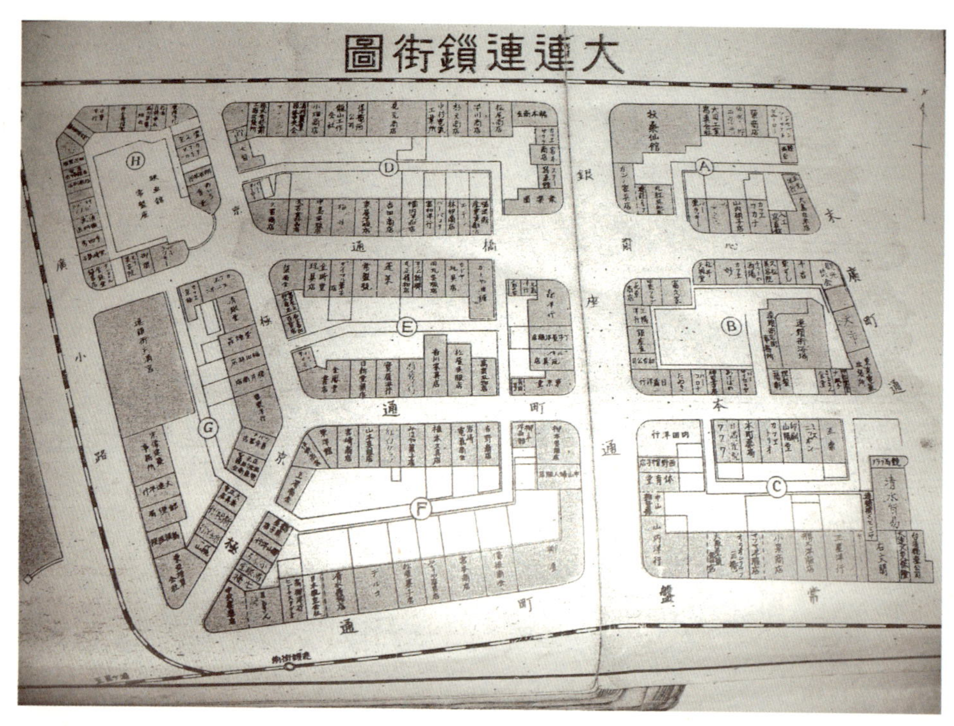

《大连最新番地入案内》中的大连连锁街图

▼连锁街

20世纪20年代末，青泥洼一带有了一个新名字——连锁街。印象中的“青泥洼”东起青泥街，西至友好街，北起长江路，南到中山路。1943年的《大连最新番地入案内》图示，这里统称为“连锁街”，想来因为两横两纵，环环相扣，故名之。所以旧时的“连锁街”并不是一条街道的名字，而是指青泥洼这一片区域。

“青泥洼”内外四横长江路、进步街、兴隆街、中山路就是当时的“荣町通”、“心齐桥通”、“本町通”和“常盘町通”；“青泥洼”内外四纵友好街、友谊街、荣盛街、

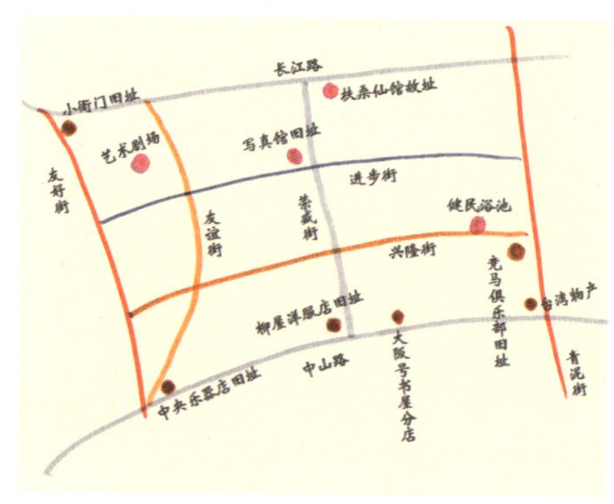

今日青泥洼桥区域示意图

青泥街就是当时的“广小路”、“京极通”、“银座通”和“末广町通”。

当时，日本已经不把大连看作殖民地。早在1914年，他们就通过外交手

段迫使北洋政府签订不平等条约，将大连的租借期从25年延长至99年。1923年，国内爆发大规模的反日示威游行，要求归还大连。99年里会发生什么，谁也无法预知，日本人很清楚，他们需要的是时间。

脱亚入欧是日本当时的主流思想，因为日本先于亚洲国际化，理念上更具洋风。1905年1月，日本人开始来大连淘金。当时，日本政府根据大连军政现状，列出旅馆业、饮食业、土木建筑承包业、木匠、石匠、瓦工和冶金锻造等42种必须营业项目，允许并鼓励日本人移民大连，以图改变大连地区的人口结构。当时，来大连经营商工行业的人士还要受到严格审查，后来政策得以放松。大连许多行业的工资是日本两倍之多，比日本本土宽松自由，许多平民百姓开始移民大连。

来连日本人除了蓝领阶层，以小商户居多，他们多在以浪速町（今天津街）为中心的繁华街区经营小生意。1910年后，浪速町繁华街区的地价和房租不断攀升，部分在那儿拥有不动产的日本人和中国人靠出租土地和房屋大发横财，而靠租房开零售店铺的日本小户商人却叫苦连天。因为无法忍受日益高涨的租金，这些中小店铺的商户便联合到一起，开始寻找出路。达里尼河西岸一片杂乱无章的土地引起他们的注意。

1927年以前，日本人仍沿用俄国人的叫法，称青泥洼河为达里尼河。河西岸即青泥洼桥到电气游园（原动物园）的道路右侧有片宽4米多的洼地。因为殖民当局忙于城市扩张无暇顾及，那里成为垃圾和灰土的堆积场，水道局的破烂管道也丢弃在那里。当时，这里还有关东厅土木科木材存放地、满

连锁街旧影

铁所属的苗圃场和许多散居在此的贫苦青泥洼人。1923年2月，40名商人达成协议，决定在那里建立一个大型共同店铺商业大街。他们首先在关东厅申请批准建立商店组合，然后联合商工会议所发起提案，请求将关东厅土木科木材存放地和满铁管理的苗圃场土地廉价租借给他们，允许填土埋平这里的土地，建造一个共同经营的大型商店街。关东州厅正愁这个地方影响市容，遂批准了他们建立连锁商店街的构想。

关东厅土木科木材存放地、满铁苗圃、其他用地合在一起约4.3万平方米。为保证顺利实施，关东厅还许诺永远不提高利息。1928年5月，合资会社大连连锁店正式在大连民政署登记设立，组合成员115人，每人出资6000日元，预算建设费用是100万日元。连锁街的设计师是宗像建筑事务所的宗像主一、卫藤右三郎和武方织人，施工单位是福昌公司。商店街建设包括93名组合成员的新店铺、出租店铺、电影馆、旅馆、公共浴池、商店会馆、仓库、邮局和银行办事处等，1928年6月开始施工。当时，每天都能看到十几辆大卡车往这里运送泥土，很快这片洼地被填成平坦的大地。建设过程中，费用不断增长，出现资金断流，后由满铁援助部分资金，才解燃眉之急。

1929年11月，商业街落成，共建成16栋楼房，200个店铺。连锁街建筑分两层和三层两种，一楼是店铺和事务所，楼上是住宅。房间的厕所都是水洗式，而且下水道完备，所以整个街区非常清洁整齐。因为采用集中供暖方式，屋内可以自由调节冷热，而且窗户都是双层玻璃，所以冬季不会感到一丝寒意。连锁街锅炉房就设在公共浴池的下面，用的是美国进口的放热器。

12月，连锁街开业，成为与浪速町齐名的商业街。刚开始，除咖啡店外，其他生意都不好做，商铺有很多空闲。一年半后，近200家商店陆续在商业街开张营业，慢慢地聚集起人气。1935年，株式会社大连连锁街成立，资本金50万日元，因为房租收入成为稳定收入，负债额越还越少，连锁街逐渐生意兴旺。

连锁街以丰富的商品尤其是舶来品的物美价廉享誉大连。与浪速町相比，这里陈列橱窗很大，而且设置了许多霓虹灯照明，据说当时日本也找不到这样壮观的商业街。日本商业界巨头清水正已甚至亲临大连，进行实地考察。“购物在连锁街，住宿在锦水宾馆”是日本侵占时期家喻户晓的广告语。在连日本人更是滋润，漫行青泥洼，或看电影，或逛表店，或买书籍，或到咖啡店小憩，甚是逍遥。

▼青泥洼变迁

当年的连锁街繁华热闹，今日的青泥洼也是一派喧嚣。只是世事变迁，星

青泥洼一带遗存的老房子(摄于 2011 年 5 月 29 日)

云流转，很多东西已经换了新颜。我们循着历史的脉络，把今日青泥洼和过去做一下比对，想必多年以后，后人也会这样把今日和未来做同样的比对，会由此清晰地看到岁月的脚步。

“邦德 · 富士达汽车”位置是当年的交番旧址，仍保持着旧时模样，“交番”即日本侵占时期的派出所。411 路车站附近白兰 KTV 是日本侵占时期连锁街天满宫旧址，天满宫是日本神道教一支，后迁至原动物园内。20 世纪 90 年代这里曾有交通银行，看那敦实的理石阶面，感觉历史触手可及。

真好客超市位置是当时负责设计连锁街的宗像建筑事务所旧址，旁边大西北牛肉拉面是经营药品的山田省三商店。阿拉侬上海面馆位置当时也有一家经营药品的商店，叫作大连洋行。为方便那些满是乡愁的居客，友好饭店位置还设有邮便局。若是哪家有人生病，可以就近到岛根内科（彩票站位置）求诊。街口成大方圆青泥分店位置是当时烟民经常光顾的东亚烟草商店。

“曾经的殖民地大连消失了，现在的大连是中国人的大连。”这是《幻的大连》结束语。《幻的大连》是94岁的松原一枝写的回忆，她也是连锁街的常客，她曾和同学顺子在マルキタ咖啡店里一边喝咖啡，一边叙旧。附近的松屋菓子店就是顺子的父亲开的。多年后她说，我的故乡就是大连，这样的想法始终难以割舍。所谓故乡，并不只是生活岁月的长短，那里有怀念的人，有承载记忆的地方。所谓故乡，就是幼时被抱在母亲怀中那样，可以无所顾忌地表达悲伤、憎恨，在心底最深处复苏于人类原点的爱。

荣盛街是青泥洼里第二条纵向短街，自南向北穿过。荣盛街口中国工商银行青泥储蓄所是山内洋行旧址。20世纪70年代，这里曾是南货商店。七彩云霞过桥米线是日本侵占时期满洲航空旧址，白云药房青泥分店位置是大阪号书屋分店旧址。解放后，大阪号书屋分店为苏军接收，1947年7月1日在此成立友谊书店，1950年并入大连新华书店。大阪号书屋分店的三楼还有当时的棒球オリオン俱乐部。

这附近还曾有家胜又洋服店。井泽宜子在《美丽的大连》中记述，胜又洋服店是当时著名的西装店，她中学入学后的制服就是在这里购买。大连煤气燃气具专卖店位置曾有右文阁旧址，美视达眼镜是大连火灾保险、台湾物产旧址。

胜利地下通道口旁诺基亚客服中心、中国电信3G手机旗舰店、长海海产品商店位置是日本侵占时期的清水贸易旧址，吉利商店位置是当时的竞马场俱乐部。曾看过竞马场俱乐部老照片，以为早已拆除，没想到老房子竟然还在。大连建市时就成立了关东竞马会，1900年还举办过两次竞马赛事。参赛马匹除本地马匹外，还有来自烟台、天津等地的马匹。1904年，因日俄战争停办。1921年10月，自认为已经脱亚入欧的日本人成立大连竞马俱乐部，开始举办赛马活动。1938年6月，他们根据关东州厅赛马令改为关东州竞马会。当时，日本人在大连、金州、旅顺分别设置赛马场。那时的竞马比赛与当下一样，每次比赛之前都要发行赛马券进行博彩。

大连五金工具交易市场是笔者儿时的艺术剧场旧址，日本侵占时期是电影院，叫常盘座。解放后，改叫大连上友好电影院，后改为东方电影院，1949年改名为文工剧场，1956年7月改名为艺术剧场，是大连话剧团主要演出剧场。1946年，东北文工团在此演出著名话剧《雷雨》，一下子轰动了滨城。没想到《雷雨》竟在大连生根发芽，成为大连话剧团（前身为成立于1946年的旅大文工团）的招牌剧目。大连话剧团分别于1956年、1961年、1979年、1995年和2010年排演话剧《雷雨》。1961年，田汉便是坐在这个剧场里观摩《雷雨》。

常盘座（即后来的艺术剧场）旧影

艺术剧场旧影（大连话剧团提供）

1961 年 10 月田汉接见《雷雨》剧组（大连话剧团提供）

白云山电线电缆位置是日本侵占时期 UNION（联合）咖啡店旧址，对面东成专业电动工具（楼上是国营汽贸招待所）位置是经营唱片的荣商会旧址。港丰管槽位置是当时的眼镜店叫作青眼堂，上海人民企业集团门市位置是昔日的富屋靴店，正泰电工位置是昔日的日药局旧址，大连鸿达建筑电气开关销售处位置曾是珠美酒吧，津成电线电缆位置是金风堂书店故址，井泽宜子在《美丽的大连》中便记述过金风堂书店，她读中学时经常来这里买书。

昌盛商贸位置是紫烟庄旧址，紫烟庄是当时著名的咖啡馆，许多小资都喜欢来这里休闲，一边抽着鲁宾皇后，一边享受着浓香的摩卡咖啡。

荣盛街宏孚大厦西南角滨美个人护理用品位置曾有家具店，其对面“PEAK”是安乐园故址。安乐园二楼是スター（明星之意）写真馆旧址——世界著名演员三船敏郎家经营的照相馆。三船敏郎 1920 年 4 月 1 日出生在青岛，4 岁时随父亲来大连。1938 年读完中学后，他开始帮助父亲经营照相馆。

1942年，三船敏郎应征入伍，主要负责航空侦察。二战结束前，他主要负责给神风特攻队出击的飞行员拍遗像。

三船敏郎在战争中侥幸逃过死亡，1946年进入电影界。1948年他因主演黑泽明执导的影片《泥醉天使》一举成名，被赞誉为“世界的三船”。1987年10月8日，三船敏郎、山田洋次一起访问大连，受到老市长魏富海的亲切接见。

进步街横穿过友谊街，始于友好街，止于青泥街。进步街口兴隆机电位置曾是日本侵占时期的美容院旧址，想来当时有许多美丽的东洋女人踏着木屐来此。铭宝机电位置是中岛吴服店，当时吴服店还打出醒目的广告，“绢是国产好，日本的盛装”，绫罗满目，吸引着过往的顾客。正泰销售位置是梅月茶座，坐着消遣的茶客，静静地欣赏街景和往来的人流。

青泥洼里还有兴隆街，因为处于闹市，人流不断，街边小店生意非常兴隆，其中就有老大连人最熟悉的健民浴池。日本侵占时期，这里叫连锁街浴场，解放后，改称健民浴池。当年，浴池更衣箱的钥匙通用，由管理员统一掌管，更衣箱上都挂着一条印着箱号的白毛巾，而且提供免费的肥皂。澡堂里有大小两个浴池，大浴池一般都是温水，专为普通大众准备，小浴池是高温的热水，专为那些喜欢烫澡的人准备。那些周身被烫得红通通的老翁大多住在附近，他们把烫澡看作是人生的享受。

离此不远的广场上曾有当时大连最大的舞厅“ペロケ”。1931年前，在大连办舞厅得到许可的只有俄国人经营的“ビクトリヤ”和“ボンベイ”，它们是专供白种俄国人使用的舞厅。话虽如此，也不拒绝日本人。伪满洲国建立后，东北各地允许日本人经营舞厅，面向日本客人。所谓“关（指关东州）满一体”，大连遂出现了“ペロケ”、“大连会馆”、“东亚会馆”、“第七天国”等舞厅。这些舞厅中，“ペロケ”的大厅最大，每天都是满场。“ペロケ”还从日本本土聘来著名小号手南里文雄。因为有南里文雄的辣胡椒粉乐队在此演奏，舞女们一个赛一个聚集到这里来。头发剪成短短的娃娃头的舞女们经常大白天穿着浴衣，扎着腰带，端着搭着毛巾的脸盆，晃晃悠悠往返于连锁街浴场。这也是当年连锁街一道艳丽的风景。

烟火故事

武汉街

新房子终究要取代老房子，但老房子有过的故事新房子却是讲不出来的。

武汉街自解放街至解放路，俄国侵占时期称哈尔滨斯卡亚街、别卡尔斯卡亚街，日本侵占时期改称能登町，1946年称惠民街，1949年改现名。

武汉街上曾有曹正礼先生经营的“万和洋行”，那也是老大连人孙来成的故园。万和洋行在昆明街、武汉街交会位置，正门朝着昆明街。据说，这一片区域整座楼皆是曹氏财产。孙来成对曹家始终抱有感恩之心，当年他家住在楼下，自来水从楼上曹家接来。曹家当时做买卖牛肉生意，价格低廉，孙家近水楼台先得月，常会买万和洋行的牛筋。孙家也开着一家小饭店，老大连人叫马车饭店，类似今天的汽车饭店。

当时，日本人住在昆明街西，中国人住昆明街东，虽混居一起，却少有来往。中国人有自己的天地，便是今友好路与昆明街间那条消失的老街。那里住着许多初到大连的山东人，是中国人手工业区，如木匠屋、铁匠铺、裁缝店等，比比皆是，街上还有破破烂烂的菜市场，顽皮的孩子们最爱在这条街上玩耍。

老街没了，记忆或许就是用来弥补遗憾的。

随着发展，青泥洼小学搬到武汉街，这个位置曾有老澡堂“福泉堂”。据朱毅青讲，“文革”时期叫武汉浴池，从记事到中学毕业，他一直都在那儿洗澡。武汉浴池门面不大，门上面是用白灰砖围边做的，写着四个大字——“武汉浴池”。

▼望火楼

青泥洼小学东面的松云街，俄国侵占时期称斯来泰恩斯卡亚街，日本侵占时期叫摄津町，松云街是

今日松云街望火楼，一楼的一部分是消防队，大楼其余部分已改造成宾馆（摄于2014年11月1日）

1946年改的名字，一直叫到现在。

1925年上海路望火楼拆除后，日本人选在松云街建造新望火楼。1930年1月23日，大连消防署建立，10月，新消防署大楼（即今大连消防支队第一中队）建成。1934年12月26日，关东厅改为关东州厅，受关东局管辖，其下辖27个警察署，其中便包括消防署，消防署下辖市内5个消防分署。

解放初期，这座望火楼为大连市公安总局接管。据记载，苏军进驻大连后，大连消防署因没人接管，没有给养，处于瘫痪状态。1945年11月10日，消防署会计赵树模和理发工李元祐受全体消防署人员委托，到大连市公安总局寻求解决归属及给养问题。时任大连公安总局秘书室主任于雷便让两人回去把队员组织起来，暂时管理消防署。因为他俩到总局替大家解决了归属和给养问题，赵树模被推举为大队长，李元祐与原消防警察署警防系主任日本人森川利雄为副大队长。11月18日，大连市公安总局派干部接管消防署，改称消防局，派去的干部任正副局长，同时任命原来消防署12名中国人和3名日籍技术人员为中下层领导。当时，消防队员共196人，其中日本人为46人。消防局在大连市内设直辖、寺儿沟（今鲁迅路）、桃源台（今桃源街）、西岗子（今北京街）、沙河口（今西安路）、甘井子（今老甘井子）6个消防队。消防装备均接收自日本殖民当局，有“唧筒自动车”（即水罐车）、“水管自动车”（即水带车）、指挥车、装备输送车、梯子自动车等20余辆，主要器械有泡沫灭火机、水管、担架、救助网、探照灯、避难升降器、破拆工具等。

1946年冬，日本人开始陆续回国。不久，消防局对内部人员进行清理，又招收了一批消防队员。1947年5月，开办第一期消防车驾驶员培训班。第一期培训班由日本人上田重一担任教练，为期一个月，共培养了7名中国消防员。从此，大连市有了中国人驾驶的消防车。

新房子终究要取代老房子，但老房子有过的故事新房子却是讲不出来的。

▼日本大庙

孙来成说，他家附近曾有日本大庙，因为中日隔阂从未去过。其实那里曾有三座庙，其中圆圆绿顶的是已经拆掉的华昌街13号，原大连歌舞团旧址，谷建芬、杨洪基均出自这里。大连歌舞团旧址原是日本侵占时期的明照寺（1906年始建），由谷口素绿设计，冈田宽三负责施工，1937年建成。这里也是大连话剧团旧址，由大连话剧团编排的《雷雨》曾经受到田汉的赞誉。

明照寺西侧是日本人的大圣寺，北侧是常安寺。常安寺具体位置在今独立街和武汉街路口，建于1909年，住持叫若本德温，原是日本岛根养安寺的僧人。

已故大连画家刘小燕笔下的大连歌舞团旧址

常安寺老照片

随着日本国内大批诗人移住大连，大连的日语文学创作当时亦相对进入了繁荣时期。1919 年，日本诗人在常安寺召开过“满洲短歌”大会。

1997 年 7 月，大连歌舞团旧址拆除。

▼独立街

独立街横穿武汉街，自一德街至七七街，俄国侵占时期叫哈巴罗夫斯卡亚街，日本侵占时期称天神町，1946 年改称白兰街，1949 年改为独立街。

独立街 6 号中山区中心小学是日本侵占时期大连女子商业学校旧址。1906 年 9 月 1 日，日本人大连基督教青年会附设商业夜学校，教授日本青年学习实用商业知识。1907 年增设女子部。1910 年 9 月 15 日，东洋协会满洲支部接管男子部，更名私立大连商业补习学校，满洲支部部长便是时任关东都督府民政长官白仁武，他同时兼任校长。两年后，大连商业补习学校升格为五年制甲种大连商业学校。

1920年7月1日，大连中华青年会在此成立。大连中华青年会由《泰东日报》编辑长傅立鱼、太古洋行账房陈德麟等发起，得到大连各界人士支持。成立之日，到场会员400余人，北洋政府大总统徐世昌、东三省巡检使奉天督军张作霖等皆送来祝词。大连中华青年会通过中国传统文化将当时大连分散的中国人组织在一起，站在今日的视角看，是非常了不起的事情。

1924 年，大连商业学校迁到红叶町新校舍（今三十六中）。1930 年 4 月 1 日，东洋协会满洲支部在大连商业学校女子部基础上创办大连女子商业学校。1943年，学校改称大连女子经济专门学校。解放后，此处为人民政府接收，并于1945年10月，创办普通小学校，后学校迁走。

1951年，在此创建第四初级中学，著名画家柳子谷就是当时的建校元老之一。今日的中山区中心小学是后迁入的。

独立街12号位置是日本侵占时期大连幼稚园旧址，在《大连图绘》中可以看到清楚的标记，校园中还画着许多樱花。大连幼稚园1907年4月27日由西本愿寺建立，是日本侵占时期最早的幼儿园。

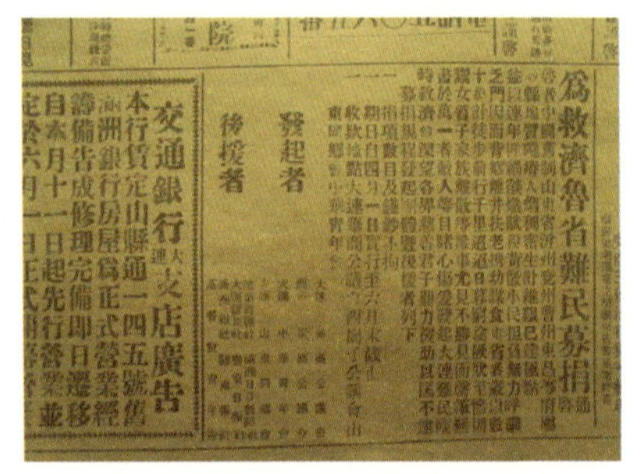

爲救濟魯省難民募捐

發起者

後援者

交通銀行大連支店廣告

本行賃定山縣通一四五號爲
滿洲銀行房屋爲正式營業經
籌備告成修理完備即日遷移
自本月十一日起先行營業並

1927年《泰东日报》对大连中华青年会与大连诸社团一起救济山东灾民的报道

大连女子商业学校旧影

旧影流离

延安路

浪漫的大连艺术土壤丰厚，解放后涌现出谷建芬、徐沛东、杨洪基、孙楠等众多享誉国内外的音乐人。

延安路旧景

延安路从中山广场至胜利路，俄国侵占时期称阿列克谢耶夫大街，初为碎石路。日本人侵占大连后，把这里称作播磨町，1909 年铺设柏油马路，路旁种植洋槐。1946 年改名叫嘉禾街，1949 年以革命圣地延安命名延安路。

▼大连音乐学校

延安路畔华昌街 11 号居民楼位置，过去曾有一家音乐学校，是 1925 年村田悫磨与园山民平共同创办的大连音乐学校。大连音乐学校是当时东北唯一的私立音乐学校，分本科、研究科、师范科以及选科四部分。著名国际音乐大师秋吉敏子儿时曾在此学习音乐。秋吉敏子 1929 年 12 月 12 日出生在中国辽阳，举家迁至大连，师从大连音乐学校教师杨孝毅学习钢琴。秋吉敏子对中国有着深厚的感情，她的代表作《漫长的黄土路》就是对出生地的怀念。《追忆邓小平》是当年身为国务院副总理的邓小平出席联大时，秋吉敏子触景生情的作品。1993 年，秋吉敏子重返中国，回访大连、沈阳，拜望了老师杨孝毅，并谱写了一曲《献给恩师杨》。

浪漫的大连艺术土壤丰厚，解放后涌现出谷建芬、徐沛东、杨洪基、孙楠等众多享誉国内外的音乐人。

▼相生由太郎旧居

延安路 61 号是老街遗痕，破破烂烂的啤酒贩运点掩藏着历史碎片。这里是“红房子”（即碧山庄华工收容所）开办者相生由太郎的旧居。相生由太郎的每一铜板里都流淌着“海南丢”的血汗。夏目漱石的游记《满韩漫游》中便有红房子的记载。

今日延安路一角（摄于 2014 年 11 月 1 日）

建起码头工人宿舍（俗称“红房子”）后，日本殖民政府把这里当作宣传典型，1909 年，相生由太郎引领着夏目漱石走上一栋最长的二层楼参观。1916 年，相生由太郎把部分宿舍借给川岛浪速组织的宗社党（以肃亲王善耆为首的清朝复辟集团）插旗募兵。

1925 年，日本内阁以天皇名义赏赐巨款以资奖励。后来，日本殖民者为褒奖相生由太郎，将今长江东路附近街道命名为相生町。相生由太郎压榨华工，仅仅十年工夫便成为百万富翁，而且身居大连商业会议所（日商联合组织，后改为大连商工会议所）会长等要职。1920年，中国人创立大连中华青年会，相生亦是与会者之一。1921年“金建值”

延安路61号是相生由太郎旧居（摄于2011年3月14日）

风波，相生由太郎与华商一起组成“大连取引所银建存续期同盟会”，协助华商请愿团一起在东京活动。

为维护自己的权威，每年10月1日，即福昌公司成立日，相生由太郎还要在家中招待那些工头和喽啰。终是因果报应的缘故，1926年他患上半身不遂。同年福昌公司华工部及“红房子”被满铁低价买走。福昌公司并没有因此倒闭，在其次子相生四郎及养子相生常三郎的辅助下，相生由太郎重组相生合名会社和福昌股份公司。四年后，相生由太郎病死在大连。

▼大连市立医院旧址

今延安路路尾金色少年艺术培训学校东面是驻军某部，日本侵占时期是基督教慈惠病院。医院成立于1906年，由西广场教会（即今友好广场肯德基餐厅）元老日本人柴田博阳创办。早期的慈惠病院并不在这里，而在浪速町（今天津街一带），后搬至红叶町（今儿童医院附近）。柴田博阳是基督教徒，医院并不以营利为目的，只求为一般百姓解除病痛，常常接受一些街头患病者，而且多数是付不起钱的穷人，因此被称作“给穷人看病的慈惠病院”。1915年3月，医院改称大连慈惠病院。1919年，在今延安路上建起三层大楼，慈惠病院从红叶町搬到这里。后医院改名圣爱医院，1940年划归大连市役所，易名大连市立医院。

1945年11月8日，大连市民主政府颁布公告，宣布禁止吸食鸦片，命令市内所有烟馆一律停业，并在市立医院成立戒毒所，收容吸毒市民，动员烟民自动报到进行治疗，限于1946年5月末止一律戒清。但是，到了5月末仅有8名吸毒市民到戒毒所报到。为此，市政府出台政策，规定同年6月1日起市内烟民一律到戒毒所报到，生活贫苦者不收任何费用，经济条件较佳者酌情收伙食费用。当时的社会局、公安局、卫生局一起贯彻执行，经过系列禁烟工作，取得显著成效。后来，此处一度用为传染病医院。

雾岛记忆

金城街

无论是从金城街看，还是从白兰街瞧，建筑都非常漂亮，虽然造型有些简单，做工却很古朴，尤其是深茶色的墙砖，据说是用防火材料制成，是由大连制造的。

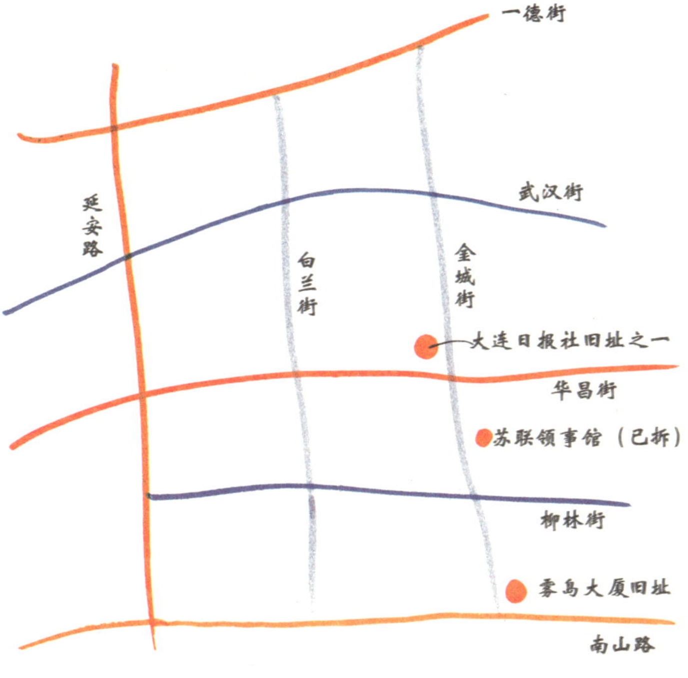

一德街
武汉街
延安路
白兰街
金城街
大连日报社旧址之一
华昌街
苏联领事馆（已拆）
柳林街
雾岛大厦旧址
南山路

金城街在武汉街畔，起自一德街止于七七街，日本侵占时期为雾岛町一带，1946 年改为金城街。“文革”时期改叫志丹街，用以纪念革命烈士刘志丹，1973 年恢复现名。金城街畔还有白兰街，宛如小巷同行，落于南山路。

▼大连日报社旧址

大连一直有高楼大厦，只是今日的高楼实在太高。当年，大连最高的楼是解放路路口的人民饭店，金城街上最高的楼则是雾岛庄大楼（今金城街 21 号）。雾岛庄大楼为日本侵占时期建筑，是建国前大连日报社社址之一。《大连日报》前身是《人民呼声》，因为《满洲日日新闻》的厂房、机器被中共大连市委陆续接收，1946 年 5 月中旬，人民呼声报社迁至《满洲日日新闻》旧址，即世纪街 76 号。6 月 1 日，《人民呼声》改名为《大连日报》。

雾岛庄大楼是建国前大连日报社社址之一（摄于 2011 年 3 月 18 日）

当时国内政局非常复杂，根据苏联与中华民国政府签订的《中苏友好条约》，大连随时可能被国民党政府接收。1946 年 10 月，《大连日报》编辑部、采访通联部迁入今雾岛庄大楼。大楼里既有办公室，又有职工宿舍，大约住着 20 多人。白天，工作人员在办公室采编新闻，下班后便穿过走廊回到宿舍休息。虽然条件简陋，没有暖气和火炉，冬天非常难熬，但他们还是坚持了下来。

1949 年春，《大连日报》编辑部、采访通联部搬回到世纪街 76 号，这栋老楼成为居民楼。透过门院，或多或少仍能嗅到当年的气息。这栋如今已陈旧的洋楼很耐看，无论是从金城街看，还是从白兰街瞧，建筑都非常漂亮，虽然造型有些简单，做工却很古朴，尤其是深茶色的墙砖，据说是用防火材料制成，是由大连制造的。相对今天而言，六层高的楼算不上高楼，当年却是金城街的亮点。

▼周善培旧居

金城街与柳林街十字路口附近曾有日本侵占时期白木屋妇人医院，这一带系旧雾岛町100番地，据《黄炎培日记》记载，清末民初名流周善培在大连的第一处旧居也在这里。周善培喜欢吟诗，曾诗赋《移家大连怆怀沪居有作》："两地松楸成隔世，十年花木正当春。穷途始识鹪鹩乐，谁庇漂摇丧国民。"

因周善培开发四川颇有成就，1930年6月26日，卢作孚一行曾来此拜访。谈到统一问题，周善培说："民国以来，袁世凯有了第一个好机会，蒋介石有了第二个好机会，都把中国弄不好，真可惜了。"卢作孚道："统一有两种方式，一种是用武力一部分一部分地打下去。这个方式已经有19年的证明不成功了。还有一个方式，就是各经营各的地方，一桩事一桩事逐渐联合起来，最后便一切统一。"

▼解放庄

金城街南山路街口附近还有一栋旧时高楼，即金城街82号，过去日本人把它称作"雾岛大楼"。此"雾岛"非彼"雾岛庄"，不过两栋高楼倒很相似，估计是一起建造起来的。80岁的老大连人周桂枝说，解放后，这栋"雾岛大楼"改叫"解放庄"，因为里面住的多是铁路医院的大夫，所以大家又把它叫作"大夫大楼"。如今，大楼门口仍悬挂着铁路的标识——连房188号。

雾岛大楼即解放庄（摄于2011年3月18日）

钟声福音

玉光街

『那天虽是立秋，下午阳光依然猛烈，颜色在纸面上很快就变干，那一瞬永远留在了画中。』

▼玉光街礼拜堂

品读孙群萃画作《玉光街礼拜堂》，便想起玉光街。他画的是1999年8月8日的玉光街礼拜堂。孙群萃写道："那天虽是立秋，下午阳光依然猛烈，颜色在纸面上很快就变干，那一瞬永远留在了画中。"

玉光街是中山广场向四方伸展出的十条放射状林荫大道之一，起自中山广场，止于解放路，俄国人把它称作萨姆索洛夫林荫大道。日本侵占大连以后，改称越后町，1946年改名为玉光街，"文革"中易名信阳街，1973年恢复玉光街名。

玉光街2号礼拜堂是老街仅存的两座老建筑之一。90多年前，英国领事馆（今大连金融大厦位置）后院曾有一座黑砖建筑，是玉光街礼拜堂的前身"圣公会礼拜堂"。1913年1月12日，日本圣公教从日本传入大连。1917年，英国人雅格、路希等几位城市规划、建筑工程师来大连开发煤气工程。他们都是英国基督教长老会（圣公会）信徒，当时就在英国领事馆圣公会礼拜堂举行宗教活动。1924年，英国教会和日本圣公教会决定重建礼拜堂。堂址选在黑砖楼的旁边，新建筑由英国驻大连领事馆计划筹建，弗朗西斯·艾勒·诺里斯博士负责筹集资金，聘请当时大连著名的德国建筑师威廉姆斯设计。威廉姆斯把礼拜堂设计成古朴典雅的哥特式红砖建筑。建筑由中国工程部门施工，为砖木结构，建有四层的钟塔，塔楼顶端为木架结构，内置一口铸铁大钟，外墙为暗红色清水砖墙。1928年5月，礼拜堂竣工。同年，英国圣公会和日本圣公会在英国领事馆内共同建成大连圣公会教会。

玉光街礼拜堂（摄于2011年3月14日）

这个教会属中华圣公会华北教区，因为教徒以英国人、日本人为主，其礼拜以星期日早上9:00开始用英语、10:30开始用日语的形式举行。太平洋战争爆发后，日本对在连外国人实行驱逐政策，赶走了英国人，将教堂交给日本教民使用。日本战败后，大连圣公会归战胜国英国所属，作为教会留下。1947年8月，大连地区基督教各教派外国传教士全部离开大连。

新中国成立后，礼拜堂改名玉光街礼拜堂。"文革"期间划拨中山区少年宫，因为失去教会机能，祭坛及彩色玻璃等皆遭毁坏。1987年8月，礼拜堂作为超教派中国基督教协会的教会恢复使用。2002年，该建筑被确认为大连市第一批重点保护建筑。

礼拜堂虽然遭到破坏，大体保持着1928年的样子，入口右侧的基石上还有日语竖写和英语横写的铭记：

为了神的荣光献上此石，昭和三年五月六日北京监督·神学博士弗朗西斯·艾勒·诺里斯。

To the Glory of God this stone was dedicated May 6th, 1928 Francis L. Norris, PHD, Bishop of Peking.

▼白玉街

白玉街与玉光街相交，起自民康街，环绕中山广场半周，止于鲁迅路。俄国侵占时期，白玉街叫罗斯娜亚街，日本侵占时期改为丹后町，1946年称牡丹街，

大连画家于歌笔下的玉光街街景（绘于2007年12月3日）

伪关东厅专卖局旧址（摄于2011年3月14日）

1949年改为白玉街，“文革”时期又叫延风街，1973年恢复白玉街之名。

白玉街的民康街口附近以前曾有“帝国在乡军人会大连支部”旧址。日本侵占大连后，许多参加过日俄战争的退役军人在大连定居，联合组织成“在乡军人联合会大连支部”。大连支部会长是日本退役海军少将牧野丰助，骨干为退役陆军大佐西川虎太郎等，这些人平时为民，战时为兵。他们一直鼓吹“满洲是日本生命线”等侵略言论。1924年，预备役少将岩井勘六成为会长，他提倡民众军队化，主张培养国民自觉的军备意识。后来，日本人将东北地区在乡军人会统一，改称“帝国在乡军人会”，岩井勘六担任满洲联合会会长、大连支部会长。九一八事变后，岩井勘六根据关东军命令，将大连地区在乡军人会改编为自备警卫团。二战期间，曾多次在大连地区进行战时训练及防空演习。

鲁迅路路口的白玉街20号，即大连会计服务中心、大连行业协会委员会、大连珠算协会、大连会计学会所在老楼是日本侵占时期的关东厅专卖局旧址。建筑始建于1929年7月5日，12月2日建成，原来仅有2层，后来加盖3-5层。

▼李经方旧居与美国领事馆旧址

笔者曾为鲁迅路“李氏旧居”疑惑，以为是李经方的旧居。李经方是晚清重臣李鸿章长子，曾与其父一起赴马关谈判，与日本交割过台湾。这样一个历史人物，曾在大连生活过7年，那也是他一生最后的7年。1934年，李经方过80大寿，全国各地前来祝寿的亲人大约百余人，不但热热闹闹大摆筵席，还用摄像机拍摄了影像留念。9月28日，李经方病逝。此时亲友们刚刚返回家，立马又赶往大连参加葬礼。后来，他的遗体被运往上海，葬在万国公墓。

大连确有李经方旧居，就在玉光街。《李鸿章家族》记载，李经方在大连越后町39番地置有房产。《大连番地入案内》图示，大致位置就在今青泥洼桥小学校园西北临玉光街处。李鸿章的后人还有不少生活在大连，长生街5号曹家的二女婿李家镗就是其中一位。

玉光街61号中国工商银行大连友好广场支行是老街上仅存的两座老建筑之一，上世纪60年代是政协办公楼，80年代是市档案馆。此处也是第二个美国领事馆旧址。1906年9月10日，美国在露西亚町（即俄罗斯风情街）设立领事馆。1907年10月1日，迁入越后町（今玉光街）。1917年5月15日，领事馆迁至山县通（今人民路）。据《大连图绘》记载，此处还曾是英国汇丰银行大连支店。如今，这里又重新翻修，2002年该建筑被列入大连市重点保护建筑。

美国领事馆旧址（摄于2011年3月1日）

华商自治

民康街

刘肇亿仿照上海『世界大舞台』出售彩票盈利的办法，在今宏济大舞台位置设立宏济彩票局。这是大连第一只彩票。

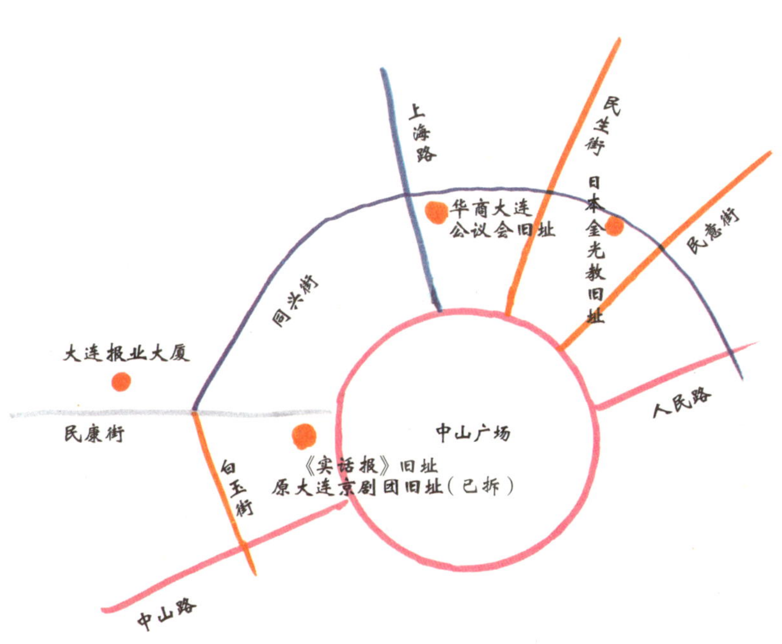

民康街是中山广场十条放射大街之一，起自中山广场，止于友好路，俄国侵占时期称萨哈罗夫大街，日本侵占时期改骏河町，解放后改名兴隆街，1949年改现名。

▼《实话报》与大连京剧团

民康街409路公交车站对面中山路1号北侧银行庭院是原《实话报》旧址。《实话报》创刊于1946年8月14日，是苏联驻军指挥部主办的中文报纸，以介绍和宣传苏联为宗旨，最初社址在安阳街57号。1949年2月至5月迁到明泽街67号，1949年6月迁至民康街2号，1951年8月终刊。末代恭亲王毓嶦回忆，溥仪等人关押在伯力收容所时就经常看来自大连的《实话报》。2010年年末，笔者有幸觅到了一张泛黄的《实话报》，作为历史见证珍藏在书柜里。

《实话报》

《实话报》停刊后，此处转交给旅大市，成为旅大京剧团。旅大京剧团前身是成立于1947年10月的新声剧团，20世纪80年代初改叫大连京剧团。

解放前，周信芳、盖叫天、侯喜瑞等名角儿都在大连跑过码头演过戏。大连地区还有不少票友及民间团体。1990年，大连京剧团搬到南山大庙，建成麒麟舞台。也是这一年，大连京剧团演员杨赤在北京凭着《九江口》的精彩表演摘取第八届中国戏剧梅花奖。不久，民康街2号变成瓦砾，后变成现在的模样。2007年大连京剧团改名京剧院，如今已搬到民生街。

中国文联出版社根据大连京剧团的演出出版的连环画《薛刚反唐》

▼大连公议会旧址

同兴街起自鲁迅路，止于民康街，日本侵占时期为爱岩町一带，1946年改

为刘肇亿领导公议会保护了一方商民平安，且经常体恤接济华人，在大连颇有威望。

1905 年 10 月，洼口公议会进行改组，成立大连公议会，刘肇亿被公推为总理，郭精义为协理，李子明、张本政等为议董。大连公议会主管东大连事务，却不局限于此。同年 11 月，经关东州民政署许可，刘肇亿仿照上海“世界大舞台”出售彩票盈利的办法，在今宏济大舞台位置设立宏济彩票局。这是大连第一只彩票。这得到很多人响应，每月获利颇丰，最多时可达 9000 余元。刘肇亿便用这些资金搞慈善事业，在今英华街一带修建宏济善堂。为了不被日本同化，大连公议会还修复松山寺、修建天后宫等。

1914 年至 1927 年间，郭精义、李子明先后担任大连公议会总理。此后，张本政成为大连公议会总理，遂改名大连市商会，并担任会长。1945 年 8 月 18 日，张本政拉着副会长邵慎亭与日伪关东州厅长官今吉敏男协商，在大连市商会旧址成立大连地方自卫委员会，张本政任会长。8 月 23 日，大连苏军警备司令亚马诺夫同意大连地方自卫委员会改为大连中国人会，协助苏军维持地方治安。9 月 12 日易名为大连地方治安委员会，张本政任委员长，邵慎亭、迟子祥任副委员长。大连市政府

大连第一只彩票

称同兴街。

上海路与同兴街交会处的中银大厦即原天津街小学，此处是华商大连公议会旧址。大连公议会前身是成立于 1900 年的洼口公议会，是俄国侵占时期中国人的自治组织。华商首富、俄军通译官张德禄为公议会总理，顺发栈老板刘肇亿为协理，郭精义等为会董，并募有巡丁 800 余人。张德禄虽为总理，日常事务却由刘肇亿主持，刘肇亿不惜重金请来青帮张田池担任统领，管理巡丁。因

华商大连公议会旧影

成立后，大连地方治安委员会废止。

▼大丰洋行与金光教

同兴街“同香园酒店”位置曾有日本侵占时期的大丰洋行。大丰洋行也称东方贸易公司，由十月革命后流亡大连的“白俄”皮丘创建，经营洋酒、洋食品、杂货及其他商品，专搞进口商品批发。东方贸易公司是世界各国著名食品公司驻大连代理店，类似今代理商。因为它是大连和东北地区唯一的经销欧美食品的企业，深受日本人欢迎，获利颇丰。为方便贸易，皮丘还聘任日本人山口丰四郎担任副经理。太平洋战争后，大连港被封锁，大丰洋行无力支持，便撤离大连。

同兴街16号位置曾有日本神道教金光教的旧址。金光教是日本民间宗教神道教教派之一，明治初期由川手文治郎创立。中国阴阳五行学说传入日本后，在其民间兴起金神崇拜，认为金神掌兵戈、丧乱、水旱、瘟疫，按时沿不同方位游行天下，若人的行动触犯其方位，将受祟遭灾。川手文治郎因为家人和牲畜连续丧亡，认为是金神作祟，对金神的信仰愈深。后来，川手文治郎自称金神授其“生神金光大神”之号，创建金光教，并将凶神改造为慈悲神，称金乃神或天地金乃神，宣称是宇宙的本体神，人类的祖先。金光教主张敬神爱国，宣扬信、忠、孝三者共为一体，故而受到日本皇室及政府的支持。大连地区金光教是1907年左右传入，逐渐兴盛。1918年，大连教会所义杉本薰曾到天津设立布教所传教。日本战败后，金光教废止，原址建筑拆建为民宅。

文昌商盛

民意街

伴随着贸易激增，大连经济发展迅速，证券交易市场因此诞生。

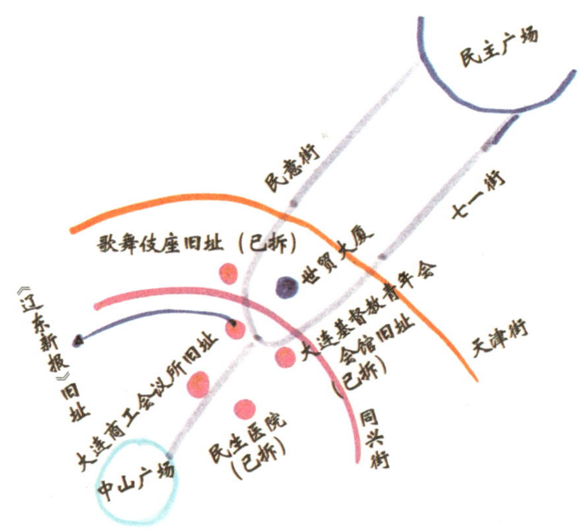

如果说民康街与同兴街合在一起像草书的“人”字，那么七一街与民意街便似篆书的“人”字。七一街起自中山广场，止于民主广场，俄国侵占时期称萨姆索诺夫林荫大道，日本侵占时期改为敷岛町。1946 年以宋庆龄的名字命名庆龄街，1949 年改为七一街。民意街起自同兴街，止于民主广场，俄国侵占时期与七一街是一条街，日本侵占时期也属敷岛町，1946 年改为民意街。

▼民生医院

今大连警备区司令部对面位置原有日本侵占时期民生医院，创建者是来自台湾的杨燧人。台湾与大连的交往历史逾百年，今台湾仍有成员达 2000 余人的大连会。1906 年 9 月，关东都督府宣布大连为自由港，进出口贸易发展迅速。大连与台湾直接通航后，不少台湾人来大连发展。最早一批来大连的台湾人中有孟天成[1]、简仁南等。

日本侵占时期，关东州居民分五等，其中一等是日本人，二等是朝鲜人和台湾人。关东州厅人口统计中的居民“国籍别”分内地人（指日本人）、朝鲜人、满支人和外国人四类，日本人虽把台湾人放在满支人中，但因为台湾为日本占领，所以也将台湾人视为国民，在连台湾人地位比较特殊，在配给细粮等方面与日本人相同，子女可进入日本人学校。

在连台湾人多从事医务和贸易。因为日本实行种族政策，中国医生（包括台湾籍医生）的待遇低于日本医生。孟天成、简仁南等在取得一定资历之后，率先独立创业。后来的台湾医生便以他们为榜样，陆续开办了不少私家医院。

杨燧人生于 1903 年，1923 年毕业于台湾总督府医学专门学校，1925 年留学东京日本医科大学。1926 年 9 月，杨燧人受博爱医院聘请来连工作。1928 年后，杨燧人在同乡的资助下创建了民生医院。

伪满洲国建立后，又有大批台湾人来大连寻求发展，杨燧人的弟弟杨兰洲便在法制局任职。1941 年，郑禹奉命担任伪满洲国驻泰国公使，杨兰洲以经济书记官身份随同前往。杨兰洲去泰国时，他的家眷便留在大连，托付给杨燧人。日本战败后，杨燧人因为立场问题被关押。释放后，杨燧人在港口做检疫官，后趁工作之便逃至营口，最终逃回台湾。

▼大连基督教青年会会馆

七一街 5 号是 2010 年年初拆掉的原中山区公安局旧址。《中国近代建筑总览 · 大连篇》记载，该建筑为砖木结构，由山叶洋行施工，1910 年 6 月始建，1911 年 3 月 20 日竣工，名为大连基督教青年会会馆。大连基督教青年会是日本侵占时期在连日本人社会团体，以基

【1】孟天成 1911 年来大连，早期在满铁医院工作。他的故事详见《记忆 · 大连老街》的上部。

大连基督教青年会会馆老照片

大连商工会议所旧影

督教义为宗旨，设有灵育、智育、体育、社会奉仕四部，馆内设有讲演会场、食堂、浴池、游乐场、剧场等，由稻叶好延、藤田秀助掌管事务。大连中华青年会曾得到大连基督教青年会的支持，1920年5月30日，傅立鱼、陈德麟等人便借此召开大连中华青年会第一次发起人会议，与会者300余人，声势颇为壮大。1922年9月23日，世界乐坛明星、天才音乐家、俄国公爵夫人基尔斯卡娅还曾在此进行演出。

1926年，大连基督教青年会会馆由西村伊作重新设计，和泉组施工，进行第一次扩建。日本投降后，此处被接收，后为市公安局中山区分局。“文革”期间，建筑曾经遭受火灾。2000年，进行第二次扩建，虽然有所改变，外观仍保持着原来的设计风貌。建筑很坚固，2010年拆除时还颇费力。

▼大连商工会议所

日本侵占时期，日本人在大连建立了商会组织，今大连警备区司令部位置即是大连商工会议所旧址。大连商工会议所初名大连商业会议所，创建于1915年6月，其前身是成立于1906年1月的大连实业会。当时，日本人在磐城町（今天津街）一家叫“菊屋”的茶水店开会，决定成立实业家团体。因为那一年是丙午年，故称为“丙午茶话会”。3月10日，松散的茶话会改组为大连实业会。像华商一样，大连实业会也设有会长及副会长等职务，实业会会长由宾敞介之担任。成立之初，实业会仅有70人。

随着经济发展，要求改组大连实业会的呼声越来越高，大连商业会议所应运而生。1915年5月21日，在大连民政署署长大内丑之助支持下，横滨正金银行大连支店店长井上一男、福昌公司老板相生由太郎等7人召开预备会。1915年5月28日召开成立大会，7月4日正式办公，井上一男担任首任会长。会议所为社团法人组织，凡在大连有营业所或事务所及从事工商业的日本人均可参加，其会费主要来自关东厅及满铁的补助。

1922年春，立志复辟的善耆在旅顺忧郁而亡。因为他把所有钱财都用来复辟，一时间王府竟然拿不出安排后事的钱。就在这时，曾经得到过善耆帮助的画家陈半丁挺身而出，决定在大连举办画展，进行义卖，为善耆筹措运柩返京的资费。8月12日至13日，陈半丁在大连商业会议所大厅里举办画展，据称开创了中国画家办画展的先河。

1928年，大连商业会议所改称大连商工会议所。1937年，成为殖民政府隶属地方公共商业团体。因为战争缘故，1943年11月30日，大连商工会议所解散，取而代之的是适应战时体制的“关东州经济会”。

▼《辽东新报》旧址

民意街2号（原敷岛町68号）是《辽东新报》旧址。《辽东新报》于1905年10月25日创刊，是日本侵占时期大连第一份日文报纸，首任社长叫末永纯一郎。创办之初，报社仅有十余人，末永纯一郎兼任发行与编辑，日文主笔是栗林己巳藏，中文执笔是金子平吉，记者是柴田博阳等，后来，又来了大修来治。他们当时的新闻稿件、社论等均需经官方检查后方能发稿。起初报纸一周发行两期，第二年改为隔日一期。

不久，《辽东新报》从东京购进25万个铅字字模，交由工场长末木仪太郎管理。末木仪太郎回忆，他来的时候睡觉连行李

《辽东新报》旧址（摄于2011年3月16日）

《辽东新报》社址旧影

都没有，把包装铅字的碎稻草和草席子往地上一铺就睡了起来。后因为工场狭窄搬到顶楼，冬日下雪时，顶楼的缝隙时常有雪片刮进来。社长末永纯一郎虽然有一间屋子，也是铺着草席子过夜。虽然条件简陋，他们仍然坚持，最终得到了市场认可。关东都督府设立后，《辽东新报》成为殖民机构御用报纸。

1907年，满铁刚到大连，便想收购《辽东新报》。因为栗林己巳藏是满铁副总裁中村是公的同学，受中村是公之托找到末永纯一郎游说。末永纯一郎怎肯将自己的心血轻易拱手让人，婉言谢绝。1913年，末永纯一郎去世，其弟末永节继任社长。《辽东新报》第三任社长是吉仓汪圣，第四任社长即最后一任社长便是戴着眼镜、文质彬彬的大修来治。

大修来治来大连时已是两个孩子的父亲，1914年11月3日，他又得到第三个儿子。因为这个孩子的生日与明治天皇是同一天，他便看作吉兆，为孩子取名佐武郎，意为“爱和平的人”。如今，大修佐武郎是世界著名的经济学家、社会活动家和国务活动家。1979年12月6日，大修佐武郎作为外相陪同日本首相大平正芳来华访问，得到时任国务院副总理邓小平的接见。后来，他又被副总理谷牧聘请为经济顾问。1984年，大修佐武郎重返儿时故土大连，帮助崔荣汉市长谋划开发区。

1927年，《辽东新报》被满铁属下的《满洲日日新闻》收买，合并后改称

《满洲日报》。《辽东新报》旧址成为平尾看板店，看板即牌匾之意。

▼歌舞伎座

“悦泰街里公寓”位置日本侵占时期曾有歌舞伎座。歌舞伎座由天津街“平田洋行”的平田包定于1909年创建，欧式风格，两侧为半球形盖顶，占地面积970平方米，是日本歌舞伎主要演出场所。歌舞伎起源于17世纪，是日本独有的戏剧。歌舞伎座不仅演出歌舞伎，也经常有音乐会、戏剧表演，1913年大连音乐会演艺大会便是在这里举行。

人们记忆最深的是欧阳予倩的表演。1925年2月21日，满蒙文化协会在歌舞伎座举办“欧阳予倩观剧会”，欧阳先生在此演出了自编剧目《人面桃花》。2月24日，《泰东日报》发表题为《欧阳予倩之人面桃花》评论文章。1928年3月，日本义士剧大腕儿片冈松之助也曾在歌舞伎座演出十八番狂言和绿屋戏曲18钟。九一八事变后，歌舞伎座逐渐变得萧条。1933年改为电话商会，解放后拆除。

歌舞伎座旧影

改革之途徑

1925年戏剧家欧阳予倩在大连演讲的相关报道

1925年媒体刊登欧阳予倩在大连的相关报道

▼《辽东时报》旧址

天津街街口中交一航局第三工程有限公司位置（原敷岛町52番地）曾有《辽东时报》旧址。《辽东时报》最初叫《亚细亚评论》，是由大泽氏于1920年5月创办的，每月三期，是日本侵占时期的一份民间杂志，虽为时报却从不刊登实事。1925年4月15日，由山中峰尾继任《亚细亚评论》主编，他任用井滨权平为社长，改称《大连时报》，同时改旬刊为周刊。1927年，《大连时报》与《满洲日报》合并，由《辽东新报》编辑长菊地秋四郎带领其部分原来的属下来经营，改称《辽东时报》。不久，《辽东时报》再度由井滨权平担任社长。1928年7月，《奉天每日新闻》社长桥本松道接手经营。1929年7

月，桥本松道加入《满洲日报》，井滨权平第三度掌权。1937年《辽东时报》停刊。

▼五品交易所变迁

日本侵占初期，市场流通货币混乱，既有俄国的羌贴，也有中国的大小银洋及铜元，还有日本军用手票、正金银行钞票、帝国银行钞票、朝鲜银行钞票等。因为比价不一，比值随市场变化，交易极其不便，华商便组成钱业公会。起初是在大连公议会院内交易，后来迁出，在今世贸大厦位置建钱业公会会所交易。由于一战给大连经济带来繁荣，贸易增多，仅依靠横滨正金银行、香上银行、露西亚银行存在诸多不便，殖民当局便于1914年2月以官方形式认可钱业公会。

1917年，大连进出口贸易激增，由于缺乏担保机关，风险相伴而生。1917年5月18日，殖民当局发布大连重要物产交易所交易规程，在今港湾桥设立大连交易所前朝信托株式会社，华商组织钱业公会因此解散。6月1日，大连交易所前朝信托株式会社开始钱钞交易。

伴随着贸易激增，大连经济发展迅速，证券交易市场因此诞生。1919年7月，商人们向殖民当局提出申请，要求设立证券交易所及大宗商品绵丝布、麻袋、麦粉、砂糖的交易机构。为适应发展，殖民当局同意设立这一机构，命名大连株式商品取引所，并开始规划建造。因

五品交易所（路尽头的建筑）和大连基督教青年会会馆（右侧红色建筑）旧影

五品交易所旧影（贺业伟友情提供）

其主要经营有价证券及大宗商品等五种物品，俗称“五品交易所”。交易所一度非常兴旺，后因世界经济危机全面爆发而逐渐萧条。太平洋战争爆发后，五品交易所终止交易。

解放后，这里成为大连市级宾馆云山宾馆。60年后，号称“东北第一高楼”、260米高的世贸大厦在此建成。

岁月漫漫

黄河路

大连中华工学会是大连地区最早的工会组织、东北地区最早的工人团体。

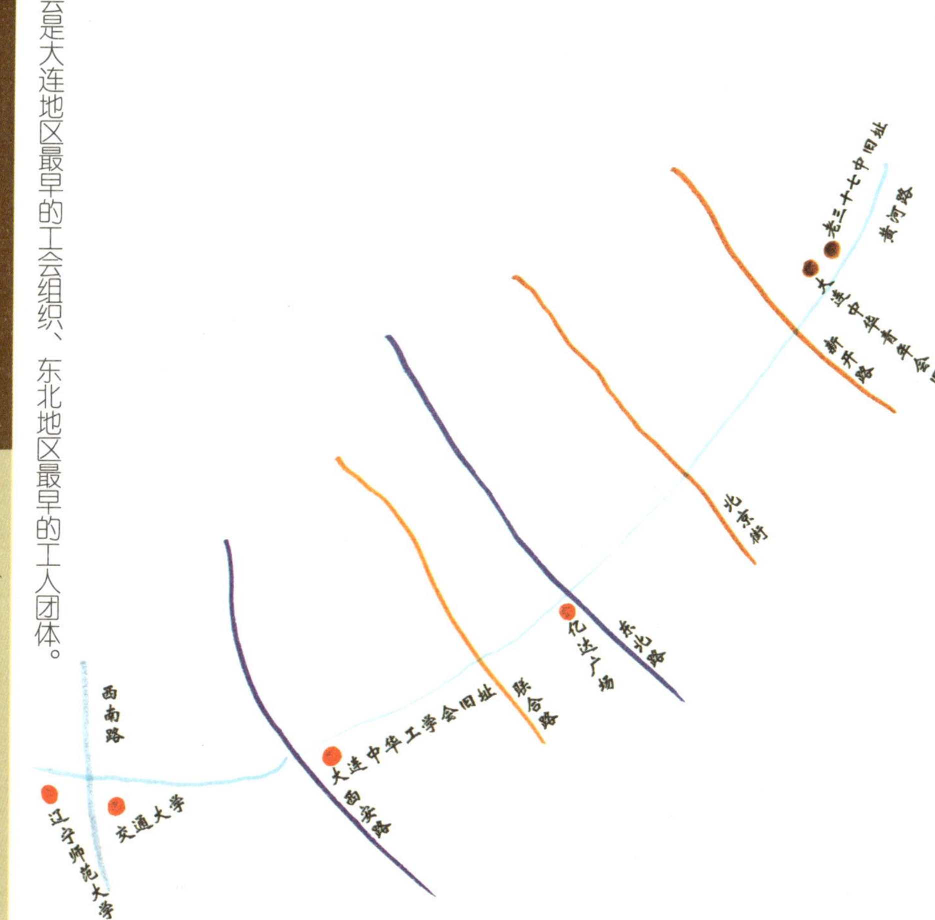

黄河路始建于1909年，由惠比须町（今长江路）至大正通（今西安路），途经小岗子、桥立町（今北京街）、尾上町（今长春路）、富久町（今大同街）、不老街、长生街、圣德街（今联合路）、真金町（今白山路）、白金町（今连胜街）、黄金町（今成仁街）等。解放后改名朱德路，1950年易名黄河路，后延至马栏子，1962年开通无轨电车，1994年全线进行沥青混凝土铺覆。

▼大连中华青年会

日本侵占时期，惠比须町指长江路至日新街之间黄河路路段，惠比须是日本民间信仰的“七福神”中的财神。黄河路既是当时的种族隔离分界线，也是贫富分界线，路北为中国人区，多是拥挤的中国房，路南是日本人及富贵人家区域，多为漂亮的洋楼。

原黄河路95号曾有大连第三十七中学，其校舍原为妈祖庙的一部分。1926年，为解决华人子弟学前教育问题，小岗子公议会会长庞睦堂个人出资在此一带成立大连中华幼稚园，幼稚园即幼儿园，这是大连第一家中国人办的幼儿园。解放后，此处成为校园。1962年，在此建立大连市西岗区半工半读第三中学，1972年改名大连第三十七中学。2006年年末学校迁至宏济街，周围旧楼悉数改造。

西岗街旁“金浪华洗浴”是原东关小学的旧址（原

大连第三十七中学旧影（葛书光提供）

黄河路103号）。此处初为中国妇孺救济会大连分会，会长是英国太古洋行账房先生陈德麟，总干事是《泰东日报》主笔傅立鱼。当时，大连遭受日本愚民奴化，很多人都不晓得中华民国，有的人甚至说自己是大清国人。为此，傅立鱼、陈德麟于1920年联合大连商界富豪郭精义、张本政、李子明、邵慎亭、徐香圃、庞睦堂等发起成立大连中华青年会，大连妇孺救济会就是当时的筹备处。本来张本政被选为会长，他婉言谢绝，傅立鱼被推为会长。6月10日，傅立鱼向时任大连民政署署长中野有光申请立案获得允许。因为没有落实会馆，便以大连妇孺救济会为办事处，后租用张本政“政记轮船公司”26 间房屋（原修竹商店东侧）作为临时会馆。青年会取名中华，意在不忘祖国。同年 9 月 29 日，在永善茶园（今宏济大舞台）举行义演，为鲁直豫三省旱灾募捐。

1921 年 10 月，大连中华青年会创办大连中华青年会小学，使用关内教材，受到大连人欢迎，都把子女送来接受传统教育。1922 年 8 月，大连中华青年会迁至惠比须町 158 番地（即原东关小学），小学校随之迁来。当时学校的大门上挂着一个门匾，上面书写着四个大字：勤俭诚敬。青年会倡导教育救国，提倡体育兴邦，1921 年，组建了大连第一支

大连中华青年会旧影

中国人足球队——中华青年会队。同年 8 月 26 日，在天之川水源地（今星海公园浴场一带）举行大连第一次水上运动会。

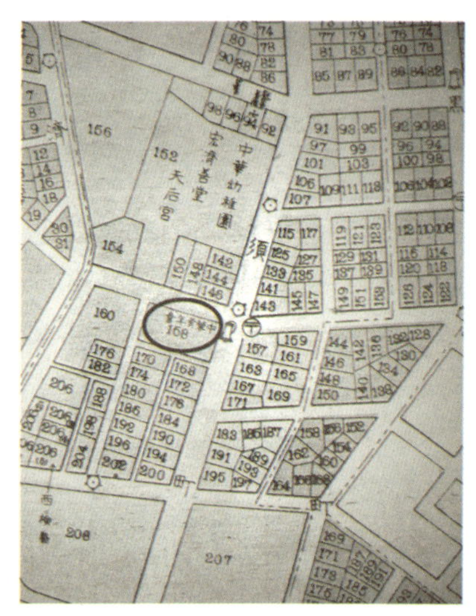

《大连番地入案内》中的黄河路（惠比须町），清楚标示着大连中华青年会的位置（序号 158 处）

大连中华青年会还为大连人提供文化交流的机会，定期开办星期讲坛。第一次演讲是由副会长、著名医生杨凤鸣主讲《日常之卫生》。

当年，登上中华青年会讲坛的多为当时的风云人物。1922 年 10 月 11 日、1923 年 5 月 22 日，汪精卫等两次来连，在此举行临时演讲大会，其中一篇是《中国将来之希望》。后来，又有广东国民政府外交总长伍朝枢在此作三民主义演讲。1924 年 7 月 30 日午后 4 时，胡适在此演讲当时最热门的话题《新文化运动》。

1924 年 10 月 29 日孙科来连，身为国民党党员的傅立鱼率众

人在青年会举行欢迎大会，会后在泰华楼为其举办欢迎宴。孙科对青年会表示感谢之余，为青年会捐大洋500元。傅立鱼常常与国民政府联络，甚为日本殖民当局嫉恨。东北易帜，举国欢庆，傅立鱼联合友好人士致电南京政府祝贺。1928年7月22日，日本殖民者以“政治结社”等罪名将他逮捕，关押15天后，未经审判强行将其驱逐出大连。离开前，傅立鱼剃须明志，来到青年会学校操场告别，他深情地鼓励同仁及少年学生好好学习，勿忘祖国，大连是中国的领土。说这些话时，傅立鱼禁不住流下了眼泪。

傅立鱼离开后，总干事张洪五成为实权人物。张洪五亲日，青年会便失去了独立性。九一八事变后，大连青年会小学取消初中班，改为大连青年会附属小学。因伪满洲国建立，1932年8月1日改大连中华青年会为大连青年会。1934年改名大连明德小学，后又改名大连明德公学校，校长也换成了日本人。此后，大连人都变了身份，不是被看作寄留民，便是被称为州民，或是被叫作满人。每年2月1日，还要参加日本纪元节（即日本建国日），他们都称之为“兔子会”。饱受压迫的“海南丢”从未逃离，等来了解放，1958年建东关小学，2006年因动迁改造，东关小学迁至西岗街51号。

▼玛利诺海星学院

印象中，黄河路以区域分为四段，第二段是市政府开始至东北路间，第三段是东北路至西安路间，第四段是西安路以西。第二段黄河路路段因有长春路通过，民间泛称长春路。据说这一带的房子抗震，海城地震时许多老大连人纷纷逃至这里躲避。黄河路上过去多是二层的中国房，上世纪90年代沿街开了许多汽车修配店铺。2003年新一轮改造开始，旧楼都被拆除。改造之后，路面干净，道路宽敞，车更多了，不再只有“大辫子”101路。

据《大连图绘》载，亿达广场西侧曾有玛利诺海星学院。朋友胡航在美国南加州大学图书馆国际传教图片档案网站里发现了一组日本侵占时期美国Maryknoll传道会在大连活动的图片。经过考证，传道会所在教堂就是今大连西安街（在老化物所北侧，不同于西安路）天主教堂，当时叫圣母海星大连天主教堂（Stella Maris Catholic Church in Dalian），是1926年设立的。1931年9月28日，在今望海街3号创建玛丽诺海星学院，院长为碧塔修女，小学学制8年，中学学制4年，学生半数为俄国人、犹太人。1933年，还设有玛利诺海星幼稚园。

黄河路畔的玛利诺海星学院是大连天主教堂建造的另一所教会学校，建于上世纪30年代，因在日本人居住区，学生多为日本人。

▼大连中华工学会

日本侵占时期，黄河路的西安路畔是邮局，邮局对面是大连中华工学会。

大连中华工学会是大连地区最早的工会组织、东北地区最早的工人团体。1923年12月2日，在著名文人傅立鱼的支持下，满铁沙河口工场（今中国北车集团大连机车车辆有限公司前身）青年工人傅景阳、于景龙等人组织创建了沙河口工场华人工学会。会址位于黄金町107号（今黄河路658号），是一栋二层的中式小楼。当时，工学会还有夜校，门口挂着“沙河口工场华人工学会”和“工人业余学校”两块大牌子。1924年6月、12月，邓中夏两次来大连，就住在工学会楼下一间不到10平方米的接待室里。在连期间，邓中夏还帮助工学会确立了会歌《最后胜利是我们的》。

1924年12月6日，为纪念满铁沙河口工场华人工学会成立一周年，在李震瀛的建议下，改名大连中华工学会，并通过了他帮助修改的章程。很快，工学会成为全市的工人团体。当时，二楼讲台迎面墙上悬挂着用高粱秆扎成长方框，以谷子作底、黑豆作字粘成的“劳工神圣”匾额。为了庆祝，特邀请中华大连青年会教师赵舜如，仿样题书，制成一块紫地朱字的油漆木匾。

1925年2月，傅景阳参加全国铁路总工会第二次代表大会。会后，以大连中华工学会为基础成立“南满铁路工会”，大连中华工学会改名“南满铁路工会大连工会”，为防止殖民者破坏，对外沿用原名。“五卅惨案”爆发后，大连中华工学会于6月中旬组织成立“大连沪案后援会”，积极支持上海工人运动。1926年，大连中华工学会又领导大连福纺工人大罢工，因而成为日本殖民政府眼中钉。

1927年8月20日，大连中华工学会被日本殖民当局取缔。《满洲日日新闻》8月25日登载了封闭工学会命令全文：“满铁沙河口工场职工于大正十二年组成的沙河口工学会，从成立以来就成为社会主义或共产主义等左倾分子的集会谋议的场所，也是过去检举的和共产党事件有关的去年6月突然爆发的福纺同盟罢工事件的策划中心。因过去干部傅景阳被检举，一时曾受到挫折。但以后和共产党运动一起又逐渐挽回势力，经常受警察当局看成是危险分子。这次因共产党的被检举，大连民政署认为有害治安，限本月20日命其封闭。”接着，工学会的领导人先后被捕。傅景阳已于1927年4月初被日本殖民当局驱逐回乡，严密监视，其他一些同志则转移北上。

大连中华工学会虽然存在不到4年的时间，却培养了大批仁人志士，如“党的活化石”工运领袖唐韵超和抗日英雄金伯阳。1963年，大连中华工学会旧址被定为省级文物保护单位。1998 年 10 月 29 日，因动迁改造，东移 92 米重建。

▼铁道学院

在老大连人眼中，过了西安路就是农村。俄国侵占时期，马栏河以东划入市区，却没有进行开发，仅在马栏河畔（今汉阳街）一带建成供水设施等。日本侵占时期，随着城市用地紧张，这一带才逐渐发展起来。

解放后，城市化进程加快，西安路以西的第四段黄河路区域逐渐繁华起来，因多是学校用地，一路上充满书院的清香。时常会遇到摇摇晃晃的“大辫子”101 路，不由想起老人们讲的笑话。今锦辉商场站是昔日的民勇街站，盖州街站是当年的泉涌街站，上世纪 80 年代初，许多大连女孩模仿新潮，一口四不像的南方嗲声，民勇街便成了“没有爹”，泉涌街亦成了“全有爹”。后来，这些笑话还被用到了电视剧《午夜有轨电车》中。

许多年来，许多地方都改变了名字，大连铁道学院改名“大连交通大学”，站名随之改变。但大连人还是习惯把学校称作“铁道学院”。唯一没变的是两侧的老房子。这些房子被称作苏联房，是 1951 年至 1955 年间依据苏联的图纸建成。

日本侵占时期，大连交通大学一带是关东州厅苗圃。当时殖民政府在此置地百余亩建苗圃，培育松、柏、大叶杨、柳、槐、梧桐等树种用于城市绿化。

1956 年，在此建大连机车车辆制造学校。第二年 9 月，改名大连机器制造学校。1958 年 7 月，在大连机器制造学校基础上，创建大连铁道学院。1963 年 1 月，铁道部部长滕代远来连视察工作，为学院题写校名。40 年来，大连交通大学为我国培养了许多人才，中国北车集团大连机车车辆有限公司的许多高管就出自这里。

▼辽师

辽宁师范大学北院（黄河路 304 号）是日本侵占时期大连工业学校旧址，该楼地上三层，地下一层，由关东州厅营缮课设计，石井组负责施工，1935 年 12 月始建，1936 年竣工，1940 年 3 月二期工程竣工。大连工业学校建成后，附近一带进入城市化。

解放后，大连工业学校校舍用为苏军驻地总部，周围为苏联驻军营地。大连外国语专科学校 1950 年建立，初为旅大市委和中苏友好协会办的三个俄文班。1952 年合并为大连造船俄专，归属国家第一机械工业部。1953 年更名大连工业俄专，后改大连外国语专科学校，设俄语和德语两个专业，曾为国家培养了大批外语翻译人才。

1958 年 7 月 4 日，大连外国语专科学校下放地方，与大连师范专科学校合并为大连师范学院。大连师范专科学校创建于 1951 年 8 月，初名旅大师范专科学校，校址位于岭前智仁街42号（今豪森茗家一带）。因为校舍地方小，设施差，没有发展空间，1952年9月迁至泉涌街，即今大连第十三中学校址。1953年7月更名大连师范专科学校，1954年6月迁至由家村。

大连师范专科学校与大连外国语专科学校合并后，为方便管理，以由家村全部校舍30973平方米及附属空地，同外国语专科学校路南0901部队（苏军撤离后移交）置换，换得营房33016平方米及附属空地，与原外国语专科学校校址连成一片。1958年9月，大连师范学院全部迁至今马栏村。1960年7月2日，大连师范学院易名辽宁师范学院。1983年12月23日，辽宁师范学院改名辽宁师范大学（简称“辽师”）。

辽师北院1930年的老建筑（摄于2013年6月9日）

辽宁师范大学始终都是大连历史人文的摇篮，上世纪60年代初，毛岸青夫人韶华曾在中文系借读；上世纪80年代初，著名作家丁玲曾来此讲学。朱镕基、李岚清、吴邦国、吴仪、雷洁琼等国家领导人先后来此视察。40年来辽师亦是桃李满天下，10万多师范人才遍布中华大地。

▼西山医院

黄河路1099号是原大连客车厂旧址。大连客车厂前身为旅大市沙河口区汽车修造厂，1958年8月1日经旅大市沙河口区手工业联社筹委会批准，将沙河口交通器材合作社和第一汽车修配合作社合并成立旅大市沙河口汽车修造厂。1959年工厂首次组装2.5吨群英牌载重汽车。1959年至1960年3月间，机关汽车修配厂、沙河口区联合厂汽车分厂、西岗区安全汽车修配社、中山公园汽车修配厂等10个合作社和小修配厂先后并入，工厂的实力得到扩充。同年3月9日，旅大市沙河口区汽车修造厂更名大连汽车修造厂，隶属于大连市手工业管理局。1961年6月，工厂划归旅大交通局管辖，8月1日，大连汽车修造厂改名旅大汽车修配一厂。1972年1月30日，再次易名旅大汽车修造厂。1980年3月7日，更名大连客车厂。

1986年10月15日，大连客车厂新厂在大连经济技术开发区破土动工，1991年加入一汽集团。2001年11月，工厂完成搬迁改造，迁至开发区。2005年1月，逸彩城在客车厂旧址上建成开业，成为马栏地区商业中心。

逸彩城对面大连第五人民医院就是过去大连人茶余饭后经常调侃的“西山医院”。日本侵占时期此处为西山村 95 号，1929 年大连工学会梁学发、于永源聘请安敬之为教师在此兴办西山学校（位于原医院住院处）。成立之日，音乐教师谢秀兰奏《卿云歌》，安立肇用古筝演奏《苏武牧羊》，表达爱国之情。学校开办不到半年，殖民当局以结社为名予以取缔，安敬之被沙河口警署特务传讯两次，后在谢秀兰资助下，逃离大连。

1947 年 11 月 1 日，大连市民政局以宏济善堂为基础，在武昌街 48 号一带成立大连市劝业工厂，下设养老院、教养院、劝业小学（即孤儿小学，1949 年改劳动小学，初在二十四中学，后在原服装职高，1956 年停办）、医院（包括生产教养院精神病收容所）等教养单位。1951 年 2 月，劝业工厂改名为旅大市生产教养院。 1954 年 5 月，旅大市卫生局接管，大连市生产教养院精神病收容所改名叫旅大市精神病疗养所。1957 年 11 月，旅大市精神病疗养所迁至西山学校旧址，更名旅大市精神病医院。1957 年 12 月，改建旅大市福利院，下设职工养老院、养老一所、养老二所、儿童教养所、精神病收容所、盲哑学校等。1959 年，精神病收容所改称旅大市精神病防治院。可能因为精神病有侮辱人格之嫌，1962 年改叫旅大市西山医院，从此“西山医院”便叫开

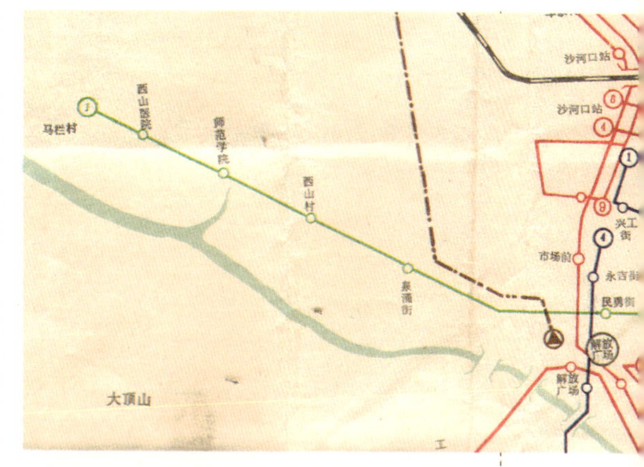

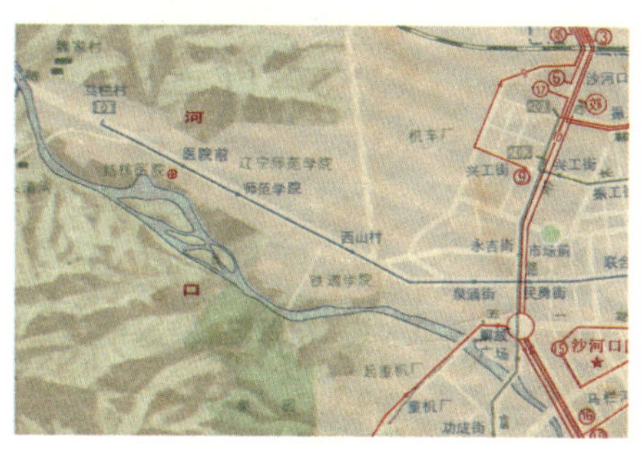

老地图上标示的西山医院和结核病院位置

了，成为大连人相互之间戏谑的热词。1970 年，西山医院搬迁至普兰店徐大屯公社，1972 年迁回市内，移至栾金村 135 号（今七院）。

“文革”后期，旧址被用为大连市结核病中心防治院。大连结核病医院建于 1952 年 6 月，原叫旅大市肺结核防治院。旅大市结核病防治院由方侃筹建，并兼任院长一职。方侃是上海人，1934 年至 1944 年，在上海医学院历任红十字会医院防痨科医师，1946 年至 1947 年，他在美国康乃尔大学医学院留学深造。1949 年，方侃回国来

西山医院旧址遗存（摄于2012年5月28日）

到大连医学院担任内科教授，并开设肺科病房，任肺科主任。1957年至1965年任大连医学院附属第一医院院长，1968年11月14日病逝。

1956年8月，结核病防治院与辽宁省第二康复医院合并，医院位于今沈阳路（市政府西侧民生银行一带），并增设栾金村住院部（今七院）。结核病民间称为痨病，上世纪六七十年代肺结核属不治之症，人们提起它就像今日谈论癌症和艾滋病一样。

▼啤酒厂

当年马栏地区有很多果园，相生由太郎经营的福昌农园就是此间的样板。1918年，相生由太郎投资15万元买下当时西山会马栏村北山下一带1000多亩地，开始种植各种水果，其中苹果、洋梨、樱桃树为2000多棵，葡萄约3000棵。每到夏秋时节，马栏村飘满花香与果香。

有果香就少不了酒香。“酒香不怕巷子深”，马栏南街31号就是大连华润棒棰岛啤酒有限公司。此处原为大连啤酒厂，最早是沙河口食品厂啤酒车间，1971年独立建厂。上世纪90年代，啤酒厂生产的“棒棰岛啤酒”、“大连啤酒”深受大连人喜爱。2001年华润实现大连市场的垄断，收购大连啤酒厂，“棒棰岛啤酒”、“大连啤酒”逐渐淡出人们的视线。

原大连啤酒厂的知名品牌啤酒

兴旺红火

大菜市

问起大连哪里的商品最便宜最齐全，大连人多半会告诉你——大菜市！

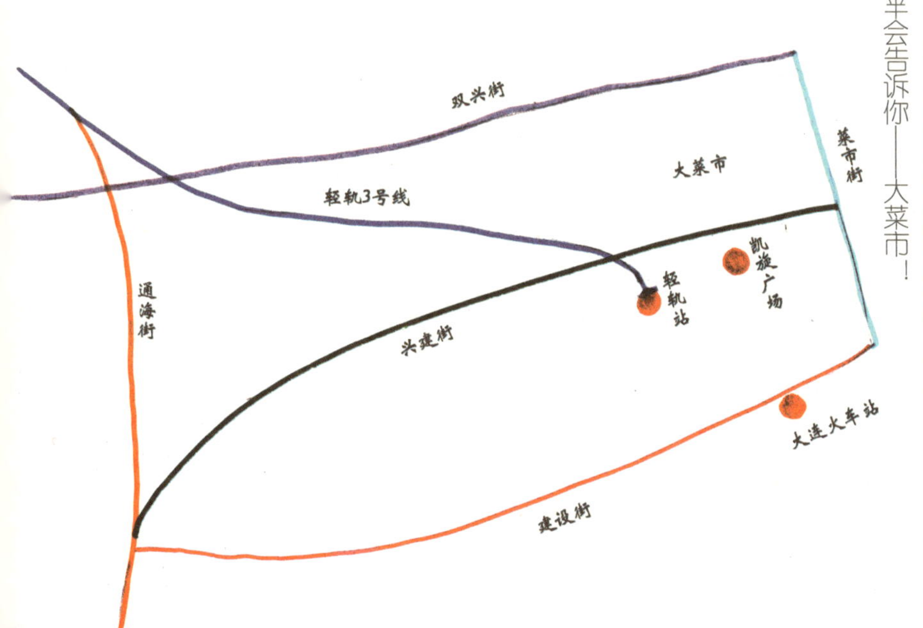

“大菜市”在大连的地位，就像“五爱市场”之于沈阳。它是大连最大的批发和零售市场，与老百姓的生活息息相关。大菜市狭义上是指位于火车站北面菜市街一带的双兴商品城，广义的大菜市则把双兴商品城周边的区域也包含在内，成为一个区域的代名词。

▼菜市街

菜市街（疏港路—建设街间）在俄罗斯风情街西面，老辈叫作西河套，即青泥洼河口，旧时可以停船。日本侵占大连后改叫入船町。后来，河口与附近浅海被填成陆地。

菜市街附近自古就有自发形成的小型菜市场。1905年，日本殖民者在菜市场原址（入船町4番地）建起经营蔬菜、水果等商品的中央批发大市场，允许个体农民在此进行交易，市场管理费约为交易额的5%左右。如农民不愿进场交易，市场可以统一收购。1910年，市场逐渐兴旺，形成规模。

1918年，中央批发大市场进行改组，更名大连市青果统制株式会社，大和号、大聚福、同茂福、同昌富等50余户私营商户进驻。老大连人一直管这儿叫大菜市，因为有桥，又叫它菜市桥（已拆）。后来，大菜市发展成大连最大的批发和零售市场。

1930年，市场再次扩大营业范围，增加了生肉、海鲜、家禽、蛋类的批发和零售。不久，又补充日用百货、家居用品等。精明的商家还从南方各地购进各种细菜名果，从台湾和日本各处运来黄瓜、

大菜市（摄于2011年1月19日）

圆葱、土豆等应时商品。这些外购商品还向东北、内蒙古东部等地区批发销售。后来，市场划分为五个部分，第一部分是日本商品，第二部分为台湾商品，第三部分为朝鲜商品，第四部分为中国商品，第五部分为本土商品。因为商品种类齐全，价格便宜，很多市民都愿来大菜市购物，生意火得一塌糊涂。受战争影响，1940 年后日本殖民者加强经济管制，市场由青果配给统制株式会社控制，蔬菜等生活必需品进行定量配给。

解放后，在人民政府的领导下，市场恢复营业。1946 年，改变旧的街名是去殖民化的重要政策之一，这里因为有果菜市场，便叫菜市街。新中国成立后，政府对蔬菜执行“自由种植、自由购销”政策。此后，蔬菜生产逐步由个体生产转入大规模的农业合作社、互助组集体生产，除部分自销外，大部分通过市场进行批发交易。1953 年，粮食等商品进行统购统销后，蔬菜市场也进行过多次调整，菜市场内的私有商户逐渐减少。

1955 年年末，菜市场有两家私有商户，后在“三改一化”运动中改为国营企业。1956 年，命名为国营旅大市蔬菜公司，蔬菜交易分散在岭前、民寿、春海、大连、中华、西岗、民勇、小侯家沟、香炉礁、老甘井子市场等，大菜市一度处于停滞状态。改革开放后，兴业蔬菜批发交易市场、大连市蔬菜公司、果品批发市场组成大菜市，成为大连最大的商品批发市场。

商业讲求地脉和人气，问起大连哪

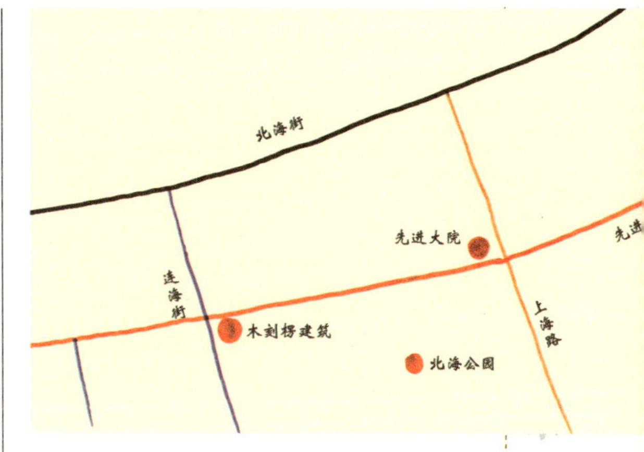

先进街一带街区示意图

里的商品最便宜最齐全，大连人多半会告诉你——大菜市！无论平日还是周末，过往客商川流不息。

▼“凤鸣岐山”与大菜市

光绪年始，任氏人家五兄弟（后世称“老哥五个”）从山东牟平县莱山河北村渡海来青泥洼。当时，今青泥洼桥一带仍是淤泥漫滩，任氏兄弟遂在此开荒，奔波附近挑担卖菜。任家当年的菜地范围很大，东至解放路天安国际大厦，北至大连火车站，西至久光百货一带。

不久，大连开埠，青泥洼桥一带遂成为头号商圈。1905 年，大连火车站广场一带建“信浓町公立市场”，任家菜地动迁，他们便“弃农经商”，开始批发果菜。久而久之，忠厚诚信的任氏人家成为滨城头号菜商。郊区菜农送来的蔬菜、水果等过秤后，他们并不立即兑现，而是按其价值发给特制铜牌作为凭据，月底到任家依据特制铜牌的累计结账。商

大菜市老照片，烟台街后身的海岸，图中最高建筑即今天的振富大厦后身，而海滩、海口区域就是今大菜市一带

人们受到启发，纷纷效仿，此后建立的小岗子市场、大菜市多采用这样的经营方式。

1909年，小岗子市场（今西岗市场）成立时，任家在市场内创建了600平方米的“金生府”。1928年，任家还在今大菜市创建了“金生府”、“银生府”、“奎生府”三个大型商铺，连锁经营大连各区蔬菜、干菜、粮油、土杂、肉类等，并由任家第二代的长兄任岐山担任董事长。当时，任家的生意颇盛，1929年参股建大连的最高楼——“天满屋旅馆”（在今天安国际大厦位置，解放后是人民饭店）。1930年，任家还创建了电影院“文映馆”（原儿童电影院前身）。据王德谦老师讲，任岐山的夫人就是他的大姨刘凤鸣。刘凤鸣的二弟刘其光、四弟刘其先曾在大菜市的“金生府”任账房先生。刘凤鸣未生育，将王德谦兄弟姊妹视同己出。1996年，96岁的刘凤鸣去世。后辈之人为纪念先人，将曾经盛极一时的任家产业以其夫妻之名合称为“凤鸣岐山大菜市”。任氏人家堪称大连早期的开拓者，滨城民族工商界奠基人之一，不应被淡忘。

▼瓦斯

菜市街旁还有条长街——建设街，日本侵占时期叫荣町。当时附近不是工厂就是贫民区，工厂大都是满铁的企业，贫民区里大都住着老大连。老大连人曾经建造了很多工厂，其中就有“满铁瓦斯工场”。1907年，满铁在大连火车站站北（今站北凯旋广场）兴建大连瓦斯作业所，1910年3月10日竣工投产，成为继上海之后中国第二个有人工煤气的城市。因此，很早的时候，大连人的嘴里就经常时髦地蹦出“瓦斯”（大连话发音“娃四”）这个词了。1943年，大连有气源厂1个，其中制气炉6座，日产气能力10万立方米，年产气2700万立方米，地下管网总长367公里，用户约3.9万户，管道煤气普及率11.1%。日本侵占时期，日本人居住区的住宅里多通有煤气。解放后，满铁瓦斯工场改为大连煤气一厂。

煤气一厂旁有建于1961年的刀剪厂，它最初名字叫锋利刀剪生产合作社。这个曾经获得过轻工业部“全面质量管理先进单位”荣誉的国字号，已湮没在发展的潮流中了。今凯旋广场位置就是大连煤气一厂、刀剪厂的故址。

1949年，荣町改叫荣华街。“文革”时期又改叫建设街，一直沿用到今天。日本侵占时期荣町区域很大，包括兴业街与建设街之间的连平街、兴建街和著名的“臭水沟”。臭水沟原是流经宏济街的河流，沿河的路叫通海街，1946年始名。臭水沟直奔大连湾，汇入黄海，每到夏日反味，路人都不走这里。通海街上多是工厂，少有人家，所以少有风景。其实这里也掩藏着历史，著名的放火团成员黄振林、王有佐等就出自这里。

▼木刻楞

沿疏港路从先进桥下来就是先进街，先进桥连接着菜市街和先进街。

先进街38号是大连地区唯一的木刻楞，大约建于1902年。每一个民族都有自己的文化传统，“木刻楞”就是俄罗斯典型的传统民居。修建木刻楞比较考究，首先要用石头打地基，还要在石头上面灌上水泥。接着把稍粗一点的木头放在最低层，然后一层一层地往上叠垒。建造木刻楞房一般不需用铁钉，多是在木头上钻个窟窿，再用木楔进行加固。建造木刻楞，还需在中间垫些苔藓，这样能保证房子不透风。房子盖好以后，外面一般都会刷清漆，保持原木本色。与俄国比，大连的气候不但湿润，而且暖和很多。俄国人在遥远的地方建造木刻楞，足以证明他们把大连看作天堂一般。大连这座木刻楞原在黑嘴子码头，用作水上警察署。后因修建码头，日本人将它迁移到北海公园附近，用作东洋旅馆。

解放后，这一带洋楼产权悉数归铁路所有，住户主要是铁路职工。当时很多房子空无一人，大家都怕日本人返回来，不敢入住。最初的住户都是被请来看门的，也不收房租，基本上是一栋房子住一户或楼上楼下各一户。后来，便成为聚居区。如今，木刻楞居者多是拾荒人，破破烂烂令人无奈。年近60岁的王海修是木刻楞里唯一的土著，他的父亲是在1951年搬到这里，至今已有半个多世纪。古老的木刻楞只大修过一次，那是在上个世纪90年代，因为耗子太多，便把原来的木地板都换成水泥地。1994年，房子曾发生过一次火灾。

木刻楞（摄于2010年12月25日）

故人故情

五五路

爱国医师简仁南的旧居，亦是台湾同乡会旧址。

这是一栋糅杂和风的哥特式建筑，黑瓦白墙，简约雅致。民主人士曹德力老师告诉笔者，那里是

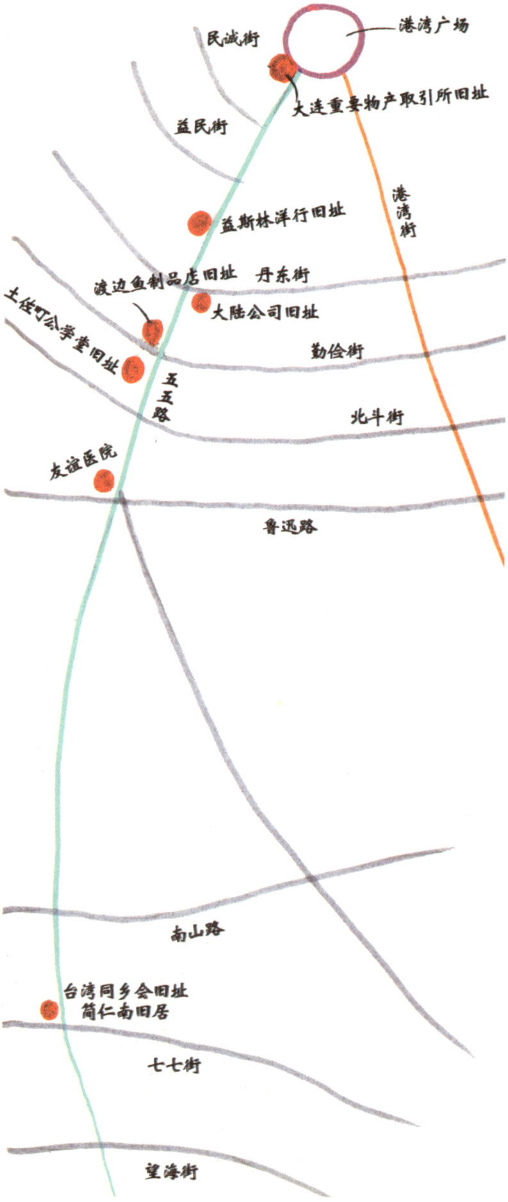

▼重要物产取引所

五五路俄国侵占时期叫弗拉基米尔街，北起港湾广场，穿过三八广场、南山路，南到中南路，日本侵占时期属土佐町、清水町、大和町、柳町、樱町、枫町、楠町一带，1909年开始建设。1946年6月1日以南斯拉夫领导人铁托名字命名为铁托街，1949年以马克思生日(1818年5月5日)改名叫五五路，1956年老街重新翻修为柏油马路。

港湾广场1号是大连重要物产取引所旧址。1907年，在连日商由“三井物产”出面组织成立“满洲重要物产输出组合”。1908年，他们从满铁码头事务所租用仓库一角作为集合所。随着城市管理日趋完善，关东都督府于1911年5月召开各方会议，决定设立大连重要物产取引所。1913年9月1日，大连重要物产取引所正式开市。重要物产取引所顾名思义，是专门从事大豆、豆饼、豆油等重要物产交易的场所。

一战中发了横财的日本人当然很骄傲自得，为显示脱亚入欧的成果，就邀请设计师石原岩帮助设计建造新楼。石原岩结合古典主义和文艺复兴时期建筑特色设计出一座经典的建筑。雨棚是和式的典型结构，圆形拱窗杂糅了欧式风格，建筑的整体感非常厚重，细节的处理上特别细腻精巧，又贴近自然的脉动，大门外还有两只石狮，既象征财富，又象征祥瑞。新楼于1918年11月27日开始建造，1923年3月31日竣工，当时有四层，后来又加建为五层。“七七事变”后，日本侵略者实行战时体制，对输出贸易进行统一管制，重要物产取引所受到了严重冲击。1939年10月，取引所寿终正寝。如今，这栋楼已是大连重点保护建筑。拍摄于1977年的反特电影《东港谍影》中便有这栋洋楼的镜头。

▼台湾同乡会

五五路与七七街交会处，可以看到很多漂亮洋房，五五路91号显得格外惹眼。这是一栋糅杂和风的哥特式建筑，黑瓦白墙，简约雅致。民主人士曹德力老师告诉笔者，那里是爱国医师简仁南的旧居，亦是台湾同乡会旧址。

大连重要物产取引所旧影

五五路91号是简仁南旧居，也是台湾同乡会旧址（摄于2010年12月30日）

简仁南是台湾人，1925年在大连开设“仁和医院”。简仁南乐善好施，在连台湾同乡多得到过他的帮助。仁和医院也是当年台湾人在大连和东北地区的落脚点，台湾财经巨子陈逢源便曾于1938年在那里驻留。陈逢源在《溪山烟雨楼诗存》里这样记述：“自申江乘船路经青岛，中秋前一日海上遥望崂山，翌朝抵大连晤简仁南。”简仁南和陈逢源曾是反对日本殖民统治“台湾文化协会”成员，1923年陈逢源被捕入狱，简仁南逃离台湾避难大连。多年后，他们在滨城重逢。

解放后，简仁南留在大连，将除住房以外的财产捐献给国家。1945年9月6日，部分在连台胞自发筹建大连市台湾省同乡会。12月9日得到正式批准，孟天成当选会长，简仁南当选副会长。当时，有388人参与同乡会，每月都在简仁南的旧居聚会交流。

解放战争后，局势不稳，许多台湾同胞纷纷返乡。1946年3月至1947年7月间，约85%以上居住在大连的台湾同胞离开滨城。1948年初夏，寄留大连的台湾同胞仅剩下百余人。1949年3月，台湾同乡会宣告解散，但他们的聚会并没有终止。后来，参加革命的台胞苏子蘅也参加了聚会。经过苏子蘅的努力，1950年2月，台盟旅大特别支部在大连饭店成立，台盟旅大特别支部即今台盟大连市委员会前身。

1949年，简仁南被大连医学院聘为解剖学教授。著名解剖学家、中科院院士吴汝康教授曾担任大连医学院解剖教研室第二任主任，而第一任主任就是简仁南，可见他当年的声望。1956年，简仁南曾出席全国政协会议，受到毛泽东等党和国家领导人的亲切接见。如今，简仁南旧居已改作他用，但建筑的品格和韵致仍引人驻足。

福兴情怀

永丰街

多年后再走永丰街，房子变了，人也不再年轻。路旁小巷常会遇见怀古的老人，听他们讲述往事，夕阳也会牵着老槐树久不离去。

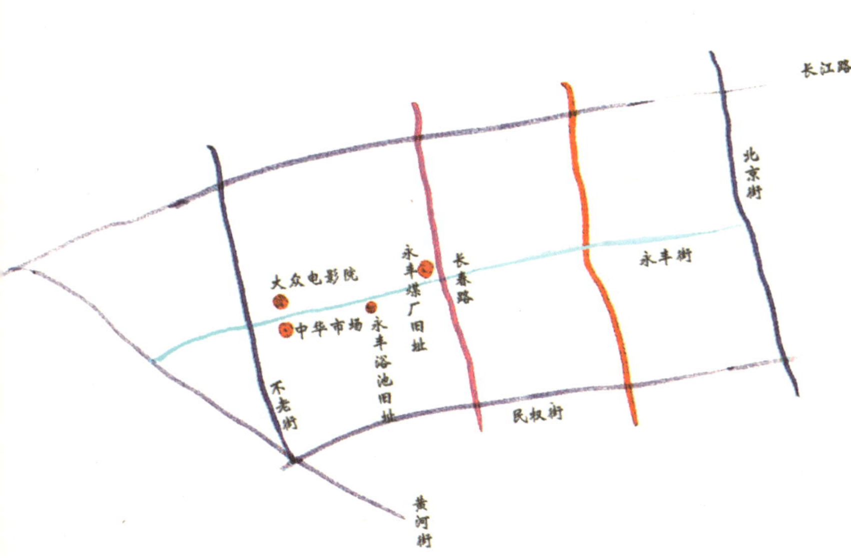

▼杏乐天·升平茶园

笔者也见过“永丰夕照”，不是在古老的复州城，而是在长江路南面的永丰街。永丰街的形成是有历史渊源的，与当时的社会背景分不开。旧时，街上有当铺、商店、药房、书馆、戏院，每到夕阳沉落，便是灯火辉煌，繁华似锦。大同街至长春路之间的永丰街，南侧从西往东是茶叶庄、永丰浴池、药房，最东面是当铺（原长春路19号）。当年，当铺门口还悬有一个硕大的“当”字。解放后，“当”字改成“信托”，成为贸易信托公司长春路信托商店。早已拆掉的永丰浴池是一栋三层的中国房，门楣上写着“1928年老字号”字样，因先后得到过牛作舟、庞睦堂的扶助，生意红红火火，即便解放后亦是如此。如今，虽然改善了居住环境，老大连人还是留恋喧闹的浴池。往年每到夏天，他们会跑到海边洗海澡，到了冬日，便会聚到这里泡热水澡。虽说是两种风情，却是一样心情。红红的木楼梯，光着屁股的小伙伴儿，便是一代代老大连人的童年记忆。

夕阳下的永丰街（摄于2011年3月18日）

年已八旬的老大连人李卫民年幼时住在长生街一带，他记得永丰街浴池和茶庄的对面是山东福山人迟元享开办的饭店——杏乐天。杏乐天饭店并不大，厨房靠近街道，过客通过窗户就可以看到里面，感觉到菜量、色香等。李卫民印象颇为深刻，当年杏乐天还在外面用大锅煮饺子来揽客。那年月，能吃上饺子就是不错的口福了。杏乐天招牌菜有海参肘子、红烧海参、扒通天鱼翅等。当时西岗地区很多饭店的厨师都曾在这里学过艺。

中国著名教育家、政治家黄炎培寓居大连时，也经常来杏乐天用餐。据《黄炎培日记》记载，1927年8月24日，与黄炎培一起寓居大连的裘昌运染痢疾，住在同寿医院（今五一广场家居大世界）。裘昌运是第一次庚子赔款的留美学生，因为学习刻苦，受到梁启超的称赞。1925年，他担任驻德国汉堡副领事，1926年因病回国。在黄炎培的举荐下，他来到气候宜人的大连静养。虽然黄炎培与丁文江忙前跑后地照料，但裘昌运终因病重于9月3日去世。当日黄炎培与丁文江帮着料理裘昌运的后事，一直忙到晚上10点，两人来到离同寿医院不远的杏乐天用餐，纵论学问与时势。

杏乐天旧址以东是空地，今长春路35号附近是“升平茶园”旧址。上世纪20年代这里是杂耍艺人活动场地，1945年8月一个叫诸三的人在此修建升平茶园。茶园坐西向东，木板席棚结构，虽然简陋，却有不少评剧演员在此演出。1946年6月，茶园改名解放剧场。1949年拆除，后为永丰煤厂。20世纪60年代后才改成6层楼房。过去，大连人冬天多使用煤炉取暖，每到此时街上排满了买蜂窝煤的市民。随着城市发展，取暖设施逐渐完善，老煤厂也淡出了人们的视线。

▼福兴大戏院

多年后再走永丰街，房子变了，人也不再年轻。路旁小巷常会遇见怀古的老人，听他们讲述往事，夕阳也会牵着老槐树久不离去。像电影里那样，绿门红栏的落处还有妖娆的美女。一落落，一出出，都散默在水泥桩下。

水泥桩下有儿时的大众电影院，大致在今永丰街87号。那时，老人们把它叫作福兴大戏院。福兴大戏院由刘家屯首富崔青林于1937年联合妓院老板陈富贵与富商袁金洞投资兴建。崔青林人称“崔家大柜”，1903年来大连专门从事承包土木建筑工程，是大连最大的工程承包商。沙河口火车站、填埋朱家屯海岸等工程都由崔青林承建，他还承建过库页岛、韩国等日本帝国控制区的铁路等。发了横财的崔青林在大连置办了很多地产，今沙河口五一广场和福兴里及其附近的房产过去多是崔氏所有。

崔青林并不甘心做包工头，1916年他在五一广场一带成立刘家屯商民会（又称沙河口东部商民会），自任商会会长。刘家屯商民会管辖范围在今五一广场以西民权街一带。

福兴大戏院是钢筋水泥结构，前厅为4层楼房，后台为3层建筑，二楼客厅呈弧形。按照协议，崔青林是福兴大戏院大股东，陈富贵为成班业主。他们又聘请圈内人士闻子芳做后台经理。戏院开幕之时，邀请“武生宗师”杨小楼的外孙刘宗扬打炮[1]三天。刘宗扬深得杨氏真传，《长坂坡》《挑滑车》等精彩

【1】从前演戏，第一天的节目叫作打炮戏。

武戏让观众大饱眼福。

福兴大戏院很快成为大连梨园舞台，与宏济大舞台并誉“东有宏济，西有福兴”，来连名角多愿来此表演。1943年，曹艺斌等艺术家便在此连演三个月。1944年腊月，大连票友第一次见识到了程砚秋的代表作品《锁麟囊》。虽然并非程砚秋亲临，但因主演郑冰如是程砚秋私淑弟子，所以一贴出《锁麟囊》的广告，马上就轰动了大连，演出时连剧场的过道里也站满了人。

1944年年末，关东州厅命日本人接管戏院。抗战胜利后，大连市政府于1946年5月接管福兴大戏院，交由中华青年会管理，改叫大众剧场，后易名大众京剧院。解放后有很多著名的京剧演员到这里演出，如四大名旦中的尚小云、荀慧生，四小名旦之一的张君秋等。

曾居住长生街5号的曹隽卿老师说，1952年虽然她家遭变故，乐观的母亲仍抽空带着她到大众京剧院看京戏。她记得，听得比较多的是崔笑君的戏。那时候崔笑君很红，大伙儿都爱看她主演的《苏三起解》。周仲伯、周少楼等名家也常来这里，表演过《三岔口》《空城计》……印象最深的是尚小云的《乾坤福寿镜》。这是尚小云独有剧目，他把胡氏因失子惊疯表现得淋漓尽致。

笔者当年常走这里，路边的槐荫下常有老翁聚在一起谈论旧年的梨园逸事。说着说着会有人哼起几句京韵，虽有些像吕剧，眼神和架势却带着那股劲，据他们讲这便是程派的《锁麟囊》。老人记住的都似老电影里的场景，年轻一代记着的却是电影院周围那许多小商铺。情窦初开的男孩带着心仪的女孩到这里吃着零食，看着电影，成为一代人的青春记忆。

电影院先后更名大众电影院、大众影剧院。上世纪90年代，改为曼琳歌舞厅。2004年，该建筑因动迁改造拆除。

▼南北福兴里

据李卫民老师回忆，解放前，永丰街一带也叫“福兴里”或“南北福兴里”，街两侧（大同街段西侧）是两座模样相似的大楼，称“福兴里”，故名。日本殖民者称此处为福久町，靠道边有所谓的“福久町小衙门”。“南北福兴里”两栋楼要比一般的中式大杂院大很多，东南西北皆有门。因小伙伴住这儿，李卫民经常来此玩，印象中院子不大，里面都是一排排的二层楼……

2004年5月福兴里拆迁时，住在大连一中附近的郑培国老师非常有心，拍摄了附近的街道、房屋。如今看着熟悉的画面，倍感亲切。

每一个老地方都有自己的故事，都珍藏着历史的痕迹。当年，北福兴里21号（一说10号，本文采用唐韵超回忆中的说法）就住着原中共大连地委书记张洛书。电视纪录片《旅大风云》曾三次出现过他的镜头。张洛书是广东人，1921 年考入济南第一师范学校，与著名诗人臧克家是同学。读书期间，张洛书加入中国共产党。九一八事变后，被中共满洲省委派到大连工作，后担任中共大连特支书记。为了顺利开展工作，张洛书在今民权街 161 号创建“志诚书房”，白天教小学生，晚上给工人讲课。1933 年 10 月 20 日，由于叛徒出卖，日本殖民者在“志诚书房”将张洛书逮捕，殖民当局以“违犯治安法”罪名判刑 10 年。在狱中，张洛书身患严重肺病。1943 年，刑满出狱，在侵略者的监视下，于北福兴里养病。

日本投降后，苏军进驻大连实行军管。1945 年 8 月 23 日，张洛书与唐宏经、朱秀春等人在自己家里开会，决定在未找到党组织之前，以原大连中华工学会为基础，通过原工学会骨干分子把工人组织起来，组建大连职工总会。筹建工会期间，组织会议多是在张洛书家召开的。9 月 2 日，大连职工总会建立，至 10 月上旬，会员发展到 2 万多人，成为大连市举足轻重的群众性组织。1946 年 3 月 14 日，张洛书不幸病逝，年仅 41 岁。

北福兴里旧照（葛书光提供）

日本侵占时期，永丰街 90 号附近（原永丰街 77 号），即福兴大戏院对面，原来是空地，节假日有自发形成的市场——满大市场，1948 年易名中华市场，上世纪 60 年代建成 3 层高水泥大楼，1988 年改名为中华商场。当年这附近的大连人都愿到那里买东西。92 岁的老“海南丢”杨锡月说，王麻子锅贴当年也在这附近摆摊。

百年埠头

大连港

大连是以港兴市的，作为黄渤海岸一颗璀璨的明珠，无论是过去、现在还是将来，港口对大连市来说都有着举足轻重的地位。

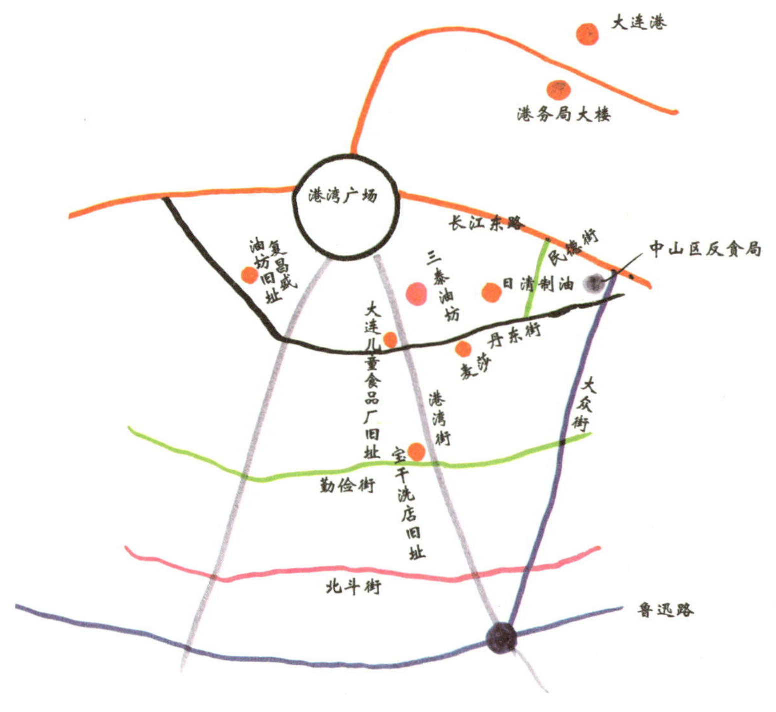

大连港鸟瞰，图中左下角围挡内是正在修建地铁站的港湾广场（都业龙摄于2013年3月4日）

大连是以港兴市的，作为黄渤海岸一颗璀璨的明珠，无论是过去、现在还是将来，港口对大连市来说都有着举足轻重的地位。

▼建港之初

大连港有红白两座灯塔。红色灯塔又叫南灯塔，1908年始建，1912年2月建成，几经改造，现塔高11.3米，射程达8海里。1913年，与之相对建起白色灯塔。1951年《人民的旅大》这样描述："坐船到大连，在港外远处就会看到一道长堤，像城墙一样围绕着港口。两座灯塔峙立着，闪着亮光，给轮船指引方向。港里没有风浪，水平静得像一面镜子，有大船、小船，有的在上客，有的在装货，也有张着大帆的渔船。影子照在水里，像一幅美丽的图画。这就是过去叫'青泥洼'的一个渔村，现在成

《风云儿女》导演许幸之笔下的大连港

为一个繁荣的商港了。”

当年初建港时，俄国人打算建筑四个突堤式码头，同时停泊100艘千吨级船舶，年吞吐量500万吨。建港方案分两期实行，1902年年底第一期建设完成，1903年开始二期工程。1904年，日俄战争爆发，工程暂停。1904年5月27日，俄国人在撤退前炸毁了大连港一些重要设施。第二天，日军占领大连港。5月30日，日军占领大连市区。

日本占领大连后，出于战争需要，严禁一般商船、商人进出大连港。1905年1月，实施严格的许可制度，各国商船进入大连港受到限制，而日本商船却得到特别照顾，引起列国不满。

日本人当然不想这样。要想进一步侵略中国，掠夺资源，就必须让大连和大连港发展起来。1905年6月，关东州民政署长官石冢英藏安排工学博士中山秀三郎对大连港进行详细调查。1906年7月28日，中山秀三郎完成《大连港修筑意见书》。8月22日，日本外务省对各国使臣散发《关于开放大连的声明》。8月31日，以第236号敕令发布声明：“日本政府决定于1906年9月1日起开放大连，同时大连港为自由港。”

此后，西方各国争相登陆大连。美国于1906年9月10日在大连儿玉町（今团结街）建立领事馆，这是大连地区第一个外国领事馆。随后，英国于1907年2月11日在信浓町（长江路火车站东侧）设立领事馆。战败的俄国也于1907年7月1日在龙田町（职

大连港的标志性建筑——候船厅旧影

20世纪80年代的大连港候船厅

改造后的大连港候船厅（摄于2011年8月21日，2013年已拆）

工街）设立领事馆。荷兰、瑞典、比利时、德国等不甘落后，相继设立领事馆，大连俨然成为万国俱乐部。

1907年3月，满铁会社总社从东京迁到大连。4月1日，满铁设置“大连栈桥事务所”，负责经营大连港。10月1日，大连栈桥事务所改名“大连码头事务所”。日本殖民者在大规模进行城市规划的同时，加快大连港的规划和建设。1908年1月，满铁命工程师内田富吉参考《大连港修筑意见书》，详细地编制《大连港计划案》，该方案与俄占时期的500万吨大港规划方案大致相当。根据这一方案，1908年3月大规模的建设陆续展开：1913年大连港甲码头改扩建完成；1914年3月寺儿沟建造栈桥；1915年一码头改扩建完成；1916年大连港新建码头乙码头竣工，参照美国鲁尼桑斯式建筑建造的码头办公大楼竣工；1918年大连港东、西、北三面防波堤全部竣工；1920年大连港三码头竣工；1923年大连港二码头竣工；1923年港湾桥竣工；1924年玄关样式的船客接待所（即大连客运新站）竣工……

港口飞速发展的同时，港口客运也迅速发展起来。1908年，大连港开辟至上海的航线，接着又开辟大连至青岛、威海和龙口的航线。

昔日大连港港区内景象

昔日大连港候船厅内部

当时，大连港全年客运量不足20万，到1919年时客运量高达40万。港口的发展迅速带动了大连的国际贸易，日本侵略者基本达到了目的：把大连打造为侵华和掠夺资源的基地，将大连发展为向东北地区倾销日本产品的中转基地。1908年至1931年间，大连的出口量均超过进口量。

日本侵略者格外重视大连的发展，大连在他们眼中是摆脱岛国，成为大陆国家的试验田。1928年，日本殖民者开始制定《大连港扩张预定计划》，当时亚洲最大的设施、最先进的仓库——大连港15号仓库就是在预定计划制定的第二年建成的。2010年，理工大学朋友邀请笔者参观15库设计图展览。年轻的学生们绘制了很多时尚的设计图，多忽略了一点，没有注重历史元素，唯有朋友吕忠正的设计方案让我喜欢。如今这座有着80多年历史的亚洲第一大仓库，乘着大连老港区改造和打造创意产业园区的东风，已成为这座城市的“思想之岛”。

大连港候船厅拆迁改造前的港湾桥一带，从左至右的建筑依次为候船厅、15库、港务局大楼（摄于2011年8月21日）

20世纪30年代亚洲最大的仓库15库现在已成为远近闻名的艺术区（摄于2011年8月21日）

▼老码头的匆匆过客

日本文豪

日本宣布大连港自由通航后，来大连漫游的日本人多了起来，其中就有日本著名作家德富苏峰，著名作家、俄国文学翻译家二叶亭四迷，还有日本文豪夏目漱石等。

夏目漱石曾应同学满铁总裁中村是公邀请，于1909年9月5日来大连。漫游期间，夏目漱石尤难忘怀的就是约66米高的滨町发电厂（今大连造船厂中心变电所）的烟囱。他在《满韩漫游》中这样写道：“‘铁岭丸’进入大连港的时候，首先映入眼帘的那根又红又高的东西就是滨町发电厂的烟囱，船上的人都说那根烟囱东方第一。”老发电厂仍保留着，那根东方第一烟囱于2004年1月2日永远消失了。

清朝遗贵

被誉为“中国实业之父”的盛宣怀也来过大连码头。盛宣怀是清末“洋务派”代表人物，他来大连时是避难的过客。1911年10月武昌起义爆发后，摇摇欲坠的清朝廷认为四川保路运动是祸端，便把盛宣怀当作替罪羊，下旨将他“即行革职，永不叙用”。盛宣怀感到大祸临头，偷偷搬进三井物产公司北京支店长高木陆郎的宅邸。

10月30日，在高木陆郎的帮助下，盛宣怀乘坐德国商轮“提督”号，由天津前往青岛暂避，之后又转道大连。在大连，他得到了日本人高规格的接待，住进豪华的大和宾馆。当时的大和宾馆即今烟台街3号（原大连自然博物馆）。在这座建筑的某一个房间内，负责与盛宣

让夏目漱石难以忘怀的东方第一烟囱旧影

怀谈判汉冶萍煤铁厂矿公司中日合办事宜的小田切万寿及汉冶萍业务经理王阁臣与盛宣怀密商借日债及中日合办事务。到了大连的盛宣怀自然成为日本人奇货可居的宝贝，他们以盛宣怀去日本治病才能得到保护为由，要求他前往日本。12月31日，67岁的盛宣怀从大连港乘船驶往日本，从此踏上流亡之路。

中国最后一位皇帝溥仪也来过大连港。1935年4月，重新坐上皇帝宝座的溥仪在大连乘日本军舰前往日本拜会裕仁天皇。今大连旅馆208号房间便有他当年下榻的居所。

一度与溥仪争宠的恭亲王溥伟也是大连港的过客。溥伟拒绝在清帝退位诏书上签字，宣称“有我溥伟在，大清帝国就不会灭亡”。他曾联合肃亲王善耆策划“满蒙独立运动”，1922年2月善耆病亡，复辟梦想宣告破产，力薄势单的溥伟就从青岛移居大连，在黑石礁筑建“星浦山庄”（原星海宾

馆北楼），做起了寓公。

溥伟未实现的复辟梦，最终由郑孝胥协助溥仪完成。郑孝胥是大连港的常客。今日裕景中心曾有著名饭店“登瀛阁”旧址，那是郑孝胥昔日常来常往的地方。无诗不成席，郑孝胥不仅在大连吟过诗，写过字，还游览过老虎滩、星海公园、中山广场、动物园等地。

昔日大连码头定期出船的景象

过客中还有晚清重臣李鸿章的长子李经方。李经方曾任驻英参赞，到过欧洲诸国，见过大风大浪，郑孝胥也曾是他的下属。李经方不仅有六个中国老婆，还讨得两个外国老婆。两个外国老婆一个是英国人，一个是法国人。法国老婆生的儿子叫李国焘，曾在英国康桥读书，学成回国。英国老婆生的儿子叫李国休，小名叫“乔治”。这家伙从小娇生惯养，十几岁就吸食鸦片，吃喝嫖赌。1927年，北伐军打到上海，国民军声称要对清朝遗老实行“共产”。这个乔治逼迫其父交出财产。李经方吓得赶紧卖掉房产，乘坐外国邮船逃往大连。李经方在大连善终，活到80岁。他在大连有诸多投资，登瀛阁便有他的股份。

革命屐痕

因为大连是殖民地，不受国民政府管辖，所以是革命者前往苏联比较安全的中转站。1928年，中国共产党鉴于革命形势，决定当年6月在莫斯科召开第六次全国代表大会。4月30日，瞿秋白在上海将他起草的中共中央第44号通告发出后，匆忙化装来到码头登轮启程前往大连，以大连作为中转奔赴苏联。

5月，周恩来与邓颖超也是在上海搭乘日本轮船赶往大连，准备换乘国际列车奔赴莫斯科。轮船一靠岸，他们就遭到日本警察的盘查，并被带到水上警察署。经过两个多小时的博弈，日本警察没有找到一丝破绽，周恩来夫妇最终虎口脱险。多年后，邓颖超视察大连，触景生情，回忆起这段往事。

1930年，刘少奇率中国工会代表团赴苏参加赤色职工国际第五次代表大会，也是从上海乘船出发，以大连作为中转站。

文人墨客

被徐悲鸿赞誉为“自石涛之后五百年来第一人”的张大千多次来过大连港。1921年4月，张大千从日本回国，途经朝鲜取道大连。8年后，他再次从日本回国，亦是取道朝鲜来连。这一次，他在大连偶居多日，闲暇之时常以作画消遣。其作品《仿沈周蜀葵图》上有这样的题跋：“岁己巳大连湾上，寒夜不寐临遣闷。”上面还有清楚的时间记录：十二月二十一日。1930年春，张大千再次来滨城游览。这次来连他还画有一幅《松梅竹兰君子图》。题跋为“竹君子，松大夫，梅花处士清且鲢。姑射仙人美且都，四座春风何舒舒，岁朝清供福有馀。庚午新岁，大连湾上写此，大千爰。”

中国文豪鲁迅先生亦是大连港的过客。《大连港口纪事》记载，1913年8月5日下午3时，鲁迅先生乘“塘沽”号客船由上海抵大连港，6日9时，鲁迅先生仍乘该船从大连去往天津。那年，鲁迅先生刚刚33岁，正是而立之年，6月，他请假从北京回乡探亲，8月由上海返回，顺路借道大连。

备受鲁迅、周作人兄弟推崇的乌克兰盲人诗人华希里·爱罗先珂也是大连港的过客。李鸿章出访俄国参观盲校时，曾与爱罗先珂交谈。当时，爱罗先珂以教师灌输给他的带有偏见的关于东方黄种人的知识对照李鸿章，结果发现并不是这么回事，因此开始关注东方。1922年，爱罗先珂在日本宣传共产主义被驱逐，又因苏联拒绝入境转往中国。在中国，他遇到很多知音。1923年4月4日，爱罗先珂从天津乘“长平丸”启程前往大连，准备转乘火车回国。据说，从天津起程就有日本便衣警察监视他。4月5日下午一到大连港，爱罗先珂就被带到水上警察署询问。因为他持着日本全权公使的通过许可，拘押半日便被释放。后来，周氏兄弟在各自的文章中记录了这一惊险事件。

十余年后，一对情侣也是在这里摆脱了日本警察的询问。1934年6月11日，萧红、萧军从哈尔滨乘火车逃亡到大连。14日傍晚，他们登上“大连丸”前往青岛。他们遭到日本海上特务稽查队的严密盘问搜查。经过一个多小时近于苛刻的盘查，没有查出一点名堂，最终二人脱险。1935年，萧军将这段不同寻常的旅程记录在《大连丸上》。

1931年3月，教育家王统照收到大学同学、东北第一交通中学校长宋介的邀请信，约他到该校代课。王统照遂从青岛启程，搭轮船到大连港，准备转乘火车前往。在连期间，他对国土被异族统治感慨颇深，伤怀不已。

梁思成、林徽因、顾颉刚、梁漱溟、郭沫若等名家也是大连港的过客。

风云故事似乎是梦幻，却是真实的历史。作为后人我们还应铭记，有很多人未曾留下名字，他们共有一个名字——“海南丢”。当年，他们中的大多数人正是从这里踏上了一片未知的土地，将自己的血汗融进了这座城市的一砖一瓦，可以说大连港的历史也是“海南丢”的历史。

地铁站施工之前的港湾广场（摄于2011年8月21日）

▼大连港移交始末

茅盾在《我走过的道路》里这样描述当年踏上大连港的心情：“一九四九年元月七日，轮船驶进了大连港。大家蜂拥到甲板上贪婪地眺望这片神圣的自由的土地。啊，我们来到了！我们终于胜利地来到了！”

大连港真正回到中国人的手中是1951年2月1日。1945年8月23日，苏军实控大连，进驻大连港，原埠头局解体，新设中苏自由港，采用俄国侵占时期的名字叫达里尼港，港长及部门领导均由苏联人担任。中苏友谊期间，大连港不仅建立了中苏友好协会，还将大连港1800名装卸工人由临时工改为固定工人，分配到四个码头。但苏联人仍延续日本侵占时期的歧视政策，一直坚持进出港搜身制度，引起中国工人的强烈不满。

新中国成立后，苏联仍驻军大连，按照相关协议，苏联在1975年才能将大连港交还中国。30年里可以发生任何事情，谁也无法预知。于是毛泽东亲自访问苏联，与苏联人签订《关于中国长春铁路、旅顺口及大连的协定》，按照协定，1951年1月1日起苏联将大连港移交给中国。

中央政府特别重视大连港的接收工作。1950年，大连市市长毛达恂奉命负责接收工作。毛达恂是长沙人，革命早期曾担任武汉情报站站长。抗战胜利后，他被调派到大连担任交通公司总经理。1949年5月，毛达恂担任大连市市长，成为大连市第一个共产党员市长。

大连港移交前，中国中央人民政府副主席宋庆龄、中央人民政府秘书长林伯渠视察大连港，并于11月3日特意同毛达恂和苏联港长诺维科夫合影留念。翌年1月7日，中央交通部电令大连港命名为中央人民政府交通部大连区港务局。2月1日移交仪式在大连港举行，毛达恂和诺维科夫分别代表自己的国家在移交书上签字。签字仪式后，毛达恂成为大连开港52年来第一位中国人港长。

作为盟友，苏联同意将业务副港长、技术部长、人事科长暂时留下来，将基本的业务知识传授给中方人员。在美国船上当过水手、在英国太古轮船公司的轮船上担任过水手和水手长的孙茂贵在苏联人的帮助下，掌握了引航本领，成为大连港第一位中国人领航员。

接收大连港后，毛达恂立即下令取消自日本侵占时期到苏联军管时期长期实行的歧视中国码头工人的出入港搜身制度，同时创办新中国第一所海港职工技校——大连海港技术学校。为管理好大连港，他还从市里抽调干部担任管理人员，在地区和省内外报纸上刊登信息，招聘教授、医师、工程技术人员和具有大学、高中文化程度的青年来大连工作。

同年，全国海员总工会决定在大连建立"国际海员俱乐部"。毛达恂亲自选址，将原日本三菱公司办公大楼改建成"国际海员俱乐部"。泰华楼掌厨吴应祥是全国有名的厨

大连港移交签字仪式

师，解放后在旅大党委机关食堂工作，"海员俱乐部"建成后，毛达恂钦点他担任中西餐经理。俱乐部竣工之时，各级领导前来祝贺，著名剧作家田汉还亲自上台，动情地朗诵为俱乐部成立创作的《海员工人之歌》。

回到中国的大连港恢复了生气，吞吐量在前一年的基础上增加了70%，成为当时全国沿海港口的学习榜样。

▼港湾街1号

俄国侵占时期港湾广场称红场，日本侵

占时期改名东广场。港湾街因桥得名，起自港湾广场，止于育才街，俄国侵占时期叫英吉利大街，日本侵占大连后，改为初濑町。1946年6月1日改称四八街，用以纪念1946年4月8日空难纪念日[1]。1949年改名港湾街，沿用至今。

港湾街1号大连港务局大楼是大连港的标志，始建于1916年。建筑一期设计者是横井谦介，二期工程设计者是汤本三郎，同为满铁建筑课成员。建成后，日本人把它称作满铁大连埠头局，云集了陆军运输部、关东海运局、水上警察署、邮便局、税关等。后来，又增建铁道事务所、埠头局、筑港区事务所，楼顶是无线电话所、埠头罗针局和信号所。

大楼留有许多掌故和逸事。正门左侧第一个窗台至今保留着铜质凸点，并雕有“BM9”字样，意思是该点所处位置为平均海平面9米之上。人们都说这座建筑非常坚固，二战时期虽然遭受到美国飞机B29轰炸，却安然无事。当时，炸弹击中了正门右上角，墙上被炸了一个洞，大楼却没有受到任何影响。原关东厅保安课长齐藤良二在《关东局警察四十年的进程与结局》中记录，满铁大连埠头局被炮弹击中后，有一名女职员被压在混凝土下死亡，附近的海员组合事务所里，一名职员被爆炸气流冲击致死。B29离开后，方才发出警戒警报，人们才知道大连遭到轰炸，开始恐慌起来。

大楼虽然七层高，上面的平台却一直被叫作“八楼平台”。世纪老人冰心曾站在这里眺望，为大连港留下了这样的文字：“我们站在大连港

港湾街1号大连埠头局旧影

今日港湾街1号大连港集团公司（摄于2011年8月21日）

【1】1946年4月8日，叶挺、邓发、王若飞等人由重庆乘坐飞机返回延安途中，飞机失事，机上全体人员遇难。

务局大楼的最高顶上，迎着泱泱的海风，看见雄壮美丽的大连港，像一只极大的青绿的玉玦，玦口朝着东南；青山环抱之中，海不扬波。海岸边的四个码头，像四只粗壮的手指并排地伸将出去，码头两旁密密地停泊着飘着各种旗帜的轮船，机声轧轧地在起货、上货。”往事历历在目。

▼港湾桥

从空中俯瞰，港湾桥、港湾广场及周边道路形成了“胳膊—手掌—五指”的奇特布局：从顺时针方向看，港湾广场伸出的长江东路、港湾街、五五路、人民路、长江路宛如人的五根手指；而港湾广场好似人的手掌；港湾桥连接在“手掌”上，其形似人伸出的“手臂”。

港湾桥是大连港的一部分，其所在位置原本没有桥，是一条宽阔的马路。电车、汽车、行人通过马路可以直接进出大连港。后来，大连港修建铁路，为避免铁路和道路交叉，日本殖民者打算修一座立交桥。

港湾桥始建于1923年，竣工于1924年，由日本“渡海建筑师”设计。“渡海建筑师”是当时日本一个特殊的群体，他们从西方国家学成归来，但其在日本国内受到一定限制，没有机会和空间施展所学，便来到大连搞设计。港湾

今日港湾桥（摄于2014年4月5日）

建成初期的港湾桥

桥兴建在这样的背景之下，采用了当时最先进和流行的设计理念，其中一些元素是日本本土也没有的，整体风格属于折中主义。港湾桥长367米，宽44米，桥下横跨着九条铁路和两条港区道路，初建时铺设电车道，咣当咣当的老电车是桥上亮丽的风景，解放后改成13路汽车。

日本殖民者修建港湾桥，主要是看重大连港的战略价值，想把这里作为进一步侵略中国和掠夺中国资源的基地。

19世纪末20世纪初，国内一些地区先后建起了多座立交桥，但多为矿企所用，所承载的城市功能偏弱。而港湾桥则将城市和港口连接起来，属于整个城市交通体系的重要组成部分，堪称中国现代城市最早的立交桥。

▼老油坊

港湾街上有丹东街穿过，它起自长江路止于大众街，俄国侵占时期称马斯兹劳斯卡亚街，日本侵占时期改须磨町、鹿岛町。1946年改安乐街、中和街，1949年合二为一称安东街，后因安东改为“丹东”，此街也于1973年改叫丹东街。由于靠近码头，当年这一带也成为油坊的聚集区。

1907年3月，三井物产会社与华商潘玉田合资30万银元创办三泰油坊，本社在营口，工厂在大连，大致位置在今港湾宾馆、宝悦大酒店、大连海景酒店、都市海景一带，有工人659人，主要生产大豆粕和豆油，产品由三井物产会社包销。当时，三泰油坊日产大豆粕5000块，大豆油1.25万公斤，年产值为415万元。

丹东街上“阅水风吕休闲洗浴”位置即须磨町19番地复昌盛油坊旧址，油坊由戚仁亭于1909年9月出资11万银元创办，聘有工人59人，使用水压式榨机榨油，日产大豆粕19000公斤，大豆油2000公斤。

丹东街52号（今清华园）是日清制油株式会社大连支店旧址（宝町3番地）。日清制油株式会社大连支店创建于1907年4月，是当时东三省最大的油脂加工企业，其生产的豆油多经过大连港运往欧洲。解放后，三泰油坊、日清制油株式会社大连支店成为大连油脂总厂的组成部分。1986年9月厂部迁至长江路1号，后迁至127号。又因城市改造动迁，1998年原址建成32层高的大连海景酒店。

丹东街上“麦莎”位置即日本侵占时期鹿岛町3番地。1919年10月，富商郭精义投资15万元在此创办福顺厚油坊，登记业主是其子郭习朴，共有工人78人，生产工具为水压式榨机，日产大豆粕8900公斤，大豆油1000公斤。无独有偶，1924年4月，商人张星三也在此选址创建福成油坊。福成油坊资本金7万银元，有工人68人，也是使用水压式榨机，日产大豆粕10000公斤，大豆油1200公斤。

民德街与大众街区域日本侵占时期属宝町一番地范围，现为中山区人民检察院和反贪局。因靠近码头，这里也是当年油坊的聚集地。最早在此开油坊的人是黄信之。1909年9月，黄信之投资8.2万银元创办同泰油坊（宝町1-4番地），分厂在宝町1-16番地。同泰油坊共有工人57人，使用水压式榨机，日产大豆粕19400公斤，大豆油2000公斤。黄信之手腕相当灵活，不论与哪一个帮派都能联系上，1926年创建山东同乡会，他被推为会长。日本人对黄信之也是三分敬重，1932年满洲大博览会，他被推为中方理事。

1909年10月，山东人林万春在此投资5.9万元，创办同聚厚油坊。同聚厚油坊有工人60人，使用水压

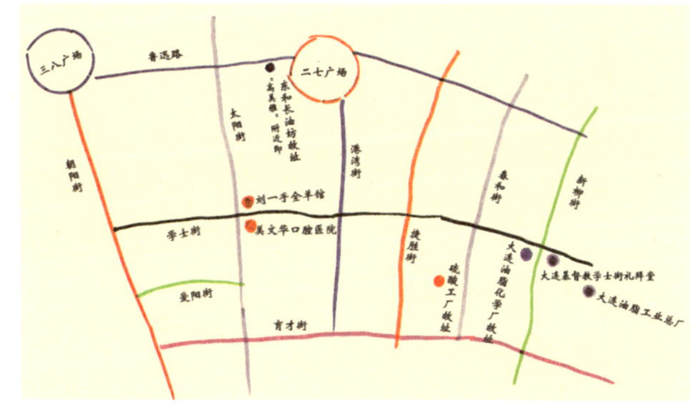

学士街大连油脂工业总厂旧址位置

式榨机，日产大豆粕16200公斤，大豆油1800公斤。自古买卖聚堆儿生意兴隆，1914年2月，孙梦之也选择这里创建福聚恒油坊。福聚恒油坊资本金6万银元，有工人55人，使用水压式榨机，日产大豆粕8900公斤，大豆油900公斤。

勤俭街“品海楼”位置是三笠町3番地中和仁记油坊旧址。中和仁记油坊由任仲南于1910年3月创建，资本金5.1万银元，使用螺旋式榨机，日产大豆粕10000公斤，大豆油1000公斤。1911年11月中和仁记油坊继续扩大生意开办第二油坊。

勤俭街“粮运四季”位置是昔日浅间町21番地储蓄油坊旧址。储蓄油坊由刘仙洲于1911年2月投资

35万元创建，有工人97人，使用水压式榨机，日产大豆粕34000公斤 大豆油3700公斤。刘仙洲是大连首富刘肇亿的侄子，因此处处有人关照。1912年，他又在宝町118番地（今长江东路）开办储蓄第二油坊。

与港湾街相交的学士街和育才街一带也分布着大大小小的老油坊，值得一提的是学士街127号是大连油脂工业总厂旧址。工厂前身是日清、丰年、三菱、天兴福等油坊，1950年改广源油脂厂。同年，市政府接管广源油脂厂，第一油脂厂、第二油脂厂、大东（联东油脂厂）、协合（联合油脂厂）等联合组成旅大市油脂工业总厂。

日本侵占时期山东帮组成大东制油株式会社，简称“大东”，成员有成裕昌、同泰、德兴隆、义顺生、中和、和成、天和成、储蓄油坊等，资金400万元，有榨油机662台，锅炉15口，大小气力机26台，人员近900人，其中工人约800人，社长由刘仙洲担任。刘仙洲死后，由安慈民继任社长，后改为李鸿年。

日本侵占时期由本地帮组成协和制油株式会社，简称“协和”，成员有天兴福一厂、天兴福三厂、东亚、双聚福、万义长、利泰、福顺厚、福顺义、同聚厚、复昌盛、恒祥、恒升和、恒来和、东和长等18户。东和长是徐敬之产业，他本是山东人，因受安慈民排挤，转投本地帮。协和制油株式会社社长为邵慎亭，徐敬之为副社长，资金400万元，榨油机750台，锅炉38口，大小气力机39台，人员约520人，其中工人约400人。

1950年至1952年，大连市公安总局又将“市民”、“民生”两个精粮厂家移交给旅大市油脂工业总厂。

说起大连油脂工业总厂，不能遗忘徐敬之。徐敬之1912年来连，在日商三大利油坊（三井物产）当学徒。后担任三井洋行大豆经纪人专门司职采购，当时他仅凭眼观、手摸、口嚼就能断定大豆品种、水分及含油率。1926年，他在做三井经纪人的同时经营东和长油坊。此后，相继向复昌盛油坊、福聚恒油坊注资，经过不断积累，跻身于大连富甲行列。抗战时期，徐敬之代表大连红十字会赴南京立纪念碑纪念死难同胞，后在威海多次捐款做善事。

1950年原大东油坊改联东油脂厂，徐敬之经营的东和长油坊所属原协和油坊改为联合油脂厂，徐敬之担任副厂长。1954年联东、联合合并为联合油脂厂，徐敬之继续担任副厂长。此时正值抗美援朝，徐敬之多次捐献巨款支援前线。1956年，在他带动下将原私营油脂厂和合营的油脂厂全部并入国营旅大油脂总厂。

1981年3月，旅大油脂工业总厂改称大连油脂工业总厂，坊间称为“油脂化学”。1986年9月厂部迁至长江路1号，后迁至学士街127号。“四海肥皂”和“天乐牌”色拉油都是大连油脂工业总厂的名牌产品，当年其食用油年加工能力高达20多万吨，居全国同类行业首位，20世纪90年代中期产值高达1.9亿，号称亚洲第一大油脂厂。2001年12月工厂停产。

▼儿童食品厂

港湾街5号（即中国农业银行大连中山支行）是大连儿童食品厂旧址。儿童食品厂前身是日本人建立的森永制果株式会社[1]。森永制果株式会社创始人叫森永太一郎。为了让西洋点心在日本普及，1899年他从美国回到日本创办森永西洋果子制作所，在一间仅有7平方米的作坊里制作西洋点心。1905年，以“美味的，快乐的，健康的”为宣传口号，以天使的头像注册商标。1912年，森永制果株式会社成立。1915年，森永制果株式会社独立包装的夹心糖果开始发售，获得空前的成功。

作为殖民地的大连当然吸引着日本人。1926年森永制果株式会社进入大连，凭借实力迅速占领市场。森永制果和明治制果一样，经营着很大的店铺，据说那是一个咖啡、红茶、巧克力、蛋糕要多少有多少的时代……大连解放后，森永制果改为旅大食品工厂（在今鞍山路），1952年改名大连罐头食品总厂食品分厂，1982年改为大连儿童食品厂。

森永制果的商标

【1】森永制果株式会社现今是全球最大的乳铁蛋白制造商，也是日本最大的糖果公司，日本首相安倍晋三的妻子安倍昭惠就是该社社长松崎昭雄的千金。

旧巷尘缘

大公街 同庆街

不仅遗留着星星点点的老房子，也有洋槐树在初夏的深巷中寂寥地芬芳着。同庆街到大公街一带，分布着很多小街巷，如英华街、欢胜街、更新街、西安街等。街巷深处，

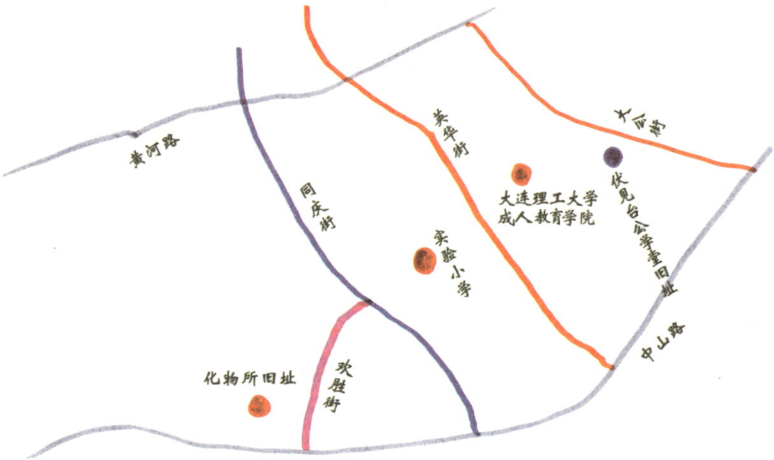

同庆街老房子（摄于2011年6月4日）

大连因洋槐著称，每年初夏都有许多慕槐而来的游人。赏槐会年年举办，只是随着时间消逝，洋槐树逐渐稀少了。同庆街到大公街一带，分布着很多小街巷，如英华街、欢胜街、更新街、西安街等。街巷深处，不仅遗留着星星点点的老房子，也有洋槐树在初夏的深巷中寂寥地芬芳着。

同庆街起自长江路，止于中山路，日本侵占时期属惠比须町、大黑町、千岁町、博文町一带，1949年改叫同庆街。“文革”时期改叫灭资街，1973年恢复

欢胜街老房子（摄于2011年2月16日）

同庆街老房子（摄于2011年2月16日）

现名。它东面有平行的姊妹街英华街。英华街也是起自长江路，止于中山路，日本侵占时期属惠比须町、大黑町、千岁町、博文町一带。1946年始称英华街一名，"文革"时期称兴无街，1973年恢复现名。

同庆街、英华街都穿过黄河路。沿着老街顺坡而上会看到很多洋槐树，愈往坡上走，树枝愈发茂盛。走到实验小学，就到了欢胜街街口，这里不仅有洋槐，还有一片洋楼，阳光俯照，树影相随。欢胜街起自英华街止于中山路，日本侵占时期属博文町一带，1946年始称欢胜街。

▼大连山东同乡会旧址

自2009年起，笔者一直在寻找大连"山东同乡会"旧址，曾在网上看到大连图书馆藏有《大连山东同乡会会章》。虽经多方求助，终未如愿。天助自助者，后来有幸结识大连文史研究者李光禄老师。据他回忆，今同庆街前程花园食杂店后面一带就是大连"山东同乡会"旧址。烟台文史专家刘正中所著《所城刘姓》记载，刘兆亿（即刘肇亿，详见《唐山街》）曾担任大连"山东同乡会"会长。

1914年，刘兆亿回烟台颐养天年。此后，黄信之、迟子祥、徐宪斋、王香九（一说王鹰九）先后担任会长职务。当时，同乡会不仅救济受困乡亲，还努力传播中华传统文化，"东关大庙"（即妈祖庙）主要费用就是由会员中的商船运输经营者捐助的。同乡之间或者与其他省籍同胞之间发生纠纷，大家多不去殖民机构，而是由同乡会出面协调处理。解放后，大连"山东同乡会"废止，后建中药厂，2006年原址拆除。

▼实验小学由来

同庆街45-49号与欢胜街2-12号这些精美的洋楼在日本侵占时期大多是公务员住所及满铁员工宿舍，如今已经破败不堪，有的甚至被拾荒者占据。

欢胜街3号是大连市实验小学，其前身是日本人小学校，建于1907年3月，初名寻常高等小学校，原在烟台街，后迁至此。1915年9月，改称大连高等小学校，1918年7月改叫伏见台寻常小学校。因为这里的教师工资比日本国内高，聚集了不少优秀教师，许多在连日本人都愿把孩子送到这里来。学生家长60%以上是关东督都府官员和满铁职工，用现在的话来讲是贵族学校。大连八大富商之一周子扬的儿子周明安就出自这里，解放后他担任旅大行政公署农林厅副厅长，后升任辽宁省人民政府农林厅副厅长。

1945年10月，学校改称大连第十完全小学，后更名实验小学。孙继海、王鹏、吴俊、隋东亮、王峰、朱挺、权磊等足球国脚均出自这里。实验小学不仅培养了很多球星，还培育了不少和平的使者，前日本首相村山富市就是其中之一。或是受大连槐香的洗礼，村山富市奉行和平外交和庶民政治。在任期间，他发表了著名的村山谈话，勇敢地承认日本在二战中犯下的罪行，并进行道歉。

大连市实验小学校舍旧照

今日大连市实验小学（摄于2011年2月16日）

槐花不仅是和平之花，也是友谊之花，每年槐树花开，就会有许多寻香而来的日本人。因为他们是在大连出生大连长大的，自称“大连之子”，如日本田中内阁时期的参议院议长木村睦男。

木村睦男幼时家境贫困，难以维持生计，哥哥带着他来大连谋生。当时，木村睦男就在实验小学读书。读书期间，他得到过很多老大连人的照顾，他一直将这份友谊牢记在心，促使他后来成为和平的使者。多年后，木村睦男深情地对记者说：“是当时的中国人把我养大，所以我有两个故乡。”

▼大连第一中学校旧址

欢胜街1号大连理工大学继续教育学院是日本侵占时期“大连第一中学校”旧址。大连第一中学校创建于1917年3月，初名大连中学校，借用大连高等小学校授课。1918年迁入新校舍，1923年12月改称大连第一中学校，解放后改为工农速成中学。清冈卓行、五味川纯平和山田洋次等都出自这里。五味川纯平根据历史事实创作的长篇小说《战争和人》真实

大连第一中学校旧址（摄于 2011 年 2 月 16 日）

地揭露了日本帝国主义者侵略中国的罪行。山田洋次执导的《寅次郎的故事》曾风靡中国。上世纪 80 年代，山田洋次两度回访大连，受过老市长魏富海的亲切接见。

▼伏见台公学堂

说起大公街，老大连人会想起远逝的大公街家具市场与鸟鱼花市，如今它们已搬至香炉礁。无法忘怀的还有“伏见台公学堂”，位置在今大连理工大学继续教育学院办公楼东侧学生公寓位置（原动物园南侧，曾为大连理工大学化工学院印刷厂）。伏见台公学堂是日本侵占时期日本人建的中国人两级小学，1906 年 6 月创办，校长和教导主任都是日本人，教师多是中国人。学校教职员工办公室和高年级学生教室是一栋二层小楼，楼前是操场，操场东面两排砖瓦平房是低年级学生的教室，室内为地板地。与当时的大连第一中学校、伏见台小学校相比，伏见台公学堂寒酸许多，但大连八大富商之一庞睦堂仍将儿子庞永铭[1]送到这里读书。解放后，伏见台公学堂改为公用，学生都迁到青泥洼桥的第七完全小学（日本侵占时期的常盘小学）。

老大连人孙来成讲，日本人对中国孩子进行同化教育，日语课叫“国语”，汉语课叫“满语”，其他还有“音乐”、“算术”、“珠算”和“修身”等课程。也许因为是初小，汉语、日语都是狗猫牛羊等日常简单语句，有些课文是些短小的民间故事或寓言，课程中没有政治内容。每天都有“朝会”，学生要在操场列队听干瘦的日本校长用日语领念“天皇诏书”。那时，小孩子都是心不在焉地鹦鹉学舌般跟着念，却不知念的是什么。音乐课上教的歌曲多是日本歌，有《樱花》《君之代》等，也教过日本军歌，唱的是什么中国孩子也一概不知。

【1】1935 年，庞睦堂在南关岭泉水屯建睦堂机制造纸厂（即大连造纸厂，已拆），1936 年投入生产。1937 年，庞睦堂将造纸厂事务交其长子庞永铭管理。解放后庞永铭将自己的企业捐献给国家，参加民主建国会，历任大连工商联常委、市人民政府委员、市政协委员等职。

伏见台公学堂让他最难忘的一天是1945年8月16日。当时，他正读初小四年级。朝会时，日本校长照例在台上平静地讲了一段话。中国孩子仍然心不在焉，不知他说的是什么。最后，他举着右手用日语大喊了一声“中华民国万岁”，便结束了朝会。他最后喊的是什么中国学生们都听清了，也听懂了，他们这才知道日本战败投降了，他们不再是“满洲人”，而是“中国人”。

▼天主教海星堂

更新街与西安街是一对姊妹街。更新街起自长江路，止于日新街，日本侵占时期属大黑町一带，1946 年始称更新街。西安街起自大公街，止于三元街，日本侵占时期属千岁町一带，1946 年始称西安街，“文革”时期改更新南二街，1973 年恢复现名。

更新街在黄河路南坡上，过去曾经洋房林立，是旧时富贵人家聚居之处，据《李鸿章家族》记述，李经方的府邸就在这里。春日阳光明媚，夏日洋槐飘香，秋日夕阳洒落，冬日观雪赏月，如世外桃源。走在老街西角，我看到仍有许多老者醉于夕阳下，沉于“车马炮”中。

西安街曾有日本侵占时期满铁高级职员住所，那些消失的洋楼中还有比利时领事馆。比利时领事馆属副领事级，建于 1926 年 4 月，第二次世界大战爆发后撤离。

天主教来大连的时间较晚，1922 年以前，大连没有天主教活动，仅有三户日本教友和三户中国教友（马振华、柳少春、老宗家）。1922 年，日本教友从沈阳请来法国籍神父，在佐藤家做弥撒。1926 年，在西安街 43 号建天主教堂。1927 年教会院内西楼首先建成，楼上作为临时圣堂，中日教友合用。1928 年大堂建成，宗教活动移至大堂举行。1929 年教会整体工程竣工。因为中日教友和其他籍教友同在一起进行宗教活动，语言不同非常不便，1930 年，冬中国教友分出，另在今联合路建临时教堂。1931 年春，临时教堂又迁至三春街。

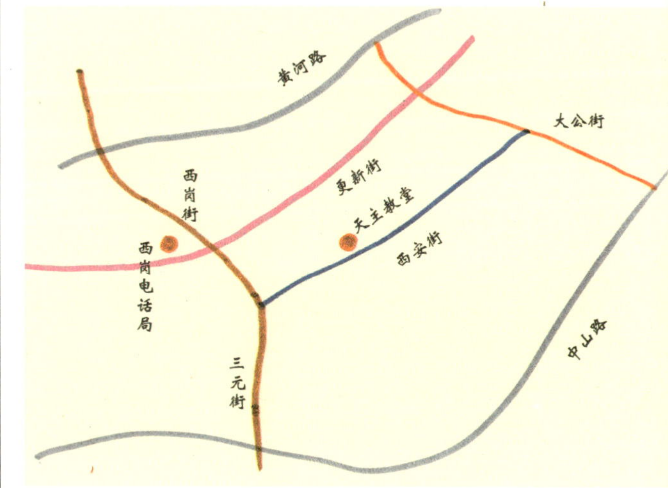

西安街、更新街及大公街位置示意图

西安街教堂又叫海星堂，先后有玛利诺

摄于2011年2月11日的西安街天主教堂（同年10月拆除重建）

西安街天主教堂旧影

会的迪神甫（美籍）、穆美德神甫（美籍）、蓝爱人神甫（美籍）、巴清田修士（美籍）担任本堂。太平洋战争爆发后，所有外籍教父、修女全部集中到西安街教堂，后被遣返。1943年，皮潄石调到大连，管理天主教堂教务。解放后，外籍神父均被遣返。1947年，日本教徒被遣返。1953年10月，天主教白景宗因反革命罪被捕，大连政府两次组织大连教友开会，强烈谴责反革命罪罪行。1962年10月10日，大连市天主教爱国筹委会成立。

“文革”期间大连天主教停止宗教活动，教堂内部亦遭到破坏。1978年重新修复，1980年12月25日圣诞节，大连天主教举行弥撒，恢复正常活动。

佛音缭绕

唐山街

传说唐代一个僧人跟随张亮水军渡海来到青泥浦，因见洼南有灵气，就留在这里建筑寺庙，并将带来的牡丹籽种在殿前，松子种在南山中，故名松山寺。

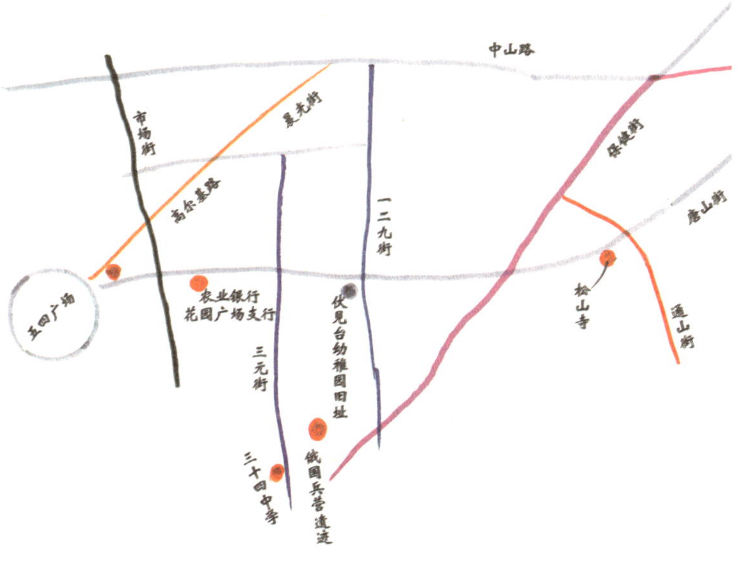

唐山街东起五惠路，西至花园广场，1914年始建，当时属三室町、红叶町一带，起初并未通到花园广场，1946年改叫唐山街。1974年打通高尔基路的道路。

▼消失的部队大院

据《童年的唐山街：仙境一般》记述，上世纪六七十年代，唐山街还只是一条小街，很少有人知道。整条街从东到西不算很长，街两边是清一色的洋风日式小楼，米黄色的墙，红色的瓦，每栋楼外都围着一个院墙，一个小门，上四五级台阶方可进入院落。

日本侵占时期，这里属满铁社宅，解放后被部队接收，整条街成为部队家属居住区（以大连警备区各级干部为主）。最东面是一户独门独院的一层洋房，往西往南是前后两排二层小楼，每栋住两户，每户都是上下两层，各进各的门，楼梯在室内。街南也有几排二层小楼，楼梯在室外，每栋楼住四户。房子的格局也是身份的象征，孩子们都对最东面那栋独门独院的洋房充满了敬畏、羡慕和好奇。

20世纪六七十年代，唐山街是一个相对封闭的小社会。市场街通至高尔基路位置曾有非常大的拱形大门，住户都称之为“大门”。这道门在当时就是一个象征，进了大门就进入了部队居住区。市场街旁的“大可以”是当年的部队招待所旧址。招待所的院子很大，种了桃树、杏树、樱桃树等许多树木，还有两株美丽的芙蓉树。传说这里曾住过中央首长，却没人知晓是谁，后因无人看管变成远近孩子们的游乐园。

招待所旧址临市场街正对居民楼是当时的警备区汽车连。今三元街旁唐山街诊所是当时的卫生所位置，建设银行与一心烤肉位置是日本侵占时期伏见台幼稚园旧址，后为军人服务社。唐山街34–38号农业银行花园广场支行曾是正师级以上干部的住宅旧址，西面市场街路段当时还没有正式的名字，是一片足球场大小的菜地，绵延至花园广场，属警备区司令部汽车连所有。1972年，海城地震波及大连，许多人家在此建起地震棚。后因地震并未发生，大家又陆陆续续搬了回去。上世纪八九十年代起，唐山街开始改造动迁。

▼松山寺

1983年，唐山街拓宽，即便如此仍显得狭窄，车来车往不仅让行人烦恼，也打扰了寺院的清净。松山寺是座尼姑庵，传说唐代一个僧人跟随张亮水军渡海来到青泥浦，因见洼南有灵气，就留在这里建筑寺庙，并将带来的牡丹籽种在殿前，松子种在南山中，故名松山寺。

《大连市宗教志》记载，松山寺于清乾隆二十一年即1756年，由同文和尚倡建，后于咸丰八年（1858年）和宣统三年（1911年）两次重修。1911年的重修由大连公议会会长刘肇亿主持。刘肇亿是当时大连的头号富翁，手下职工数千人。傅立鱼主编的《大连要览》记载，俄国侵占时期，胜利桥北大片楼房和沈大线南段铁路多是刘肇亿所建。因为老大连多是"海南丢"，刘肇亿就以齐鲁风俗重修寺庙。《大连旧影》（李元奇编，人民美术出版社2000年4月出版）里曾看到的"送子娘"和"十不全神"就来自齐鲁大地。

"送子娘"即"送子娘娘"，是一个慈眉善目的妇人，管生子的神。"十不全神"是邋邋遢遢的残疾形象，拄着一根拐杖。"十不全"原为英俊健康的青年，因为立志学医，并在自己身上试针试药，所以落下残疾。为纪念他的献身精神，民间百姓奉以香火以示感恩。

经过重修，松山寺再现昔日尚华。《西岗文史资料》记载了大致的景象：松山寺有神佛殿七间，正殿三间，殿内正位是释迦牟尼佛，东位是观世音菩萨，西位是地藏王菩萨。东面一间供着铁匠的祖师爷老君爷，西面三间房正位是天后圣母殿，东位是眼目娘娘，西位是耳目娘娘。台下东侧有送子爷爷、疹痘爷爷，西侧有送子娘娘、疹痘娘娘、十不全神。

刘肇亿来自烟台所城里（"所城里"为烟台街区名），烟台是胶东文化的中心，因此大连地区文化风俗都少不了浓厚的胶东风。刘肇亿按《烟台奇山所刘氏家谱》为第十七世，名兆亿，"肇"与"兆"系通假字，所以均无错误。烟台奇山所刘氏为明朝开国"武德将军"刘聚后裔，刘聚之孙刘昱曾任登州卫指挥使，参与抗倭。明正德年间，刘昱的儿子刘传於调任奇山守御千户所，其后代因此在烟台繁衍，今烟台所城里即奇山所旧址。

1889年，盛宣怀曾在烟台建造官方慈善机构广仁堂。1908年，刘肇亿便效仿广仁堂在大连东关街建造大连最早的慈善机构宏济善堂，因此被称为大善人。刘肇亿为人孝儒，1914年回归故里。刘肇亿经常救济因闯关东无着落而无钱重返故里的难民，所以病故后曾有千余名乞丐、难民自发地组成送殡行列。他们每人手持燃香边行边磕头谢恩，哀哭声震天。大连公议会、烟台总商会为纪念刘肇亿的慈善事迹，得到民国政府批准

烟台所城里纪念刘肇亿的牌坊（王建波提供）

后，遂在所城里南门外建造大型牌坊。牌坊被誉为烟台第一石坊，长 9 米，高 8 米，中高两低 4 柱 3 洞跨街式石结构牌坊，正中匾额题刻“性行淑均”，两侧匾额分题“实至”、“名归”，每个石柱及牌坊南北两面分别题刻楹联。牌坊上为石雕挑檐牌顶，饰装 4 条石龙，斗拱角装有 8 个风铃。1966 年，牌坊被毁。

刘肇亿离开后，其侄刘仙洲负责打理大连的佛教界事宜，每逢佛教节日，寺院异常热闹。1923 年第二任华商公议会总理郭精义病逝后，寺院的资助不足，大连佛事活动日益减少。解放后，大连佛教信徒在今中山公园举行盛大集会，成立大连佛教总会。1946 年，松山寺迁至唐山街附近。上世纪 50 年代初，松山寺仍有法师释乃樵主持，还有两名庄河仙人洞东阳庵来的僧尼界禅、界魁。1951 年，大连工学院借用松山寺做施工工地，释乃樵搬至武昌街居住，1955 年病故。1957 年前后，松山寺照常进行佛事活动。“文革”前，界禅、界魁被安排到民政局福利厂劳动。过去，唐山街、锦明街、松花街、通山街合围之地，皆是松山寺院落，主庙位于松花街畔松山颐养院后身白色海港楼（此楼面对唐山街的共庆园曾是红岩商店）。“文革”期间，界禅病故，界魁受到批判，寺庙毁坏殆尽。“文革”结束后，宗教政策得到落实。1984 年 12 月在松山寺召开大会，

今日松山寺（摄于 2011 年 5 月 22 日）

重建大连佛教协会，郭玉正居士当选会长，界魁当选副会长，佛教活动恢复正常。1985年重建寺庙，大连市佛教协会（现迁至莲花山寺）搬此办公。重建后的寺庙由东西两院组成，面积约2000平方米，寺庙的山门、大雄宝殿、天王殿、钟楼等均保持唐代的建筑风格。此后，松山寺数次修缮，2003年定为大连市重点文物保护单位。

▼ “鸦片市长”

习惯上，大连人把红岩街一带也统归为唐山街。红岩街起自唐山街，止于胜利东路，日本侵占时期属松山町一带，1946年改叫松山街，“文革”时期改红岩街，延续至今。老大连人印象中的红岩街包括松花街、通山街、通畅街及胜芳街、高丰街等。因为这一带是山坡，故被称作松山台。1905年4月，日本殖民当局以东京时间为标准，每日正午在松山台山中鸣炮报时，因此这里也叫轰隆山。1937年，原动物园内安装发动机警报器后，轰隆声才宣告停止。因市长石本鏆太郎的官邸在松山台，日本人又称其为鏆太郎山。

《幻的大连》作者松原一枝与石本鏆太郎的孙女石本贞子同在弥生女子高中（原二十高）读书，所以经常来这里玩。她对石本鏆太郎的记述是可信的。甲午战争时期，石本鏆太郎作为汉语教官隶属乃木希典所辖第一师团，深受乃木希典赏识。乃木希典赴任台湾总督，石本鏆太郎也随行前往，作为制药所官员从事鸦片行政工作。日俄战争爆发后，石本鏆太郎跟随乃木希典的第三军参加旅顺战役。那时，他利用公务之余，调查了旅顺及其以北地区的鸦片状况，提出战争后开展鸦片业的建议书。后来，石本鏆太郎作为关东州都督府的翻译又来到大连。

1906年6月10日，大岛义昌听取石本鏆太郎的建议，允许日俄战争期间为日本从事间谍活动的潘国忠制造并出售鸦片。1907年5月16日，石本鏆太郎从幕后走向前台，获得公开进口和批发鸦片的特权。当时，凡中国人开大烟馆，只要到石本鏆太郎手里进货，就不需要其他牌照。为方便鸦片买卖，他还设立广膏局。1914年12月18日，大连民政署撤销广膏局，设置戒烟部，以特许身份人取代石本鏆太郎，但他仍然操控鸦片买卖，被称为“鸦片大王”。利用鸦片经营图求殖民政府收入增加的同时，他也变成了巨富，被称作“关东州第一暴发户”。

第一次世界大战爆发后，大连因远离战场，经济得以飞速发展。石本鏆太郎的财富迅速膨胀，先后投资创办大连高等女学校、大连教育贮金银行等，与相生由太郎齐名。跻身富豪行列之后，便有了政治资本，1915年10月，大连实施特别市政，大连市役所（市政府）

在西通设置开厅，石本鏆太郎被选为首任大连市长，他又多了一个绰号——“鸦片市长”。

日本侵占时期，日本虽给“关东州”一定补助，但并没有确切的财源，鸦片收益金成为重要的财源，不仅用来支付建设中央公园（今劳动公园）、市营住宅等费用，还用来支撑图书馆等公共设施及其他费用。

旅顺公路就是依靠鸦片收益金建成，因此又叫“鸦片公路”。旅顺公路多是由石本鏆太郎出资投建，采用当时最新的公路施工方法——焦油碎石式，比铺着碎石的柏油式公路更有弹性，因而汽车的震动更少，走在上面就像踩在垫子上一样。当时，旅大间坐火车需要2个小时，而乘坐汽车所需时间仅为1小时20分钟。1924年举行旅大道路完成庆祝宴会，川岛浪速和川岛芳子也特地赶来祝贺。

没有人能守住不义之财，1920年3月15日，日本股市暴跌，顷刻之间，银行、商社相继破产，影响波及大连，石本鏆太郎的教育、银行及产业受到强烈冲击。1921年8月，他退出大连财富一线。生意场上失意，官场上却非常得意。石本鏆太郎又先后两次当选为市长，成为日本侵占时期唯一一个三次当选市长的日本人。1933年12月，石本鏆太郎在大连病逝，石本家族自此没落。

▼老市长韩光旧居

日本侵占时期，石本鏆太郎的官邸，被称为“松山御宅”。日本人制作的地图上也明显标注“市长官舍”，可见其昔日之影响。“松山御宅”在御澜山大厦一带，这里不仅住过日本人市长，也住过中国人市长韩光。1945年至1946年，老市长韩光住在今西岗区凤鸣街。后来，他搬到劳动公园西小门外通畅街附近。房子因为年久失修，墙皮已经脱落，地板塌陷残缺不全。市政府行政处获悉后，就指示房产部门对房子进行大修。

韩光知道后坚决不同意：“不要大修，大修要花很多钱，哪个地方坏了，修修补补就行了。”房产部门坚持说：“我们把装修的材料都拉来了。”韩光却严肃地说，材料留下小部分，其他的拉回去。

1997年韩光重返大连，在当年的警卫员葛生蒲陪同下回旧居寻望。看到旧居，感慨万千，就在房前拍照留念。后来，此处成为大连市国家安全局的办公楼，2008年拆迁建成“峰景山”，现被世界金融巨头摩根大通收购，更名“御澜山”。

通畅街3号是《关东日报》旧址之一，1946年冬，《新生时报》编辑部与行政工作人员迁此办公。他们在一楼工作，二楼是收电稿的办公场所和宿舍。后因发展需要，《新生时报》与旅顺《民众报》合并为旅大地区行政机构关东公署机关报《关东日报》。1947年5

《关东日报》旧址（摄于 2011 年 6 月 4 日）

月16日《新生时报》刊出终刊启事。

1947 年 5 月 20 日，《关东日报》创刊，旅大地委宣传部副部长、关东公署教育厅副厅长江清风兼任社长。创刊初期，《关东日报》社址在松山街 5 号，即劳动公园西小门外的通畅街 3 号。1947 年，《关东日报》社址迁至旅顺，后又迁回市内。

▼ 崔荣汉旧居

通畅街并非笔直大道，在 10 号位置拐了一个近 90 度的弯。附近通畅街 12 号也住着一位老市长，他就是大连经济技术开发区的奠基人崔荣汉。

1980 年夏，南方沿海创建了深圳、珠海等 4 个经济特区。辽宁省委第一书记任仲夷便向大连领导提出建议，大连是不是也可以要求建设特区？6 月 30 日，华国锋访问朝鲜归来，顺路来大连。任仲夷就带着崔荣汉向华国锋汇报工作，提出大连建设经济特区的设想。

华国锋当时答复，请主管特区的谷牧同志来一趟吧。8 月 11 日，国务院副总理谷牧来大连听取崔荣汉的汇报。崔荣汉说，大连工业门类比较齐全、工业基础比较雄厚，如果在这个国际性的口岸城市划出一块地方，建立类似深圳等地的经济特区，将会带动整个东北地区的改革开放和经济发展。

谷牧副总理反问，什么叫特区？大连为什么要建特区？大连有什么条件建特区？ 11 月 9 日，崔荣汉亲自率领代表团重点考察深圳、珠海后，认为大连并不比它们差什么，缺少的是机遇。回到大连后，他们就开始准备工作，并初步议定，如果中央批准大连建特区，地址就选在金县大孤山乡马桥子一带。

1984 年，国务院决定在沿海地区再开放几个城市建立经济技术开发区。大连不仅获得了设立国家级开发区的资格，而且还获得了“大连可以更开放一些”的许可，中央还专门批给大连 1 亿美元的外汇

崔荣汉旧居（摄于2011年6月4日）

额度。10月15日，大连开发区正式举行奠基仪式。

▼工人训练班

松花街26号位置是解放初期的“工人训练班”旧址。据《解放初期的大连》记载，1945年10月25日，由大连市总工会主办的工人训练班在圣德小学校（今东北路小学）开学，11月5日结业。第一期试办成功后，便决定继续办下去，并扩大规模，就迁到松山街“皎寮（独身宿舍）”，即松花街26号。全市绝大部分工厂都有工人参加过培训，市领导韩光、柳运光、王西萍和刘亚楼将军等亲自授课。至1946年4月，工人训练班共举办5期，部分学员被分配到公安局、法院、总工会、市妇联等机关工作，为大连解放初期的稳定与发展做出重要的贡献。

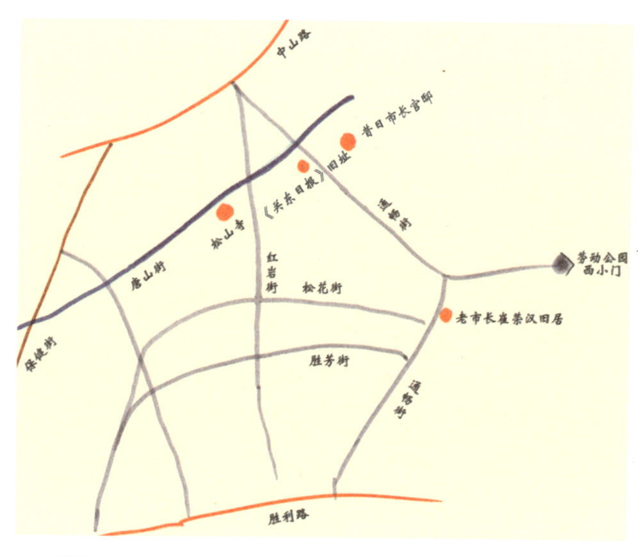

红岩街、松花街一带示意图

翰墨香迹

新生街

新生街六十二号（今辽宁省邮政局大连办事处）是老街上仅存的历史痕迹。此处也是大连地区第一份中文报纸《泰东日报》旧址。

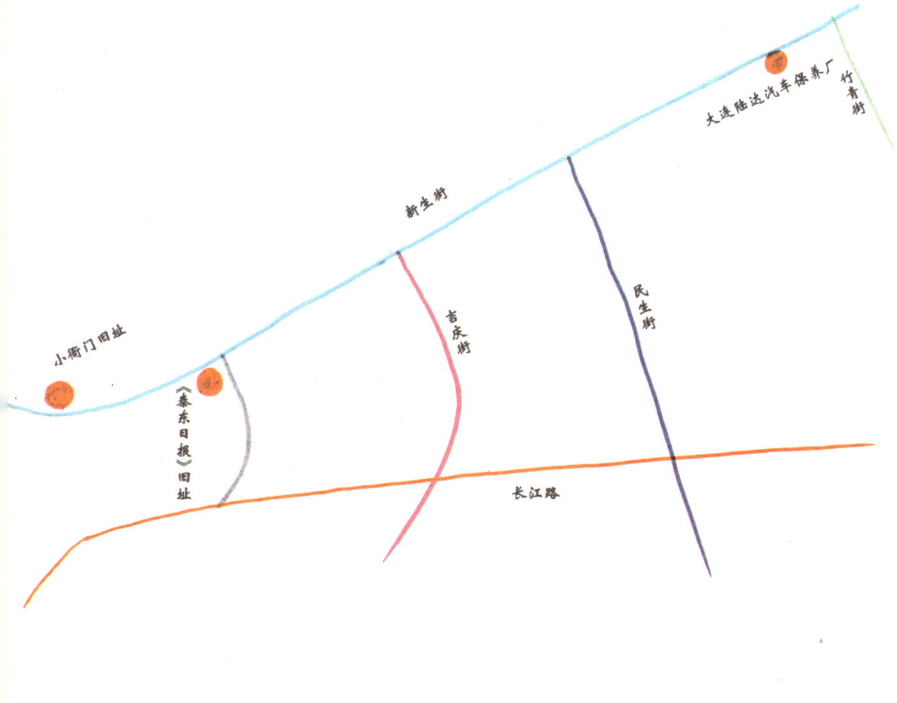

大连陆达汽车保养厂
竹青街
新生街
民生街
吉庆街
小街门旧址
《泰东日报》旧址
长江路

新生街在胜利桥南，起自胜利桥，止于德新巷，俄国侵占时期叫温特采尔街，实际上就是一条未建成的街。日本侵占以后，将这里改为飞驒町。

1946年，飞驒町改名叫新生街，意为重获新生。“文革”期间，老街又改叫造船街，1973年后，恢复原名。虽然老街一直变换着各种各样的名字，但是老大连人却一直把这里叫作后马道。20世纪90年代前，新生街东面（民生街为界）时常停着很多叉车配垃圾箱的卫生车，那些卫生车也是附近孩子们游戏的场所。[1]

▼百年老报《泰东日报》

新生街62号（今辽宁省邮政局大连办事处）是老街上仅存的历史痕迹。洋楼的设计者是日本人小林多吉，1924年4月开始建造，9月建成。此处也是大连地区第一份中文报纸《泰东日报》旧址。《泰东日报》创刊于1908年11月3日，据老大连人孙来成回忆，最早的社址是在武汉街附近，后迁至奥町85号。九一八事变后，《泰东日报》为殖民当局控制。1935年4月，《泰东日报》社址迁到飞驒町。

说起《泰东日报》不能不说三个人，第一个人是山东人刘肇亿，这份报纸就是他和郭精义领导“大连华商公议会”集资创办的。

第二个人是日本人金子雪斋，这份报纸能最终诞生离不开他。金子雪斋是比较开明的汉学家，在日本时就认识革命人士黄克强（即黄兴）、宋教仁、张继等，对中国人的苦难与遭遇比较同情。后来，黄克强、宋教仁、张继等来大连时，金子雪斋不仅热情款待他们，还把他们接到自己的家里去住。金子雪斋在1905年10月25日曾参与创办大连的第一份日文报纸《辽东新报》，当时他担任中文栏编辑工作。

第三个人是傅立鱼。《泰东日报》创刊后，深受中国人喜欢，不少有识文人捉刀献

今日新生街一角（摄于2011年7月24日）

[1]日本侵占时期，大连便有了城市卫生管理。1907年2月，大连民政署在友好广场建立卫生组合，名义上是市民自治，实际上却是官方机构。1915年，大连市役所成立，统一管理城市环境卫生。1917年又颁布了《清洁法》，推行城市卫生管理。1924年，日本殖民当局开始雇用工人专门清扫街道、运送垃圾和粪便。当时，市内垃圾多是使用马车或者汽车运送到北岗子垃圾场，即民间所说的“后海头（北海头）”。

稿。1913年，金子雪斋偶看到署名“笠渔”的作者来稿后，甚为欣赏。“笠渔”就是爱国文人傅立鱼的笔名。不久，傅立鱼持日本友人仓谷箕藏的介绍信拜访金子雪斋，短暂交谈之后，金子雪斋极欣赏傅立鱼的学识，大有相见恨晚之感，遂诚心邀请他担任《泰东日报》编辑长，傅立鱼欣然接受。自傅立鱼加入之后，《泰东日报》如鱼得水，那期间也是《泰东日报》鼎盛时期。

金子雪斋不仅对傅立鱼非常信任，也默默无闻地支持中国人。1920年3月，日本资本家和田笃朗强占金州三十里堡3000亩水田，金州三十里堡农民便一起来到《泰东日报》，请求傅立鱼和金子雪斋帮助。在金子雪斋的支持下，傅立鱼立即在报纸上披露真相，刊发《为三十里堡三千农民向山县关东长官乞命》一文，这在日本侵占时期简直是不可想象的事情。金子雪斋还帮助傅立鱼筹划建立了大连中华青年会。

1925年8月28日，金子雪斋在午睡时猝死。大连人是不会忘记朋友的，送葬之日，前往悼念的中国工商业者、学者及贫民络绎不绝。

傅立鱼是安徽英山县人，曾考取清朝末代秀才，还曾留学日本，是个学识渊博的海归。1912年，傅立鱼在天津创办《新春秋报》，后因发表反袁言论遭到缉捕，逃亡大连。

“五四”前，大连因为殖民封锁，处于割裂状态，不少大连人只知道“关东都督府”和日本天皇，却不晓得中华民国和孙中山，甚至在清朝灭亡以后，还有不少人留着辫子。

《泰东日报》旧址（摄于2010年12月25日）

泰東日報

JIH PAO

華無反省仍唱長期抗戰

日決擴充戰備澈底膺懲

陸海兩相在議會闡明決意

杉山陸相云

《泰东日报》老报纸

就是在这样的情况下，傅立鱼开始在大连传播中华传统文化。1920年7月1日，他创办大连“中华青年会”，开办学校，并组建了当时大连第一支中国人的足球队——中青队。

傅立鱼还接待过途经大连到苏联的瞿秋白、蔡和森等人。“皇姑屯事件”后，傅立鱼暗中支持张学良“改旗易帜”。当时，大连警察署署长曾言道：“可惜日本无毙之治律，否则立将傅立鱼枪毙之。”1928年7月22日，日本殖民者以“扰乱东三省为目的，组织政治秘密结社，策划种种阴谋”的罪名将其逮捕。起初，日本人将他判为死刑，后因社会各界反对，怕激起民变，遂将傅立鱼驱逐出境。

1931年5月，《泰东日报》斥巨资拍摄纪录片《大连第十次中华运动会》，并在市内放映。当时，《泰东日报》并不限于大连发行，东北各大城市都能看到它的身影。伪满洲国皇帝溥仪就是《泰东日报》的受众，他做了伪满洲国皇帝以后，更加关注外界消息，除用美国产落地式收音机收听“美国之音”外，再就是看来自大连的《泰东日报》。

1945年10月下旬，《泰东日报》被苏联红军接收，以此为基础于1945年10月30日创办《新生时报》。1947年5月16日，《新生时报》与旅顺的《民众报》合并，改为关东公署机关报《关东日报》。1949年3月31日，《大连日报》与《关东日报》合刊为《大连日报》。当年，《泰东日报》还走出了一位大连地区著名的军事将领关向应，他也是大连地区第一批共青团员。作为百年老报，《泰东日报》旧址（即《新生时报》旧址、《关东日报》旧址）应该有理由成为大连历史保护建筑。

▼安惠栈钱粮杂货店栈

查阅《大连番地入案内》发现，飞騨町15番地便是安惠栈钱粮杂货店栈，其大致位置便在大连市陆达汽车保养厂附近。安惠栈是大连商界之三号人物许亿年的产业。据《大连文史资料》记载，许亿年是小平岛人，按照老辈子说法应是“此地巴子”（大连方言，即本地人的意思）。许亿年字万亭，排行第五，故此又被称为许老五。东大连的发展离不开刘肇亿领导，西大连的发展则是由许亿年主导。刘肇亿告老还乡之后，虽说大连公议会由郭精义和李子明当政，最终还是由张本政掌控。后来，按照资产排列，张本政当属首富，许亿年则位居第三。

最初，安惠栈是由许家老大许惠年掌控。1904年，他带着许恩年、许忠年、许亿年一起创业，在信浓町开设安惠栈杂货店，专门为俄国军队供应食品杂货等。正是依托这种稳定的大客户，安惠栈发展迅速，多少也发了点财。小岗子发展初期，许惠年再次抢占先机，创建分栈——安惠西栈，并派老三许恩年当家。1908年，看到油坊赚钱，他又立马在小岗子财神街开办安惠栈油坊，委派老四许忠年当家，而许老五则留在身边当助手。一战前后，大连远离战火，处于和平发展期，对外贸易急剧增长，用现在说法讲算是贸易顺差，大小商贾都趁此良机攫取了一桶金。安惠栈就是在这个时期发展起来的。

许亿年眼光独到，他极力说服许惠年到远离竞争的西大连发展。因为满铁要在沙河口建厂，所以那里到处都是机会。大连诸多富甲多守着金饭碗的东大连不放，只有安惠栈趁机在沙河口增设分店。事实证明，许亿年有着不同寻常的商业头脑。

1920 年，40 岁的许亿年出任安惠栈总经理。很快，西大连便在他的引导下迅速发展起来，这也引起了张本政的注意。张本政要比许亿年大 15 岁，正是天命之年。他很欣赏许亿年的才能，便帮忙搭桥，而且还做保人，让许亿年同三菱商事株式会社签订经销面粉和砂糖的合同，成为三菱在大连的代理商。不久，野心勃勃的许亿年又包销昌光硝子株式会社（今大连玻璃厂前身）的玻璃与三菱的杯牌火油。一切都很顺利，安惠栈又发了一笔巨财。许亿年继续扩张步伐，转身又折入东大连，驻足不起眼的飞驒町。飞驒町上刚刚建起的大批新楼多被许亿年购得。当然，这大手笔的背后也掩藏着风险。受国际形势影响，面粉价格大跌，安惠栈也蒙受了巨额损失，其拖欠三菱、三井的债务高达金票 80 万元。在这危急之时，许多大商号都未幸免，其中就包括大连杂货联合会会长迟子祥的“益泰祥”。这些热锅上的蚂蚁并未慌乱，死马当活马医，他们开会推选迟子祥、许亿年和徐宪斋为代表，向三井大连支店提出申请，要求延期付款、缓期收货及豁免仓库费。三井虽不同意，却也是无可奈何。

1929 年，面粉价格回落，许亿年便利用三菱的关系，将面粉向南满铁路沿线倾销。经此一搏，安惠栈

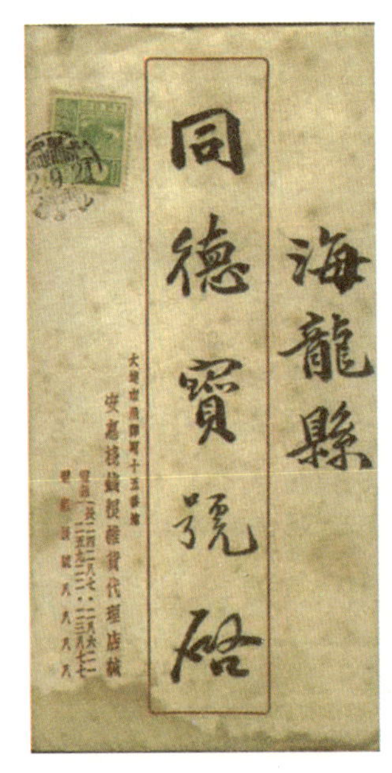

安惠栈信笺（营口李鑫友情提供）

陆续还上了欠款。松了一口气的许亿年便又继续着福佬的美梦，在东大连飞驒町的房产中挑了一间房子开办起安惠栈钱粮杂货店栈。2010 年笔者看到了印有“安惠栈钱粮杂货店栈”标识的信笺，因此萌生了整理资料的念头。看这信笺，便知道当年这里的生意很红火。私下思考，许亿年果然精明，此处不仅靠近码头，据此不远还有吾妻驿，也就是今日的大连东站。

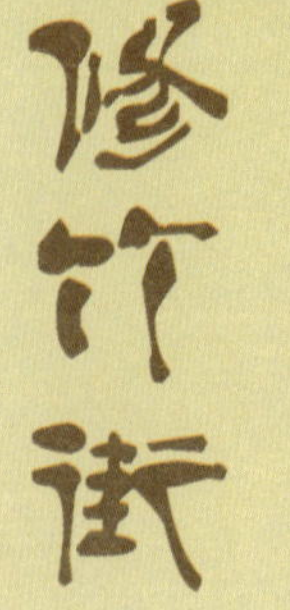

修竹街八十四号便是『群英楼』旧址，别看现如今破破烂烂，当年却是大连街上最有名的饭店之一。

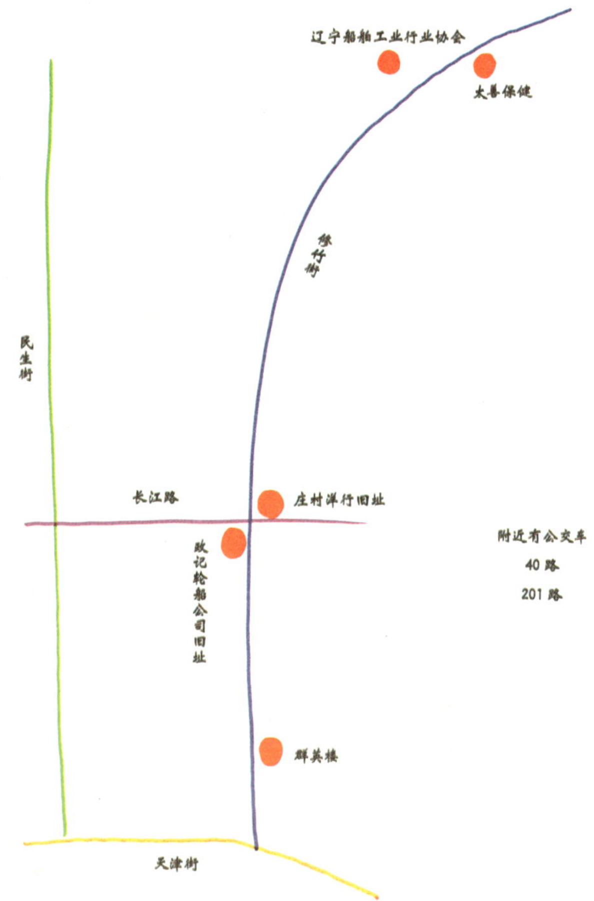

▼政记轮船公司

俄国侵占时期修竹街便已存在，当时叫斯劳依斯卡亚街。日本侵占大连以后，以其联合舰队司令东乡平八郎的姓氏改为东乡町。甲午战争前，东乡平八郎是“浪速”号巡洋舰舰长。1900年，他任日本海军常备舰队司令官，率舰队参加过八国联军侵华战争，日俄战争中又担任联合舰队司令，在进攻旅顺口时屡次击败俄国海军。

大连解放以后，东乡町改名为修竹街。“文革”时叫卫东街。1973年，恢复原名。

翻阅老地图对照，发现文林街“经典生活”大厦东面日式“太善保健”位置原是日本“协和烟草株式会社”，其对面大连船舶工业公司集团办公楼，以前有日本“东亚烟草株式会社”大连支店。解放前，中国烟草业呈三足鼎立之势：一为英美合办的“英美烟草公司”，其次是华人创办的“南洋兄弟烟草公司”，还有便是日本“东亚烟草株式会社”。

“东亚烟草株式会社”于1906年11月在东京创立，1909年进入中国市场，厂址设于今天的辽宁营口。后来，先后在天津、大连、青岛、张家口、长春、沈阳等地建立卷烟厂，其产品有“骆驼”、“绿洲”、“织女”、“朝日”、“敷岛”等。日本侵华时期，“骆驼”牌等烟标上，还用中、日文对照，印有“五族一心，兴亚之光”之类的口号，鼓吹“中日亲善”。“兴亚”牌烟标上，还曾书有“勤俭增产”、“东亚解放”等口号。

过电车道停步在路口，笔者记起那栋涂抹成红色的欧式洋楼，它便是“政记轮船公司”旧址。政记轮船公司由张本政创立，他原是旅顺黄泥川人，据说放过牛，做过小商贩。1895年，张本政在烟台日本商行做勤杂工，后来跳槽来到高桥洋行。高桥洋行老板就是日本间谍高桥腾兵卫，慢慢地，张本政被其发展成为日本间谍。

1905年，依靠日本人协助，张本政在烟台创办“政记轮船公司”。日本人为了奖励他，几乎是把张德禄的两条船白白送给了张本政。1906年8月，政记轮船公司从烟台迁到大连。鼎盛时期，政记轮船公司拥有轮船32艘，总吨位近5万吨，还雇用日籍职员130人，中国船员1500多人，其资产在大连八大富人中排在第一位。

卢沟桥事变后，张本政先后向日本

大连政记轮船公司旧影

捐献74万日元，并协助日本当局搞“献飞机”活动，政记轮船公司也基本沦为日本军队的后勤船队。1951年，张本政被人民政府以反革命罪判处死刑。

上世纪80年代此处曾有建材商店，2000年后改为太阳系超市。2009年4月，政记轮船公司因城市改造拆毁，空地被用作停车场。烟台政记轮船公司遗址目前依然存在。

烟台1905年政记轮船公司旧址（摄于2011年5月16日）

▼牟传仁与群英楼

修竹街84号便是群英楼旧址，别看现如今破破烂烂，当年却是大连街上最有名的饭店之一。解放前，大连有“三楼一阁”的说法，一阁是指登瀛阁，三楼分别是指泰华楼、共和楼和群英楼。1892年，福山人王杰臣由烟台乘木帆船来到大连，在旅顺白手起家创办起专营风味小吃的“春字号”小饭店。俄国侵占时期，“春字号”进入大连。1912年，已经形成品牌的“春字号”扩建，并改名叫“群英楼”。开业伊始，群英楼还请来名震大连的鲁菜大师钟佩秋亲自主理。这一名人效应果然灵光，群英楼很快就跻身名楼之列。

上世纪二三十年代是群英楼的黄金时期，大连鲁菜名师曲敬春、何传鼓、由其辉等都先后在群英楼掌勺，所以往来名流不断，富贾巨商不绝。即便是抗日战争中群英楼仍依然坚持营业，而泰华楼、共和楼等大饭店却因为殖民当局施行战时经济统制大多歇业，其名厨或改行，或到外地另谋生计。

抗战胜利后，国民党军队对大连实行经济封锁，致使百业凋零，群英楼也于1949年歇业，房屋划归大连船渠（现在的大连造船厂）。后成立生产合作社，改为造船职工消费合作社食堂。1956年，群英楼恢复营业，不过却改了名字，叫“修竹饭店”。

1958年，一楼二主，楼上改为工业局下属的绣花厂，楼下仍是修竹饭店。1962年，一场大火之后，绣花厂搬走，这个小楼全归了饮食公司。

“文革”期间，又易名为“反修饭店”。不过从复业至1978年间，群英楼一直都处于亏损状态。挽救群英楼的是大名鼎鼎的牟传仁。在大连，提起“大连老菜”，老大连人首先会想起“牟传仁”，他的名字几乎成了“大连老菜”的代名词。

牟传仁19岁时从山东来大连，先后师从名厨柳木墩、张传本、于洪注、杨正仁等，学得一身精湛厨艺。

牟传仁

群英楼旧址（大连理工大学蔡梦琦画）

1979年，牟传仁调任修竹饭店经理并兼任厨师。1983年，老字号受到重视，所以群英楼也得以恢复原名。同年，牟传仁赴北京参加“全国烹饪名师技术表演鉴定会”，并以“鸡锤海参”、“橘子大虾”、“鲜贝原鲍”和“红鲷戏珠”四道鲁菜荣获“全国优秀厨师”称号。他参赛的这四个菜还被列入国菜，编入《中国名菜集》《辽宁名筵大全》。

上世纪80年代，牟传仁潜心研究，开发出“小笼包”、“豆沙酥饼”及“速冻天下第一饺”。“速冻天下第一饺”于1988年对日本出口，首创中国饮食出口速冻食品的先河。据记载，至1992年，群英楼利润达230万元，名列全国同行业前列。次年，群英楼与日本三菱商事株式会社合资兴建大型速冻食品厂——大连群英楼食品有限公司。1994年，大连群英楼诞生百年之际，国内贸易部授予群英楼为“中华老字号”。

群英楼不仅仅名扬大连，一些在大连生活多年的日本人仍然记得它，他们在1989年依靠集体记忆手绘了一张大连地图，那地图上面便清清楚楚地标着“群英楼”。

老屋韵致

望海街 明泽街

池潭也有别名曰老鳖湾，曾因毕福剑一语，勾起老大连情怀，引得市民游客纷纷来寻。

明泽街在俄国侵占时期的规划图上便已存有，名字叫作阿斯瓦拉斯卡亚街，日本侵占时期改叫加贺町。今日之明泽街，包括日本侵占时期弥生町、东公园町、清水町、柳町、樱町、枫町、榊町一带，始于民主广场，沿路穿过天津街、人民路、万民街、福寿街、鲁迅路、安民街、杏林街、南山路、哈尔滨街、七七街、青林街、高阳街，止于山林街路口。1946 年改名辅仁街，1949 年改明泽街。

望海街与明泽街相邻，西起山林街，东至永青街，日本侵占时期属榊町、楠町一带。1946 年，大连地名去殖民化，改名叫山麓街；1949 年再次改名为望海街，并一直延续至今。

▼日本大连宪兵队本部旧址

明泽街 76 号是中国人民解放军总后勤部大连解放军财务结算中心办公楼。洋

日本大连宪兵队本部旧影

日本大连宪兵队本部旧址（摄于 2010 年 5 月 13 日）

楼混体深红，肃穆而冷峻。此楼建于1920年，曾是日本帝国主义统治、镇压大连人民的法西斯特务机关大连宪兵队本部。日俄战争后，日本便在大连设宪兵分队，隶属关东宪兵队。1938年2月，升格为大连临时宪兵分队，后更名为大连宪兵队本部，下辖大连宪兵分队、旅顺宪兵分队，设特高课、副室、经理室等。特高课后来改为战务课，负责监视各国领事馆、侨民、外商企业，侦察与镇压抗日爱国者及地下党组织的活动。至日本投降时，大连宪兵队本部先后建立了40多个外围组织、36个反动社团，设立58处特务据点，发展特务450余人、情报人员904人。苏军接管时，曾将日本关东州长官今吉敏雄扣押在此。后由中国人民解放军接管，成为大连警备区后勤部招待所。1958年9月，在这个大院里挖出20余箱烧成纸灰的日伪时期宪兵队档案，后来被移交给大连市档案馆，命名为“纸灰档案”。大连的纸灰档案既是日本侵华罪行的证据之一，也是日本战败前销毁侵略罪证的重要物证。

▼明泽街的故居旧影

柳林街与清爽街间有两栋日

明泽街95号是满铁职工宿舍关东馆旧址（摄于2010年12月30日）

清爽街2号是满铁职工宿舍南山寮旧址（摄于2010年12月30日）

传说中的西班牙领事馆旧址，后来是中共大连市委原书记白清江旧居（大连理工大学王帅画）

本寮，皆是昔日满铁职工宿舍，一栋名曰关东馆（明泽街95号），一栋名曰南山寮（清爽街2号），现在是海港职工大楼。过望海街，沿坡而上，明泽街南侧都是孪生的板楼，北侧则多是漂亮的洋楼，路旁还有参天的巨树。明泽街115号这座浪漫主义风情的建筑便是坊间传说的“西班牙领事馆”旧址。条石垒叠，古朴自然，哥特风格的角楼，文艺复兴特色的绿穹顶，背后是高高的烟囱和英国孟莎式屋顶。可以看出，当时的日本设计师极尽欧风心思，竭力要把所有的学识都留在这里，虽然没有人知道设计者名姓，仅就建筑艺术而言，可称为一个杰作。解放以后，这里是市委书记白清江的旧居。

1956年，白清江任中共旅大市委书记处书记，“文革”中被停职，1972年恢复工作，历任旅大市革命委员会农业组副组长，旅大市革命委员会副主任，中共大连市委书记，政协旅大（大连）市第五届、第六届委员会主席。

日本独家独院的建筑多有两个门柱式院门和半人高的围墙，门柱按风水要求必须是一般高，门柱一侧一般挂着“表札”，即主人的姓氏。这是明治维新后，随着邮政系统的建立，为方便邮寄物的配送而在日本逐渐推广的。半高的围墙只是象征性界定了与邻居的界线，而没有阻隔与邻居的交往，大家都能互相看到对方活动，就如我国民间俗语所说的“低头不见抬头见”。这洋楼门柱上还遗存有马灯和破旧的“表

大连市原市长许西旧居（摄于2010年12月28日）

札”。原先铁门还有滑道，如今早已损坏。入门有石板楼梯旋转而下，和谐自然。

明泽街119号是大连市原市长许西旧居之一（另一处旧居在凤鸣街），典型的和风建筑，简约而不失雅致。建筑最美之处是院墙，绵延错落，让你感觉就像童年用砖头堆积木一般，又似乎是舞动的音节，随着手指的变化而跳跃。

明泽街121号颇具德国风情的建筑是胡明旧居（2012年已拆）。1958年，胡明任中共旅大市委代理第一书记。他和许西是一对搭档，1965年曾一起接待过李宗仁来访。

▼望海街的老房子

望海街1号并不在路口，沿路可以看到一片院墙，青石为基，顺势而建，左边门柱上还悬着一块木质门牌，虽然饱经风雨，字迹仍依稀可见。右边门柱内侧仍可看到当年的门牌号榊町69番。历史的变迁清晰记录在这里，这或是大连唯一一处存有解放前后新旧门牌的老房子。

胡明旧居（摄于2010年12月28日，已拆）

院中是石板路，因人走得多了变得光亮。建筑造型简洁，主次分明，具有明显的地中海风情。欧式的坡屋面由木质檩条支撑，覆着传统的青瓦，多种不同形式的窗户恰到好处，使得整个建筑外表面变得活泼起来，建筑右侧还耸立着高高的烟囱，打破构图的平静和单调，平添一种向上的动感。

望海街1号楼西侧的洋楼（山林街畔）是张嘉译、宋佳联袂主演的谍战大戏《悬崖》中在大连的家。望海街3号是俄风建筑，造型对称，整体上很敦厚，让人感到踏实，建筑上面没有太多的花哨元素，红白色的线条，突出内凹的方形体块使得建筑简单却不呆板。

望海街5号是比较有特色的欧式建筑，尖屋顶特别美，各种样式的窗户让人感到表面并不单调，前面的门厅也像是尖顶钟楼，别具情调。当你看到它时，便会感觉历史都在你的眼前了。

望海街上时常可见小巷穿过，田园之悠逸恰到好处。虽也有长街穿过，却并不显得中断，绵延如一体。明泽街过处，即有一座亮丽的洋楼。建筑的西面正对着明泽街，白色的欧式立柱与门廊，地中海式的顶部，多种元素融合在一起却不显凌乱。洋楼南面正对着望海街，柱头是爱奥尼克式，但柱子的做法有点不伦不类，毕竟它不是纯欧洲的建筑，仅是外形上有点相似。圆形穹顶是建筑的一大亮点，而小面积的阳台也突出了建筑的涵养内敛。这洋楼便是被称作“官邸”

上图为望海街1号，左下图是解放后的木质门牌，右下图为日占时期的番号（摄于2010年5月）

望海街 32 号曾是张作霖、林彪的府邸（摄于 2010 年 12 月 30 日）

的望海街 32 号，官方鉴定为张作霖、林彪之府邸。他们一个是中华民国陆海军大元帅，一个是共和国开国元帅，也许把这里称为元帅楼更为贴切。

洋楼原是 O 氏邸，建于 1927 年左右，由德国人 Wilhelm Wahlen 设计。民间传说张学良也曾经住过这里。按照正史记载，张学良确实来过大连三次。还有人说这栋房子是张作霖送给儿子张学思的，所以又把它叫作张学思官邸。

建国后，这里划归海军驻军所有。以后，又有林彪入住。据传，林彪有很多怪习，怕光又怕太暗，怕冷又怕太热，怕潮又怕太燥，怕风又怕太吵。中央领导来大连一般都住棒棰岛宾馆，而棒棰岛靠海边，林彪怕见水多不愿住。住到黑石礁招待所，但因常有电车通过，而他又喜欢静，所以也不理想。后来，叶群来大连游山玩水时看中了这栋古朴的欧式洋楼，并拍了照片给林彪看，他也非常喜欢。后来，洋楼进行了近一年的翻修，楼顶也被改成天窗，这样阳光就可以透过玻璃直接照射到林彪卧室的床上。

大连是林彪心仪的地方之一，他每次来一般都住一个多月。据称，他来连期间，洋楼附近均由警卫把守，三步一岗五步一哨，甚为严密。

20 世纪 90 年代，洋楼成为大连三塔有限公司用地。此楼于 2004 年申报为大连第二批重点保护建筑。现在是所谓“官邸”，其实就是以经营泰国菜和粤菜为主的园林式主题餐厅。经营者颇具经营头脑，主推历史人文。或是因为张作霖、林彪居住过的原因，许多人来此拜望，侍者也常有惊人之语，将各种坊间传说演绎得惟妙惟肖，以至于许多逸事真假难辨，慕名而来的食者游客亦是络绎不绝。

距“官邸”不远，望海街 36 号的庭院里有两棵硕大的古树，门廊墙上还留有“文革”时期的“毛主席语录”。似乎一瞬间，历史都凝固在这儿。38 号是大连港退休干部活动中心，红瓦袭顶，粉墙扑面，入口处希腊柱式，上面托着屋顶的阳台。院落深处，灌木丛生，可见蚂蚁忙碌匆匆。

望海街40号、42号、44号、48号和50号皆是花园洋楼，连绵一起排列在五五路旁。虽然盘错而邻，却又条理分明，造型各不相同，却不另类。

52号位于济南街与望海街交会处，是家临街的烧烤店。此周边原是天理教旧址。天理教是日本新宗教之一，日本侵占时期，随日本人的大量涌入进入大连。解放后，天理教被取缔，后成为桂林小学校舍的一部分。

附近不远便是建于1920年的植物园，最初叫“南山丽公园”。1930年，因旁边有寺庙，更名为“弥生池公园”。1933年5月，伪满洲国总理大臣郑孝胥在日本人的陪同下曾到此游玩。解放后，大连地名去殖民化，改名为“南山公园”。1966年9月5日，原大连动物园内的鲁迅铜像迁来，公园遂更名为“鲁迅公园”。1980年7月21日，公园改名“植物园”，并沿用至今。

望海街38号老房子（摄于2010年5月16日）

公园东部池潭，日本侵占时期名曰“弥生池”，如今叫作“映松池”，不过老大连人多称“南大湾”。池潭也有别名曰老鳖湾，曾因毕福剑一语，勾起老大连情怀，引得市民游客纷纷来寻。

昆明街

此处系《人民呼声》报第一个正式办公地点，二楼一间不大的房间辟为编辑室，楼下有印刷车间。

中山路
向前街
亚都宾馆
昆明街29号
中原街
延年火锅烧烤
口腔医院旧址
玉光街
迈克大厦
松山大厦旧址
解放路
恒元公寓
武汉街
昆明街
造船俱乐部旧址
华昌街
南山路
米米米快餐店
自立街
三八被服服务社
七七街
中国银行昆明街支行
九中
自卫街

▼与短波矿石接收机的缘分

向前街很短，就在友好广场附近，起自友好广场，止于昆明街。日本侵占时期，向前街被称作三河町，1946 年后改称三仙街，1949 年才正式定名为向前街。

随向前街前行即是百年老街昆明街。俄国侵占时期，昆明街有一个绕嘴的名字，叫沙鲁道阿鲁斯卡亚街，从中山路一直曼延至解放路。日本侵占时期，改称若狭町。1946 年改叫惠风街，1949 年后称昆明街。

偶然见到一张短波矿石接收机的照片。看文字介绍是大连义昌无线电气株式会社于昭和 15 年 12 月制作的，即 1941 年。接收机箱子上还有制作者王承瑞的名字，机箱正面镶着确切的厂址：若狭町 2 番地。据老地图示，义昌无线电气株式会社（即大连早期的无线电厂）位置就在昆明街口西侧，今亚都宾馆附近。进一步考证发现，我国电器电子行业奠基人之一何德和先生便曾在此工作过。

据《祖国不会忘记你——何德和传》记载，1920 年 5 月 1 日，何德和出生于台湾省台中县。1936 年至 1940 年间，他考取日本东京电机大学电机学校电气科学习，成为著名科学家难波英一教授最得意的门生。1940 年，何德和来到大连义昌无线电气株式会社担任技术员、技师。在这里，他不但进一步掌握了无线电收发报机的生产技术，还学习到日本公司的严格管理经验。

大连解放后，何德和得到重用，担任大连光华电器工厂总工程师，并结识了东北民主联军接收大连特派员段子俊。

2000 年以前的昆明街街景，图中的位置在今乐购的对面（已拆，葛书光提供）

短波矿石接收机

何德和

在段子俊的领导下，以光华电器厂为基础组建了7个分厂和关东电气专门学校，为创建中国的电器工业奠定了基础。1947年，光华电器厂研制成功中国第一块镍铬钴永久磁铁、手摇发电机用电压表和手摇发电机。1948年，手摇发电机批量生产，投入前线并被授予“东北解放纪念章”。1949年以后，因为工作需要，何德和调离大连。

▼老口腔医院

正对向前街口那栋方方正正的二层欧式洋楼是昆明街29号，旧时这里有家志摩洋行，主要经营粮食谷物。楼旁是喧闹的中原街，依着几栋破败的洋楼绵延了一条风味小吃街，露天地里坐满了过往游客。

小吃街旁是原昆明街35号，即昔日的口腔医院。解放前，大连散落着许多日本人开办的齿科医院，为口腔医院的设立创造了条件。据《简明大连辞典》记载，口腔医院的前身是私营的牙科联合诊所，即大连牙科联合医院，成立于1951年10月4日，院长叫杨公敏。1953年3月，市卫生局以私办公助形式扩大医院用房，改名旅大市牙科医院。1956年6月改为全民制，同时改称旅大市口腔医院。解放后，昆明街35号曾用为旅大市妇产医院。1969年，妇产医院迁到中山路。1974年4月，口腔医院迁至这里。上世纪90年代中期，口腔医院迁到沙河口，旧址拆除。

▼大连印刷一厂

昆明街36号是老字号大连印刷一厂旧址，抹去建筑外面的装饰便能看到老房子的旧貌。据《大连最新番地入案内》记载，此处为若狭町33番地，曾是太田信三经营的太田印刷所，解放后改名健民印刷厂。这里也是《大连日报》前身《人民呼声》报旧址之一。据载，1945年11月底，报社从松浦印刷局搬到若狭町健民印刷厂。此处系《人民呼声》报第一个正式办公地点，

大连印刷一厂旧厂房，1945 年时《人民呼声》报曾在这里二楼办公（摄于 2011 年 1 月 4 日）

二楼一间不大的房间辟为编辑室，楼下有印刷车间。当时担任《人民呼声》社长的是罗思真，他后来在回忆文章《艰苦创业》中记述了这段短暂岁月。下一年到了槐花飘香的 5 月，报社便搬到了世纪街。

▼造船俱乐部

昆明街国际家居南侧有大连剧场，也就是消失的造船俱乐部。造船俱乐部最初叫日之丸座，是个木质结构的剧场，始建于 1915 年。1922 年时重新规划设计，翻建成一栋建筑面积为 3985 平方米的钢筋混凝土结构的三层洋楼，并改叫大连剧场。

据《大连造船厂史》记载，解放后大连剧场改名为火轮船俱乐部，1953 年时正式改称造船俱乐部。60 余年前，这里曾召开过奖励先进生产者大会，也演过京剧、歌剧、话剧。

大连剧场（造船俱乐部）旧影

百行林立

吉庆街

《人民呼声》创刊于一九四五年十一月一日，是《大连日报》前身，也是抗日战争胜利后中国共产党在大城市创办的最早报纸之一。

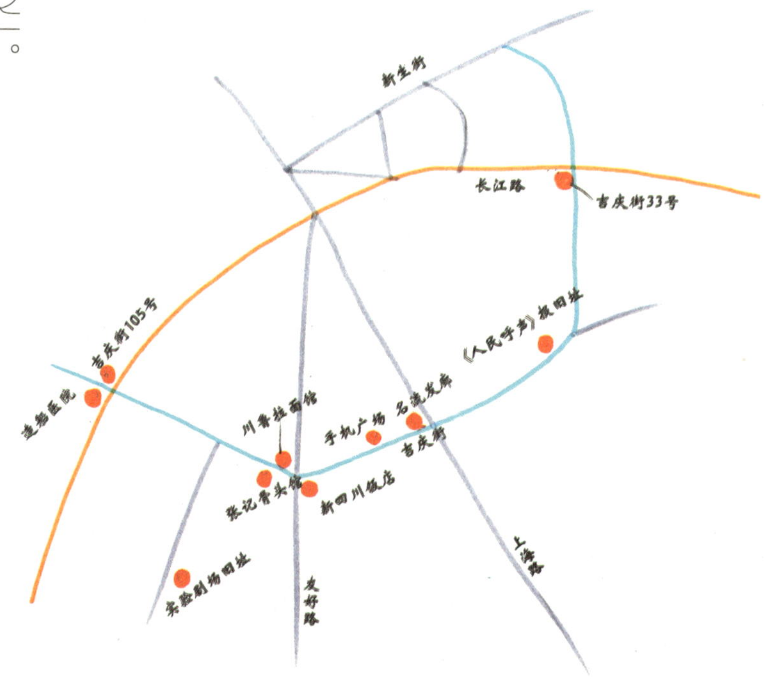

俄国殖民者规划大连的时候，多有圆形广场。据载，俄国人设计中的胜利桥，宽 54 米，两畔是圆形广场。俄国人还没来得及建造便仓促离开了大连。日本人建造的胜利桥难免有些小气，但其周边街里还是保持着俄国人的规划。就像中山广场周边有圆形街道一样，吉庆街就是一个半圆形的街道。

吉庆街从新生街开始至新安街。俄国侵占时期，以友好路为界分别称作基洛夫斯和达布里夫耶斯卡亚街。日本占领大连以后，便以日本联合舰队战舰“吉野丸”命名为吉野町。1946 年后，改作吉庆街，“文革”时期，叫作欢庆街。

▼三百六十行遍布老街

吉庆街分四段，新生街至长江路路段吉庆街在日本侵占时期属吉野町一丁目。老吉庆街 29 号原本是一个由众多两层楼房拼成的大杂院，圆拱形的朱红大门，门前是青石板路。经过变迁，已无昔日模样。

长江路至上海路路段吉庆街属吉野町二丁目。吉庆街 33 号老建筑原是日本侵占时期小型旅馆，吉庆街 26 号日日圆 KTV 位置曾有日本人开办的当铺——高石质房器具店。据记载，日本人早在 1905 年就在大连开办了第一家兼营当铺。到 1909 年时，随着日本移民的大量涌入，当铺已有 44 家，多在昆明街、武昌街和长江路一带。

吉庆街33号老房子（摄于2006年1月9日）

上海路至友好路路段吉庆街属吉野町三丁目。77 号大连名流发廊位置日本侵占时期是金露酒店，旁边丽宏过桥米线位置有小林化妆品批发店，周氏面馆位置则是名曰“梅之汤”旧址，原吉庆街浴足休闲苑处则是经营榻榻米的商店。日本榻榻米是盛唐时期由我国传入的，逐渐在日本形成独特的起居文化。解放前，大连市内曾有 20 多万日本人，自然也少不了各式榻榻米商店。天伦典当行位置有当年日本人的寿司店旧址。寿司是日本人最喜爱的传统食物之一，也是源自中国，于公元 700 年传入日本，最终发展成为日本的传统饮食文化。

张记骨头馆位置曾是一家卖羊羹的日式甜食店。羊羹虽是日本传统的饮食，也源自中土，随禅宗传入日本，成为日本茶道中的著名茶点。

吉庆街 93 号金色世界 KTV 广场位置

日满商事统配店旧址（摄于2006年1月9日）

有两座绵延的老楼，日本侵占时期是大连出租车公司；旁侧77面馆是当时KS商会旧址，文江印刷所周边则有三好妇科，其对面90号大连嘉和时尚快捷宾馆处是大正出租车公司旧址，真是三百六十行遍布老街。

▼《人民呼声》报旧址

吉庆街35号美罗大药房旁边位置是解放初《人民呼声》报编辑部旧址，当年这里曾是日本人经营的松浦印刷局。《人民呼声》创刊于1945年11月1日，是《大连日报》前身，也是抗日战争胜利后中国共产党在大城市创办的最早报纸之一。

当时，工会领导唐韵超找到苏驻军司令要求出版工会的报纸，提出报名为《工人呼声》。苏驻军司令立即反问："你们只要工人的呼声，难道不要人民的呼声？"于是报名便定为《人民呼声》。报纸创刊时便是由松浦印刷局印刷，1946年6月1日，《人民呼声》改名《大连日报》，社址也迁到大连日日新闻社，即今拆掉的世纪街76号。

▼连滨大舞台

吉庆街上还隐藏着幽深的永庆街，就在大连嘉和时尚快捷宾馆东侧。永庆街8号那座方方正正的洋楼虽不高，但过去却被称为吉野大楼。对面永庆街5号是早已改了模样的实验剧场。实验剧场建于1920年前后，最初叫花月馆，原是一家放映电影的剧场。1921年转为正式的电影院，其间曾经播放过日本影片《乃木将军传》等。1927年左右，改名为帝国馆，成为放映电影的主要场所。此后，先后易名新新大舞台、连滨大舞台。1933年，"麒麟童"周信芳曾在此演出。最让这里出名的是1933年8月29日在此发生的一起凶杀案。刘义顺因不满刘筱衡、张春山排挤女儿刘玉琴，寻机刺伤了戏台上正在演出《乌龙院》的刘筱衡（扮演阎婆惜）和张春山（扮演张文远），然后自刎而亡。观众顿时惊慌逃窜，秩序大乱。翌日，《泰东日报》以《剧中剧动刀真杀张文远，刘筱衡血溅连滨大舞台》为题进行报道。不久，"乌龙院真杀阎婆惜"演绎成当时的梨园轶闻。

新中国成立前夕，连滨大舞台正式改名为实验剧场，现在，这里已是音乐新国度娱乐城。

▼造船医院

吉庆街是大连唯一一条两次穿越电车道的老街。位于长江路边94-100号大连造船医院位置原是东乡旅馆，后来改建成亚细亚

昔日亚细亚旅馆

旅馆。大连解放后，此处成为大连造船厂基地，1953年改造成大连造船厂职工医院（大连人简称其为造船医院）。造船医院最有名的是骨科门诊，1948年，工厂以2万元关东币聘请著名接骨医师牟仁先父子担任医生。造船医院也面向社会服务，当年，人们如果不幸骨折，会首选来这里医治，至今还有人能记起那神奇的“苍术丸”。

现在已很少看到这种传统的中医接骨，上了岁数的人都能记得，患者仅凭接骨大夫瞬间的拿捏，便可消除痛楚。唐山大地震时，医院还曾是抢救伤员的重要基地，总共有60位伤员运到这里。其中一个伤员双髋脱位，情况非常棘手，牟仁先大夫妙手回春，仅用手法就使患者伤肢复位。

如今，牟氏后人早已离开造船医院，开办起牟氏医院。2005年，大连牟氏医院与大连造船医院还因商标权问题产生纠纷。其中恩怨皆是历史演变的原因，正因如此，大连逸事更显魅力。

今日造船医院（摄于2006年1月9日）

童年印记

友好街

友好街上最令人怀恋的就是裕景电子城（今大连中心·裕景）旧址上的老动物园。

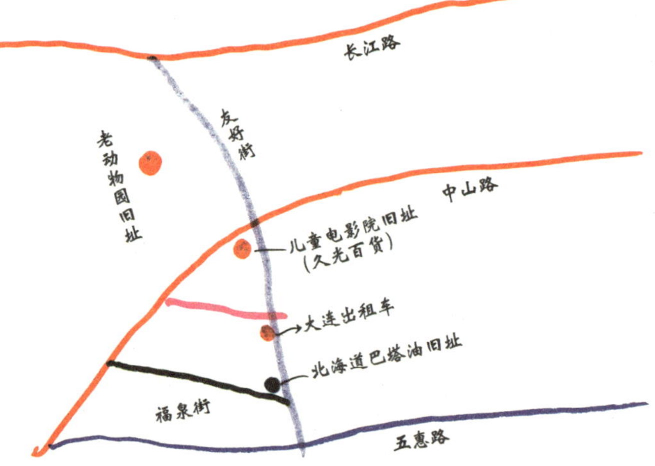

友好街起自长江路，止于五惠路，俄国侵占时期称盖尔别茨大街，日本侵占时期属广小路、常盘町、羽衣町一带，俗称连镇街。1909 年开通有轨电车线路，1946 年为纪念中苏友好，命名友好街。“文革”时期改叫战斗街，1973 年恢复现名。

▼老动物园

友好街上最令人怀恋的就是裕景电子城（今大连中心·裕景）旧址上的老动物园。老动物园 1909 年始建，时称电气游园，是当时著名的游乐场所。1909 年，中村是公担任满铁总裁，得意洋洋地带着同窗好友夏目漱石游览大连。夏目漱石在《满韩漫游》中记述大连的电车是当时最新式的，他还写道：“难怪从内地（日本）来的人被看成乡巴佬。”看过电气游园后，他被那里的建筑和景色所吸引，便问那些建筑是什么，中村是公骄傲地回答，那是电气游园，内地也没有。的确，依靠电力驱动的娱乐设施在当时的东方实属罕见，就算日本也没有出现。

同年，电气游园改为电气馆，开始播放电影，成为大连第一家电影院。游园里不仅有从美国进口的电动旋转木马，还有霓虹灯塔、照相馆、电动射击靶、保龄球馆、料理店、动物馆等，这些着实让夏目漱石惊叹。后来，夏目漱石还特意把电气游园写到小说《彼岸过迄》中。

许多日本作家都描写过老动物园，如三木卓的《亡国之旅》、清冈卓行的《洋槐树下的大连》。著名诗人安西冬卫更迷恋电气游园。安西冬卫说：“沿着电气游园斜坡的树丛向伏见台攀登的道路，是杂志《亚》时代我初期创作中最喜欢的主题，代表作《春》就是其中一次攀登时的灵感忽现：一只蝴蝶飞越鞑靼海峡。”

安西冬卫最喜欢的斜坡就是大公街。清冈卓行 1982 年重来大连，曾找到这个产生诗情的地方。他在文中这样写道：“我在那一带转悠着，想找到安西冬卫那只有一句话的杰作《春》构思的山坡。和当时比较，周围的建筑物已经高出了很多。正如我担心的那样，眺望远处已经不太理想了。但是从另一些地方的房顶望去，可以模糊看到大连

老动物园旧影

湾，还可以看到更远的对面的大孤山。”

旧时，大连被誉为“东洋的巴黎”，在很多方面超越了日本最时尚的东京、大阪等城市。富永孝子在《大连·空白的六百日》中写道：“大连的日本人生活水准远比日本国内高得多，生活畅快得多，居住的是砖瓦和钢筋构筑的洋式建筑，上下水道完备，暖气设施齐全，几乎所有的家庭都有煤气，有的家庭甚至有了洗衣机、照相机。这里除了俄国人以外，云集了来自欧洲各国的人，国际色彩浓郁的大连，能够充分满足战前的日本人对欧洲的向往。”时至今日，仍有许多日本人怀有这样的烙印。

1940年，殖民者在山坡上修建日本外务大臣小村寿太郎铜像。小村寿太郎信奉“大陆政策”，积极主张侵略中国，是所谓“日清开战论”倡导者，被称为“开战之急先锋”。1901年，小村寿太郎担任驻华公使，因其身材矮小，善于盗窃情报，驻北京各国公使都叫他“鼠公使”。

小村寿太郎在“日英同盟”、“日俄战争”、“满洲问题”、“日韩合并”等重大事件中，尽显外交才能，为日本谋得许多权益，日本军国主义者把他视为英雄。他还为满铁的创建立下汗马功劳，担任过满铁的直接上司。小村寿太郎铜像建立后，公园遂改名叫小村公园。

解放后，小村寿太郎铜像被废弃，1946年6月1日小村公园改名文化公园。1948年年初，大连各界为纪念鲁迅先生逝世12周年，捐资旧币39.9万元，由大连工专教授于锡涌塑造鲁迅的铜像。铜像为直径0.7米的正面浮雕，镶置于大理石台基上，并刻有“横眉冷对千夫指，俯首甘为孺子牛”的诗句。1949年10月19日，铜像揭幕，公园改称鲁迅公园。1966年秋，鲁迅铜像迁至大连植物园，此处改名为

上世纪50年代老动物园正门旧影

上世纪50年代老动物园中的鲁迅铜像

1981年老动物园影像

大连动物园。1995年，动物园迁至南石道街。

因受夏目漱石、清冈卓行、富永孝子等人著作的影响，许多日本人充满好奇来大连寻游，日本著名作家村上春树在《漩涡猫的找法》中有一篇随笔清晰地写着：“六月二十八日乘全日空飞机从成田飞往大连。”那一年是1994年，老动物园还没有搬迁，他便来此游逛。“我喜欢动物园。去外国旅行时常去当地的动物园，去了全世界各种各样的动物园。去中国大连的动物园时，有个笼子挂一个只简单写一个‘猫’字的标牌。笼子不很大，里边躺着一只猫。极普通的猫。我想不至于，就认认真真观察一番，但无论怎么观察，都彻头彻尾是一只常见的褐色条纹猫。当时我颇有时间，于是站在笼前看那猫看了好一阵子。猫弓成一团静静睡着，眼皮全然不睁，看样子睡得甚是香甜。”

老动物园有三个门，南门在大公街上，西门在更新街上，东门在友好街上。动物园里人们最爱的动物是“英雄虎妈妈”。“英雄虎妈妈”生于1972年，1989年12月31日病故，13年里产仔10胎，成活21只，后代遍布全国，创造了东北虎产仔的最高记录。

如今迁到南石道街的动物园已改名为大连森林动物园，分为一期和二期，规模很大，是游客喜欢到访的热门景点。

老动物园浏览示意图

▼登瀛阁

《中国鲁菜文化》记载，清宣统元年（1909年），日本南满洲铁道株式会社指派福山籍人钟会臣在青泥洼电气游园筹建饭店。钟会臣从烟台会英楼找来同乡赵文藻、赵吉明、钟培环等人帮忙，1914年建成饭店，取名登瀛阁。登瀛阁开张后立即轰动大连，上层名流皆是这里的座上客。

其实，登瀛阁登陆大连颇费了一番周折。当时大连街上有不少中国人饭店，一些带有歧视眼光的日本满铁会员以“电气游园内不能设置支那料理”提出意见，因此改为伏见台图书馆和电气游园事务所。1914年，按照满铁总裁山本条太郎的意见，恢复为登瀛阁。很多满铁会员耿耿于怀，1926年再次提议改为图书馆。1926年6月10日《泰东日报》还报道了这件事，大致意思是“满铁决定收回登瀛阁，拟改为图书馆”。登瀛阁粉刷一新后，便再次成为伏见台图书馆。可惜两年之后，图书馆再次面临搬迁。当时，一部分图书搬至伏见台俱乐部，一部分图书搬至中央实验所仓库。日本人自然不甘心，纷纷提出建议。1928年6月，在电气游园东南角建成伏见台图书馆，旧馆依旧称为登瀛阁，20世纪30年代因经营不善歇业。解放后，伏见台图书馆成为大连市少年儿童图书馆。

笔者在《幻的大连》中看过这个建筑的照片，有唐风的感觉。90多岁的松原一枝回忆道："要说中国料理，在大连就数登瀛阁了，日用器具等全部都是中国式的。当时如果在大连办非常体面的婚礼，吃西餐要选择大和旅馆，吃中国料理则首选登瀛阁。虽然档次高的是大和旅馆，但孩子们更喜欢登瀛阁。因为电气游园中有木马，配合着《天然之美》的音乐来回旋转。"上世纪80年代，坐一回那个木马，仅需两毛钱。

登瀛阁被尊为老大连四大名楼之一，自然有其显赫的历史。大连老菜源于鲁菜，登瀛阁的掌勺大厨就是来自山东福山的柳树勤、吴云祥，因此胶东名菜"葱烧海参"是登瀛阁的招牌菜。1927年，参加远东运动会的日本足球队与大连中华足球队（大连隆华队与大连中青队组成）在比赛之后，还曾在此联欢。日本人不懂中国菜，仅是换个口味，中国人则不然，都冲着正宗的鲁菜而来。溥伟、汪精卫、郑孝胥等亦曾在此把酒临风。解放后，登瀛阁用为大连市少年儿童图书馆部分馆舍。1957年，因附近有革命烈士墓，改为大连烈士纪念馆[1]。

老大连四大名楼之一——登瀛阁

1957年，登瀛阁改为大连烈士纪念馆，馆前铜像是抗美援朝烈士黄继光的雕像

【1】胜利路东端的南山，原叫大佛山，1946年5月旅大地方法院院长于会川葬于此地，一度称为会川墓地，后又埋葬一些革命老同志和抗美援朝牺牲的烈士遗体，改称革命烈士墓。1946-1957年先后安葬305名烈士遗体，1957年封闭，大连烈士纪念馆迁至鲁迅公园（即老动物园）。1978年恢复革命烈士墓，1986年12月动迁，1990年5月在山屏街重建大连烈士陵园。

上世纪60年代登瀛阁旧址拆除。对照1943年版《大连最新番地入案内》和1982年版《大连旅游地图》，笔者找到了登瀛阁旧址，大致在原骆驼园东面。现在，这里已发生天翻地覆的变化，建起了摩天高楼。

▼儿童电影院

友好街1号是儿童电影院旧址，大致位置在今久光百货一带。儿童电影院初名文映馆，建于1930年。1945年10月由市职工总会接收，改名职工剧场。1952年旅大市文教局接管，改名职工电影院。1966年7月，改名人民影院，1981年4月1日改名儿童电影院。

对于儿童电影院的印记，每个人都不一样。笔者自从在此看过《少林寺》后，便成为了李连杰的粉丝。

同为“海南丢”的随思敬说，电影院在中山路与友好街相交的西北角转角处。因为他是画家，所以色彩感要比常人敏锐，他记得那栋二层小楼有咖啡色的外墙，门窗饰以白色水刷石。随思敬小时候在那里看过好多电影，如《他们叫他阿米拉》《条顿剑在行动》等。

网友“图说老大连”也是个“海南丢”，他记得上个世纪80年代末，

水粉画《夏日清晨》，描摹的是友好街原儿童电影院身后的小巷子（于歌画）

儿童电影院边上还开了大连市第一家鲜花店，不过名字却忘记了。

喜欢画老大连的70后孙群萃是十五中的学生，他说1991年、1992年间，学校经常在那里包场看电影。因为有记忆，所以它一直停留在我们心中。

书香满溢

五四路

著名武侠小说家王度庐曾在旅大师范专科学校（今大连教育学院前身）任语文教员。电影《卧虎藏龙》便取材于他的同名小说。

五四路1919年始建，自高尔基路起，止于马栏河边。1954年、1958年曾分段翻修过，因路旁都是洋槐，每到夏天槐香扑鼻。

▼大连医学院

春天大厦是大连市卫生学校旧址，其前身为日本侵占时期大连第二中学。大连第二中学1924年1月设立，因为没有校舍，便于4月1日借用当时大连女子商业学校（今中山区中心小学）的校舍举行开学典礼。9月1日，旧水仙町20番地新校舍竣工，学校遂搬迁至此。今日水仙街一名就是当时水仙町的遗痕。

解放后校舍被征用，1945年11月20日，大连市警察总局（大连市公安总局）组建直辖警察大队，大队部就设在这里，同年12月24日解散。1947年2月，隶属于大连市人民政府的高等专业学校关东医学院开学，1948年秋迁至这里。

说起关东医学院还有这样一段渊源。1946年，大批失业的日本人中流行斑疹伤寒，约二三百人隔离在南山临时传染病收容所（即柳林街98号，旧大连实业学校，后为大外北院，今梧桐苑一带）。刚刚成立不久的市政府决定建立大连传染病医院控制疫情。1946年5月，原满铁大连病院中国籍医生郭文华受命担任大连传染病医院院长。郭文华立即乘车到南山临时传染病收容所视察情况。

当时，收容所内毫无设备可言，收容的病人多是日本人。除几名总务人员是中国人外，医务人员都是解放前大连疗养院（原小平岛大连结核疗养院）的日本医护人员。经过一段时间努力，斑疹伤寒病基本得到控制，病人陆续出院。因7月要成立大连医学院，需要占用传染病医院院址，便将附近圣爱医院（今胜利东路海军驻地）接收，准备迁入。8月，医院开始搬迁，8月底搬迁结束，正式定名大连市立传染病医院。搬迁过程中大连发现了霍乱病患者，第一个病例在黑嘴子码头被发现，是一个韩国籍船员。医院及卫生局人员立即对黑嘴子码头进

1947年的柳林街98号（大连医科大学网站提供）

行重点检疫，一旦发现带菌者便立即送入医院，进行隔离治疗。因为没有抗生素，主要用磺胺药物进行治疗。10月底，疫情得到控制。

传染病医院迁出后，开始筹备医学院，著名医生简仁南等被聘请为教师。医学院筹建同时，为解决14名解放前已考入日本医学院的失学学生，临时成立学制两年的大连医科专门学校。这些学生毕业后补充到大连医疗部门和教学部门。

1947年春，关东公署成立，大连医学院改名关东医学院，王布君任院长，开始招收学员。第一批学员有100多人，5月4日举行开学典礼，关东公署领导及驻旅大苏军代表莅临祝贺。

1948年3月22日，医学院搬至人民广场。1948年5月，王布君调离，林镜竹继任关东公署卫生厅副厅长兼关东医学院院长。

1949年年初，首届学生毕业，其中174名毕业生输送给中国人民解放军第三、第四野战军。1949年4月，关东医学院建制撤销，并入大连大学。大连医学院首任院长即原中国医学科学院院长、生理学家沈其震（革命时期为新四军卫生部部长）。当时，沈其震还邀请古人类学家与解剖学家吴汝康、药理学家与医学教育家张毅、我国微生物学的奠基人魏曦等来任教。沈其震还请郭沫若题写了大连医学院校名。1950年大连大学建制撤销，大连医学院（今大连医科大学前身）独立。

1948年3月22日关东医学院迁至新址五四路26号（大连医科大学网站提供）

筹办过程中，沈其震曾带着总务长郝育程查看市内原校舍附近的地方。但他们认为那里空地较少，发展会受到限制，又前往离市区较远的今理工大学附近考察。但又认为距离市中心太远，最终选择了星海二站到三站一带的位置。1951年，开始建设第一座教学楼，委托交通部国营中国建筑公司进行设计与施工，由刚从美国归来的工程师设计，采用了当时美国流行的建筑样式和标准。1951年6月28日举行奠基典礼。1953年2月至1960年6月，医学院陆续迁至星海街220号（2008年拆迁，现位于旅顺口区）。

1950年，旅大市卫生学校创建。医学院搬走后，遂迁入大连第二中学旧址。1981年，改称大

1953年星海街220号(后中山路465号)星海三站老校区(大连医科大学网站提供)

连市卫生学校。大连人喜欢省略语，把这里叫作“卫校”或“大连卫校”。卫校原为面向大连地区培养中级医务人员的普通中专，1986年升格为大连大学附属医学专科学校。1995年12月，学校迁至大连经济技术开发区，原址建成春天大厦。

▼依稀飘书香

大连教育学院是日本侵占时期大连高等商业学校旧址。最早是一所小学校，因为这里属早苗町，故称早苗寻常高等小学校，1929年4月正式成立授课，初借用伏见台寻常小学校（今实验小学）和圣德寻常高等小学（今东北路小学）校舍，同年9月迁入新校舍。1936年11月改为私立大专——大连高等商业学校，1945年8月解散。

1946年9月5日至1947年7月，在此创建培训革命干部的旅大建国学院，时任地委书记韩光兼任院长，地委组织部部长杜萍兼任副院长。旅大建国学院共培训1600多名学员，新中国足球第一任国门马绍华就是当年的学生。

1948年3月至1949年3月，这里改为关东文法专门学校校舍。关东文法专门学校简称“关东文专”，前身为关东高级中学，下设文科、师范科、政经科，主要培养财经、文教、新闻、政治等方面的中级人才。师范科附设研究班和讲习所，为期半年，培养中小学领导干部和骨干教师。政经科附设讲习所，培养财务人员，学期三个月。

1949年3月，关东高级师范学校在此创建，后改为培养小学老师的“旅大师范专科学校”。著名武侠小说家王度庐[1]当年曾在此担任语文教员。谈及王度庐的名字很少有人知道，但提起电影《卧虎藏龙》则无人不晓。2001年，由著名导演李安执导，著名影星周润发、杨紫琼、章子怡联袂主演的《卧虎藏龙》获得十项奥斯卡提名，并荣获年度奥斯卡最佳外语片等四项奖项。电影《卧虎藏龙》便取材于王度庐创作的同名武侠小说。王度庐1949年秋从青岛来大连，起初在旅大行政公署教育厅（今大连市政府）担任编审科编委，负责编写教材。

【1】解放前，王度庐与“奇幻仙侠派”还珠楼主、“社会反讽派”白羽、“帮会技击派”郑证因、“奇情推理派”朱贞木共称“北派五大家”。武侠小说家古龙曾说：“到了我生命中某一个阶段中，忽然发现我最喜爱的武侠小说作家竟然是王度庐。”

1951年8月，旅大师范专科学校（今大连教育学院）建立，他被调到学校担任语文教员。

1952年10月20日，旅大师范专科学校改名旅大市中学教师进修学校，文教局副局长岳昭与中教科科长冷冉分别兼任正副校长。1953年，改为旅大市中学教师进修学院，著名教育家于植元就是在这一年调到这里任教。

1957年，大楼的门口出现了一个有趣的现象，分别挂着四块牌子：中学教师进修学院、小学教师进修学校、工农业余师范学校、小学教师函授学校。不久，这些牌子四合一改为旅大市教师进修学院。“文革”期间，旅大市教师进修学院被撤销。

大连教育学院南侧原有大连七中(现已迁于鞍山路)，迟尚斌、臧蔡灵、于景连、黄向东都是其当年的学生。课余时间，人们经常可以看到他们在校园里踢球。那时迟尚斌踢球经常拿冠军，许多年后他又成为冠军队的教练。

1978年，旅大市教师进修学院复校，改叫旅大市教育学院，1981年改称大连教育学院。2002年1月，这座饱经风雨的老楼被定为大连市第一批重点保护建筑。

大连高等商业学校旧址（今大连教育学院，摄于2011年7月9日）

时代烙印

人民广场

象征和平的鸽子与广场、铜像相得益彰，构成了那个年代人们脑海中关于斯大林广场的经典画面。

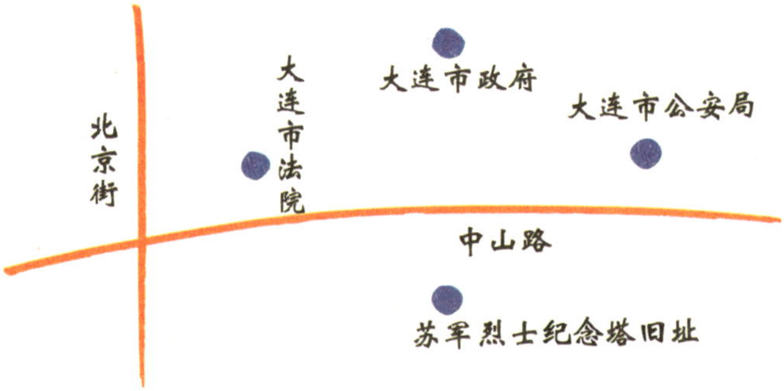

北京街
大连市法院
大连市政府
大连市公安局
中山路
苏军烈士纪念塔旧址

人民广场（摄于2011年7月9日）

▼远去的斯大林广场

大连市政府所在地人民广场位于城市中心，是非常典型的东方城市广场格局，老大连人更喜欢叫它斯大林广场。名字的变化镌刻着时代的烙印。

老大连人心中印象深刻的还有原来位于广场中心的苏军烈士纪念塔（现已搬至旅顺）。老人们将塔上的那尊雕像叫作大铜人。“到大铜人下见”几乎是当年年轻人约会的代名词。后来，广场上养起了鸽子，又平添了一道风景。每当鸽哨响起，半空里就会迅速排成鸽阵，鸽群在鸽王的带领下绕着大铜人不停地盘旋。象征和平的鸽子与广场、铜像相得益彰，构成了那个年代人们脑海中关于斯大林广场的经典画面。

当年斯大林广场全貌

1999年4月，苏军烈士纪念塔搬迁到旅顺苏军烈士陵园广场，原址建起现代化

大铜人主创卢鸿基与初步完成的雕像头部（卢家荪提供）

的音乐喷泉。

传说大铜人的原型叫伊凡，是一位神勇的“喀秋莎”炮兵。其实真人叫维克多·列德科祖波夫（Виктор Редкозубов），是一位苏军上尉。铜像制作时，郭沫若为此写过一首诗：“烈士挺身忘自我，中苏友谊永不磨。红旌到处倒悬解，万古云霄唱凯歌。”铜像落成时，郭沫若专程前来，再次为大铜人题诗：“巨像巍峨制作中，顶天立地一英雄，人民友谊传千古，解放歌声漾太空。”同一事情先后吟咏两次，在郭沫若的诗词创作中是很少见的。

▼郭沫若·卢鸿基·大铜人

人民广场曾经有过两座纪念塔，第一座纪念塔叫胜利纪念塔。1946 年 1 月 6 日，大连市在人民广场举行苏联战胜日本帝国主义“胜利纪念塔”揭幕典礼。胜利纪念塔由三层塔基和塔身组成，高 10 米，由花岗石砌筑而成。塔尖为石刻五角星，下方为石刻镰刀斧头。1949 年 3 月 30 日，旅大中苏友协决定募捐 7 亿元关东币重修胜利纪念塔。1953 年 3 月，胜利纪念塔拆运到金州，建金州苏军烈士纪念塔。1955 年 4 月 26 日，金州苏军烈士纪念塔举行落成典礼，后迁至金州南山。

当时，有关方面准备请雕塑艺术大师刘开渠主持设计制作胜利纪念塔。刘开渠正忙于北京人民英雄纪念碑的浮雕创作，便推荐自己的学生卢鸿基承担这项工作。卢鸿基很快来到

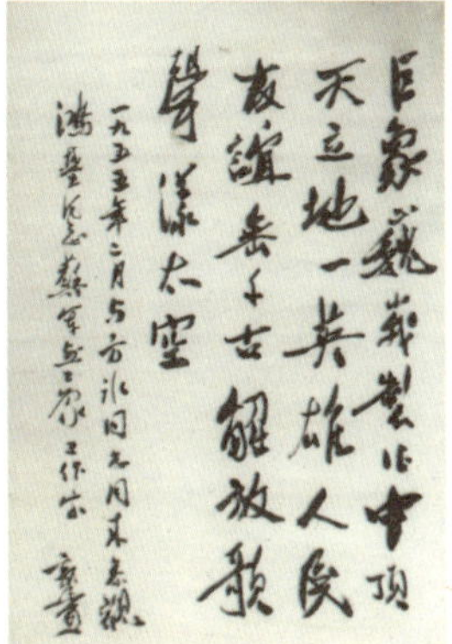

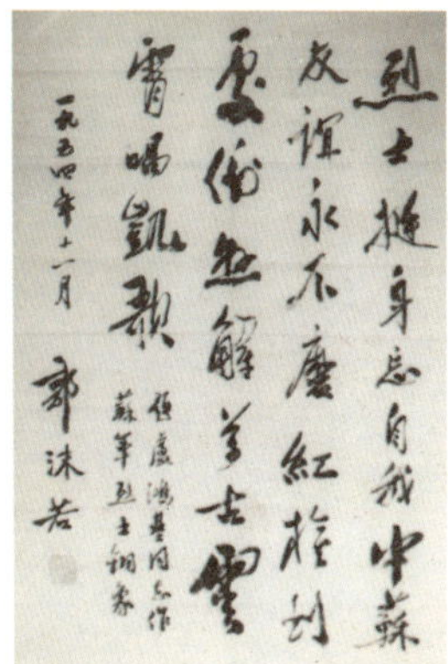

郭沫若题诗（卢家荪提供）

大连，经过现场考察，他认为无论从哪个角度看，广场上都需要有一座纪念碑，不仅可以填补广场南侧的空白，又能够与北侧三座建筑形成呼应的美学关系。

1951 年至 1952 年进行设计、采运石材、石材加工等工作，共用去石头 1780 块。1953 年 4 月 14 日，苏军烈士纪念塔工程正式开工，并于当年完成建塔工程。纪念塔由花岗岩砌筑，塔

1954年，郭沫若（第二排右四）在大连苏军烈士纪念塔雕像工作室（位于今劳动公园北门附近的一栋三层小楼，已拆）与创作人员合影（卢家荪提供）

大铜人全貌（卢家荪提供）

身为六角形，高30.8米，建筑面积1028.31平方米。塔基东、西两面有台阶，可登塔基台面。塔基南面（即背面）有铁门通往塔基内，塔基内有两间大厅，大厅两侧各有两个房间，并附有地下室。

1954年，纪念塔周围绿化工程完成，开始制作浮雕。大连造船厂负责整个铸造工作，光制作铜像就用去铜、锡、铅、锌等27吨。1955年，浮雕安装和铸造铜像工程完成。

据卢鸿基的后人卢家荪讲，铜像不是想象出来的人物，是以驻守大连地区的苏军战士为原型创作的。当时，大连方面并不同意使用模特儿，卢鸿基请苏军士兵做模特儿的要求却得到苏军的支持。挑选模特儿那天，郭沫若和卢鸿基都到了现场。苏军派出十几名身材挺拔、相貌英俊的苏军战士让卢鸿基挑选。他在队伍前走了几遍，最后停在一名苏军战士前说，就是他了。卢鸿基和助手用了一年多的时间才塑造出苏军战士形象：苏军战士铜像高5米多，头戴钢盔，双手紧握苏式转盘冲锋枪，胸前佩戴着“战胜日本法西斯勋章”、“斯大林格勒战役勋章”和“攻克柏林勋章”三枚勋章。

塔基中心有中俄两国文字的镌刻铭文，其中中文铭文由郭沫若亲笔书写：

“永恒的光荣：1945年，英勇的苏联军队粉碎了德国法西斯军事力量，转向东方，在中国东北境内一举歼灭日本帝国主义的精锐部队——关东军，从而促成中国人民抗日战争的最后胜利，使世界人民的伟大的反法西斯战争得到了胜利结束。苏联军队保卫世界和平，保卫人类自由的丰功伟绩，万古长存！为击败日本帝国主义而英勇牺牲的苏军烈士们永垂不朽！中苏两大国人民永久的牢不可破的兄弟般的友谊万岁！1953年。”

左为大铜人原型——苏军上尉维克多·列德科祖波夫，右为铜像创作者卢鸿基（卢家荪提供）

1955年5月7日，各界代表1万多人参加落成典礼。铜像落成后，郭沫若专程莅临观赏，并和卢鸿基合影留念。大铜人是当时全国最大的青铜雕塑。纪念塔落成后便成为大连的城市地标。其实纪念塔落成之前，就已经投入使用。《旅大人民日报》记载，1955年2月22日，中华人民共和国慰问驻旅顺口地区苏军代表团团长、时任国务院副总理兼国防部部长的彭德怀率领全体慰问团成员向苏军烈士纪念塔敬献了花圈。

1969年发生了这样一件事情。造反派认为不该为“苏修”立碑，就用吊车硬生生把铜像拉倒。铜像的头部连同头盔一起被摔碎，胸前三枚勋章遗失（后有一枚被送回）。铜像被拉倒后，临时放置在造船厂香炉礁工地（原大连造船新厂）。

1970年，周恩来得知此事，立即指示修复铜像。大连红旗造船厂等20多个单位马上行动起来，着手恢复苏军烈士纪念塔原貌。1971年3月5日，铜像在造船厂船体车间修复完成。笔者的父亲当年就参加过修复及重新安放铜像的工作。经此磨难，铜像更受关爱。时间是检验真理的唯一标准。2009年年末，苏军烈士纪念塔荣获“新中国城市雕塑建设成就奖”。

▼人民广场的变迁

上世纪初，人民广场属谭家屯，是一片荒坡。城市从东向西拓进过程中，新开路一带建成中国人聚集区，高尔基路一带建成满铁会社高级职员住宅区，此处却成为隔离带。1919年关东都督府民政部土木课开始规划这里，命名长者广场。1924年广场开始建设，1928年有轨电车也咣当咣当从广场穿过。[1]

广场上先后建起三座建筑。

位于广场西侧的法院大楼是第一座

【1】上世纪70年代，这条有轨电车路轨被拆除。

建筑。大连成为区域经济中心后，“关东厅地方法院”于1914年10月向大连市内派出分支机构——“关东厅地方法院大连支厅”，后改名“关东州地方法院大连支厅”，其管辖范围为大连、金州两个“民政署”及普兰店、貔子窝两个“民政支署”的民事、刑事案件。1931年，日本人选在蓬莱町2番地建“地方法院大连支厅”。建筑由不圆贞设计，像他的名字一样，他设计了一个不圆的建筑。2006年央视第10频道播放纪录片《远东审判》时，画面突然闪现出法院的镜头，后来才知道那是二战时期日本陆军省和参谋本部所在地（今日本防卫省）。

老法院旧影

今天的大连市中级人民法院（摄于2011年7月9日）

法院建筑始建于1931年3月，1933年8月建成，用为大连地方法院。不久，“关东厅高等法院”和“关东厅地方法院”改名“关东高等法院”和“关东地方法院”。1936年，“关东高等法院”迁入“地方法院大连支厅”楼内办公，“地方法院大连支厅”撤销。1940年6月，“关东州厅”警察部破获抗日放火团组织，放火团主要成员便在这里遭受残酷审判。

1946年1月30日，大连地方法院成立，于会川任首任院长。审判张本政、迟子祥等人也是在这里进行。1947年4月3日，成立关东高等法院。1949年4月更名旅大高等法院，12月易名旅大行政公署人民法院。1950年12月1日改称旅大市人民法院。1955年，再次易名旅大市中级人民法院。1981年3月5日，改称大连市中级人民法院。

人民广场第二座建筑是建于1936年的“关东州厅”警察部特等刑事课办公楼（时为长者

町10号），位于广场东侧，法院大楼正对面。当时，大连虽然设有市制，有市“民政署”办公，但其管辖范围与职权较小，管理上存有诸多不便，因此“关东州厅”警察部特等刑事课、经济警察课、外事课等迁入大连，同在一座楼里办公。“关东州厅”迁至大连后，警察部本部随之迁到关东州厅办公楼内办公，原特等刑事课因战时需要改为特别高等警察课（简称特高课）。1934年12月，关东军设立关东局[1]，关东局分馆便在这里办公。解放后，此处由大连市公安局接收，沿用至今。

广场上的第三座建筑便是今天的市政府大楼。1935年大连成为中心区域，日本人决定迁往大连，“关东厅地方法院”与“关东州厅”警察部特等刑事课办公楼之间长者町50番地关东州厅土木课材料置场被选定建造“关东州厅”行政大楼。1936春动工，1937年5月竣工，1937年6月1日举行落成典礼。

1945年11月8日，大连民主政府成立，伪关东州厅行政大楼成为大连市政府办公楼，“长者广场”改称“政府广场”。为纪念中苏友谊和大连解放，市政府决定1949年重新修建“政府广场”，改名“斯大林广场”，1955年广场重建竣工。1993年“斯大林广场”改名“人民广场”。

人民广场一直是大连重要的集会场所。1976年毛主席逝世，十几万人冒雨站在这里缅怀开国领袖。1995年9月5日，30万大连人在此聚集，欢庆大连解放50周年。

昔日的关东州厅（今大连市政府办公楼）

【1】1934年12月26日，日本在伪满洲国首都新京（今长春）设立关东局，其在日本内阁总理大臣监督下，由日本驻伪满洲国特命全权大使掌理关东局事务。其职权是监督关东州厅（今大连）并管理满铁沿线各附属地的行政，监督南满洲铁道株式会社和满洲电信电话株式会社的业务，发布行政命令或请求用兵。1937年12月1日，日本撤废在伪满洲国的治外法权并让渡满铁附属地的行政权，关东局的行政范围只限于关东州。

永不凋落

甘井子

老大连人提起这里便会唠唠叨叨讲起许多琐事，往事总是让人恋恋不舍，毕竟这是他们有过的生活。

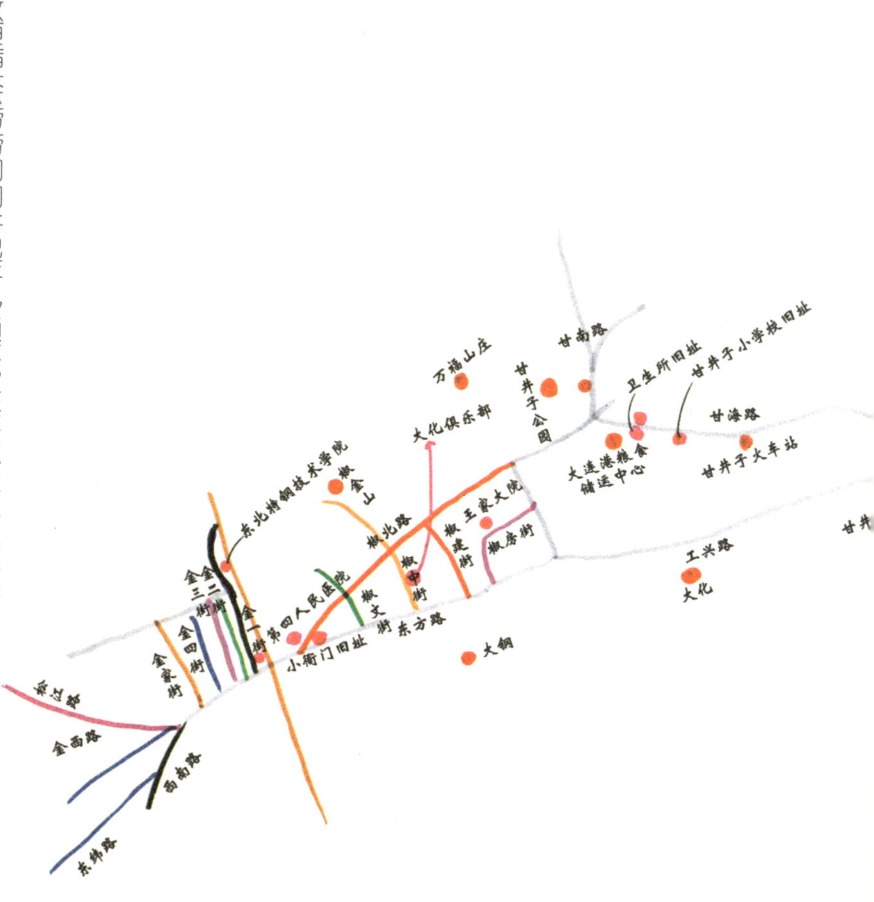

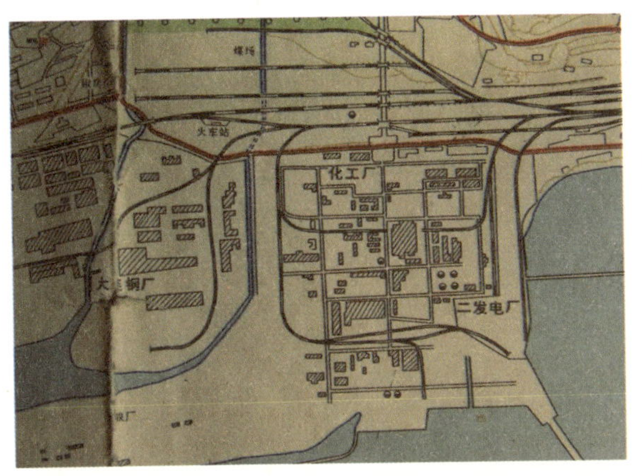

1970 年老甘井子地图

老大连人的印象中，甘井子等同市郊、农村，人们一直把文体街一带看作甘井子，实际上不是这样。

▼金家街

“甘井子”一名源于甜水井故事，老井大致在甘井子河（今甘井子街）源头附近，后老井被填，遂在甘井子公园内仿建一口老井。甘井子分新甘井子与老甘井子，老甘井子指今工兴路一带，原叫黄嘴子，今大连石化公司院内火炬山就是晚清黄山炮台遗址（建于 1887 年，属甲午遗迹）。传说也罢，演绎也罢，无论怎样改变，名字总是不变。

东方路是原甘周路东段部分，建于 1930 年，初为碎石路，从甘井子至周水子火车站。1959 年开始逐步改建为柏油马路，20 世纪 60 年代初又经两次改造，北端与光明路相接，通往海茂村五二三厂。1963 年，甘周路进行第一次拓宽。1965 年甘周路再次拓宽，金家街至椒树房间拓宽 18 米，椒树房至甘井子间拓宽 14 米。20 世纪 60 年代路旁种植洋槐，80 年代改为垂柳，6 路汽车贯穿全线。

甘周路的名字现在消失了，东方路（位于金三角立交桥东）是它的延续，其畔还有金家街。《简明大连辞典》记载，清康熙年间，金姓居民由山东迁此，始建村落，故名金家套。日本侵占时期称金家屯，属周水子会，解放后划入甘井子区。今金家街、金一街、金二街、金三街、金四街一带都是当年金家屯的范围。日本侵占时期，此处曾有电业社宅，大致在金三小学校南侧。解放后，这一带多为大钢家属楼。

1957 年左右，金一街、金二街一带建成大片苏联房。这些房子是特定历史时期的产物，老砖中依稀透着血红。金二街 3 号是原大钢幼儿园，因东北特钢搬迁，已经废弃。金一街尽头嘉汇三中（金一街 27 号附近）旁东北特钢职业技术学校是原大钢子弟学校。老大连人提起这里便会唠唠叨叨讲起许多琐事，往事总是让人恋恋不舍，毕竟这是他们有过的生活。

金家街快轨车站东侧部队大院原是一片所谓的“日本房”，系日本侵占时期日军家属住宅，2011 年年初拆除。部队大院正门东侧一新建居民楼，前身是二层日式楼，原为苏联驻军某司令部。1995 年前后，改成娱乐场所“皇朝会”，后因名字不雅，责令改为“呈朝会”，2009 年拆除改造。

▼椒树房

椒中街、椒房街、椒建街皆属椒树房。据 1943 年版《大连市街图》，当时叫椒树房屯。《简明大连辞典》记载，清康熙年间有王姓居民从山东迁入，因周围椒树丛生，故名椒树房，简称“椒房”。上世纪 20 年代，仅有 70 多户居民，隶属周水子会，后因甘井子码头、碱厂、化工厂、煤场逐渐发展起来，建有满曹社宅（即满洲曹达株式会社，大化前身之一）、大华社宅（即大华矿业株式会社，大连钢厂前身之一）等。

东方路与椒北路交会有大连第四人民医院及其同名站牌。大连第四人民医院前身为大连县立医院（始建于 1945 年 11 月），是在原博爱医院甘井子分院（位于甘井子区杨柳街）基础上建立的，当时仅有医护人员 10 人，其中日本籍医生 2 人。1948 年 6 月改为建新公司职工医

大连第四人民医院（原博爱医院甘井子分院，摄于 2012 年 6 月 23 日）

院[1]，1951 年 2 月划归市化工局，改叫大连职工医院。1955 年 1 月移交给地方，改名旅大市工人医院。1964 年 7 月易名旅大市第一医院，1968 年改叫甘井子区人民卫生院，1972 年 5 月改称甘井子区人民医院，1981 年改现名。老大连人喜欢省略语，一直把这里叫作“四院”。

现在提及四院，人们第一意识便是治疗烧伤的地方。20 世纪 60 年代，公交这一站的站名叫“海水浴场”，因为当时大连钢厂院内海边有一座大坝，附近有海水浴场，故名。原来的站牌在旅游职高对过，后因填海造地，“海水浴场”改成“市立医院”，医院改名四院后，站牌亦随之改名。一栋建筑一个站牌一份记忆，也是一方人文。

四院东面椒北路 1 号“凯达疏通下水”是日本侵占时期交番旧址，也是原椒房派出所办公楼。因椒房仍存留着许多特定的历史痕迹，所以电视剧《小姨多鹤》也选此拍摄外景。椒中街与椒建街间大连化学工业公司俱乐部就是剧中的大众电影院。它是中苏友好时期的产物，一片凝红恍若落霞。四周整齐排列着苏联房，隐约之中还有一落红砖瓦房，大致是当年中国苦力的家园。

椒房街农业银行一带是王家大院故址。王长发老人讲，他家来此已是六辈，笔者推想大致有 150 余年。椒房街一带多姓王，最有名的王家大院是“五大门”，与东关街许多大院相似之极。“五大门”顾名思义有五个门，而且并排连着，大致在椒房小学东北板楼位置。

王家大院还有前院、后院之分，20 世纪 80 年代中期王家大院被拆，建起大板楼。王长发指着中国农业银行椒房储蓄所说，那里有一口老井（已填埋）。“甘井子甘井子，就是井干了。当年我看过甘井子那口老井，就在二门市一带。”二门市是甘井子人的称谓，即甘井子副食品第二门市部，在甘井子街附近。

日本侵占时期交番旧址（摄于2011年6月18日）

大化俱乐部是电视剧《小姨多鹤》中的大众电影院（摄于 2011 年 6 月 19 日）

【1】1948 年 6 月，大连县立医院院舍改为大连建新公司职工医院，县立医院迁至市内永吉街原大中医院，1949 年 9 月迁往刘家桥。

沿椒房街北行有椒金山小区（椒北路四院东侧），这里是满曹社宅旧址，解放后改为大化家属区。椒园街万福山庄则是大华社宅旧址。

大化家属楼（摄于2011年6月11日）

友人刘朝辉告诉笔者，以前老大连人把椒树房北面叫作“甘大里”。源于何意，他不知所以然。网友“图说老大连”给出了正确的答案，“甘大里”系“干打垒”误传，在今万福山庄最北侧山下一带。1970年，老大连人在此用“干打垒”的方法建房屋。“干打垒”是中国北方农村常见的用土做原料建造的房子，除了门窗和房檩用少量木材外，墙壁就地取土，并将土装入活动木板内，用木夯铁杆分层夯实，房顶则用草做垫层，上面覆泥巴抹光而成。

“图说老大连”的母亲就参加过建造“干打垒”的工程。她的工作是“和灰”，即搅拌水泥，当时没有搅拌机械，全靠人工搅拌。“图说老大连”的母亲是缠裹的小脚，工作的辛苦程度可想而知。因是夏天，工地每天下午都会发一根冰棍降温。母亲舍不得吃，便让他每天下午两点左右到工地吃那根冰棍。当时生活条件艰苦，少有甜食，冰棍对所有的孩子来说都是梦中的美味。“图说老大连”当时仅有5岁，吃得津津有味。往事已逝，回想起来不禁泪如泉涌。

▼大钢

“大钢”是大连钢厂的简称，分东厂、西厂，东厂过工兴路桥洞，西厂就在四院对过，从金家街快轨站一直曼延至工兴路路口。西厂前身是日本殖民时期株式会社进和商会。1905年，25岁的高田友吉联合矢田部善辅、小南夫一合资5万日元创办进和商会。起初商会经营项目只限钢材与五金商品，为日本驻连陆军建筑部御用商。1917年，在原千代田町33番地（今鲁迅路品海楼一带）开设专门生产铁道铆钉的工厂，成为满铁的重要供货商，同时兼顾日本国内需求。同年，高田友吉还与相生由太郎联手成立大连机械制造所（大连重工·起重集团有限公司前身）。

1920年5月，进和商会股份资本高达百万日元，改名株式会社进和商会，社址设在佐渡町30番地（今白玉街）。此时，高田友吉刚刚40岁，正是春风得意。五年后，高田友吉当选大连商工会议所副会长（任期至1929年8月），晋身一方商贾之列。1932年9月，他被日本商人推为大连商工会议所会长（任期至 1935 年 7 月）。因是工业代表人物，首届满洲大博览会期间高田友吉担任会长一职。

1935 年，城市扩张至甘井子，进和商会选在椒房屯 633 番地建厂。同年 10 月，殖民者指挥着中国人填埋海滩，平整场地。1936 年 1 月开始兴建厂房，8 月部分投入生产。随着生产规模不断扩大，1937 年进和商会职工总数 2080 人，其中中国工人 2000 人。1939 年进和商会拥有资金高达 1000 万日元，1945 年厂区面积扩大到 9.9 万平方米。解放后，进和商会作为敌产被苏军接收，1947 年移交给我国。

穿过工兴路桥洞便可看到大钢东厂。大钢东厂前身是日本侵占时期大华电气冶金株式会社（简称大华）。1918年3月，日本人上岛笃与李直之投资15万日元，在荣町2番地（原电瓷厂一带）合办大华电气冶金株式会社，因上岛笃占资12万日元，成为说一不二的董事长。

大华主要生产特种钢，曾取得日、美、英、法、德、瑞典 6 个国家的专卖特权。1922 年 3 月，大华成为日本海军指定工厂。第二年获得满铁 18 万日元巨款的支持，得以扩大生产规模。因建大连火车站，1938 年大华迁至甘井子椒房屯，更名大华矿业株式会社。因为是支柱产业，大华享受关东州特惠税待遇。大华采用电炉炼钢，年产特种钢 100 余吨，产品多为日本军部和铁道省所需。1939 年，大华规模继续扩大，职工总数高达 1800 人，其中日本人 300 人，中国人 1500 人。

日本投降前，进和商会和大华都遭到破坏，苏军接管后大部分重要设备被拆运到苏联。1947 年 6 月，工厂移交中国，建大连炼钢厂。工人们依靠自力更生恢复了电炉、汽锤和 500 毫米轧钢机、220 吨水压机，开始生产炮弹钢，月产量最高达 90 吨。1947 年 12 月，经过反复研制，在全国首次用 1.5 万吨电炉生产出高速钢，用坩埚炉冶炼镍铜合金成功，并用这些合金加工出炮弹引信支耳。1948 年 10 月，东西两厂合并，称为大连钢铁工厂（简称大钢）。1948 年，建新公司用大钢制造的钢材批量生产 124 炮弹壳，据统计，从 1947 年到解放战争结束，大钢共生产出弹体生产用中碳钢 2994201 吨，弹头生产用圆钢 3392847 吨，轧制钢材 3341690 吨等，有力地支持了辽沈、平津、淮海、渡江等战役。

1950 年，朝鲜战争爆发，根据中央及东北局的指示，大连钢铁工厂迁往湖北省黄石市的中华钢铁公司（现大冶钢厂），只留下空厂房和少数人员。1950 年年末，再次组织起来，恢复生产，成为我国冶金行业生产特殊钢骨干企业。1953 年 6 月，大连钢铁工厂改称大连钢厂。大钢的建设和发展一直受到国家领导人的重视，1964 年 6 月 30 日，时任中共中央总书记邓小平、国务院副总理李富春与薄一波曾冒雨到大钢视察精密合金研究所。

为了支援西部，很多大钢人曾到西安、青海等地帮助建设钢铁厂。上世纪80年代初，我国援建朝鲜特殊钢厂，大钢专门派人到朝鲜帮助建设，还接收了许多朝鲜工人来大钢实习，今东联路金三角上桥口西侧金牛宾馆就是当时为朝鲜实习工人住宿而建的“大钢第二招待所”。

上世纪90年代中期，大钢经历变革阵痛，许多工人被迫下岗。虽然遗憾，但历史依然铭记着他们的功勋。中国第一艘宇宙飞船、第一颗人造卫星、第一枚导弹、第一架发射用远程运载火箭、第一架新型飞机、第一艘核潜艇、第一辆重型坦克等的研制，都使用过大钢提供的重要原材料。作为新中国的支柱产业，大钢始终得到有关方面的支持。2004年9月，原大连钢铁集团、抚顺特钢集团、北满特钢集团重新组成东北特钢集团。重组后，继续发挥支柱产业的作用，先后为“神舟”系列宇宙飞船、“嫦娥”探月计划、研制“歼十”战斗机、国产大飞机项目、新一代驱逐舰、核潜艇等研制提供了许多关键材料。

大钢公安处（原厂部大楼，摄于2011年6月11日，已拆）

2007年6月，大钢开始迁往登沙河。2011年2月，东北特钢集团原大连钢厂第一炼钢厂南厂房举行拆除工程开工仪式。大钢老厂房即将远逝，它有过的繁华永不凋落，笔者用相机拍下那栋漂亮的大钢公安处（原厂部大楼），把它永远珍藏在记忆中。

▼大化

“大化”是大连化学工业公司的（工兴路8号）简称，与大钢相邻，前身是日本侵占时期满洲化学工业株式会社与满洲曹达株式会社。九一八事变后，满铁征求日本政府及关东军同意，决定投资2500万元在大连设立满洲化学工业株式会社（简称满化）。1930年5月30日，殖民者在老甘井子南海岸建立满化，因满铁掌握其51%股份，所以首任社长为满铁总裁顾问波斯忠三郎，厂长为高桥土贤。为方便原材料供给，1934年9月满化码头（甘井子第二码头）建成。1935年满化投产，主要产品为硫氨、合成氨、硫酸等，其硫氨年生产能力达到18万吨。随着生产规模扩大，1942年年初满化职工总数达到2309人，成为大连当时数一数二的大企业。同年，应关东军要求，满化与大和染料合作生产火药硝盐，成为名副其实的军火工厂。日

大化主办公楼（摄于 2011 年 6 月 11 日，已拆）

本人投降前，毁坏了满化大量设备、图纸、技术资料等。1945 年 10 月，苏联关东工业管理局接管满化，10 月底，开始有计划地将工厂 60% 的机械设备和 20%~60% 的化工成套装置拆走。1947 年 6 月，工厂移交我国，改叫大连化学工厂。

在极其困难的条件下，大连化学工厂合成氨车间很快投入生产。1947 年年底硝酸棉生产线、无烟火药生产线基本建成投入生产。据不完全资料统计，解放战争中，工厂共生产各种型号火药 452.1 吨，生产硝化甘油 15.23 吨，有力地支持了新中国的解放事业。

1949 年 3 月，当时的东北化学工业管理局编制的“东北化工建设三年规划”中，明确提出大连化学工厂发展方向为“重点恢复合成氨、酸、碱等重化学工业，建立利用煤焦油副产品工业”。根据要求，当时的大连市政府加大对工厂的投资。解放后，大连化学工厂深受国家领导人的重视。1951 年周恩来总理来大连静休时就曾到工厂视察。同年，刘伯承也曾来此视察，他对大家说，淮海战役的胜利也有你们的一份功劳。1953 年年底，大连化学工厂试制成功大型空气、氮气分离机并投入生产，标志着我国有能力自行制造大型化工设备和成套装置。

满化创建不久，日本人计划在大连建立生产纯碱的工厂。1936 年 5 月 22 日，满铁、满化、昌光玻璃株式会社、日本旭硝子投资 800 万日元在甘井屯（即满化附近）创建满洲曹达株式会社（简称满曹）。曹达是日语“ソーダ”（读音 soda），即苏打之意，大化老工人至今把纯碱叫作“曹达灰”。当时，满曹职工 202 人，其中日本人 101 人。1937 年满曹纯碱生产能力 3.6 万吨，到 1944 年产能翻了一番，高达 7.2 万吨。1945 年 9 月 16 日，苏军接管满曹，改叫远东电业曹达工厂。1947 年 8 月 1 日，满曹由苏军移交建新公司。同年 12 月 13 日，建新公司将曹达工厂出租给中苏远东电业股份有限公司经营，定名中苏远东电业公司曹达工厂，租期 5 年。1951 年，苏联政府提前将曹达工厂移交我国，隶属东北人民政府工业部工业管理局，改名大连碱厂。

1949 年年底，我国重化学工业的开拓者侯德榜受中央财经委员会和重工业部委托，率团到大连考察。他发现生产氨的大连化学工厂与生产碱的大连碱厂隔墙为邻，便建议两厂结合，采用“侯氏制碱法”新工艺进行生产。侯德榜还提议建立联合制碱的生产试验车间。侯德榜的想法立即得到有关各方支持，在他的指导下，很快开展了日产10吨的试验装置设计，设备制造、安装、试验。因迷信苏联专家的意见，1952年年底试验被迫停止。

1957年年初，在周恩来的支持下，试验重新开始。同年，大连化学工厂、大连碱厂合并为大连化学工业公司。在侯德榜的主持下，开始进行16万吨级生产车间设计。1961年第一条8万吨级生产线建成投入试生产。1964年试生产达到预定的各项指标，并通过联合制碱新工艺的技术鉴定。大连化学工业公司不仅成为大连地区的支柱产业，也是我国重要的化工基地，其试验成功的新工艺陆续推广到全国50多家化工厂。

老大连人提起大化，不仅会回忆起侯德榜，还会骄傲地说起那些从大化走出去的高层领导，其中既有我国第一任化学工业部部长秦仲达（大化第二任厂长）、原冶金工业部部长李东冶，也有老市长魏富海、李永金等。贺明琦深情地回忆道：“1953年，我是大连化学工厂的青工，当时的厂长正是秦仲达，魏富海担任动力科科长。”

60余年来，大化创造了我国化工行业15个第一，为我国各地输送了15000多名化工人才，成功援建吉化、太化、兰化等兄弟企业，被赞誉为“中国化学工业的摇篮”。20世纪90年代中期，大化纯碱产量占全国40%，位居亚洲第一。1996年11月28日，大化集团有限责任公司宣告成立。2007年6月，大化集团开始迁往松木岛。

拆迁并不意味着全部销毁，大化原址有很多值得珍藏的遗迹，如合成车间的许多机器是非常珍贵的工业遗产。

▼甘井子煤炭码头与甘海路

沿大化前行，会看到许多破旧的平房，因为商业价值有限，一直搁置。抬首远望会看到高高的粮食中转储运罐，其畔是民间俗称“甘井子煤炭码头”的大连港甘井子港务公司。甘井子煤炭码头是大连最完整、最系统、最大规模的近代工业遗产。

大连兴于港口，甘井子也是这样。甘井子码头1926年始建，是甘井子城市化起点。早在1919年，满铁就在其制订的《大连港十年规划方案》里计划建设甘井子煤炭码头，但始终没有具体实施。1923年，满铁决定出口煤炭在甘井子装卸，船舶燃料煤在大连码头装卸。1926年3月，满铁在六种方案里选中第一方案（即高架栈桥方案）进行建设。9月1日，甘井子煤炭码头工程防波堤建设正式开工，开始在小椒房一带填海、修筑护岸。为配合满铁筑港进程，关东厅在1927年1月发布公告，征收东起甘井子，西至周水子一带约188万余平方米的有关土地，用于煤炭码头和南甘（南关岭—甘井子）铁路建设。1928年7月30日，满铁设置甘井子临时建设事务所，统筹管理煤炭码头和南甘铁路建设。1930年10月1日，包括防波堤、栈桥[1]、煤场等工程在内的甘井子煤炭码头竣工，栈桥长329米，两侧可同时停靠7000-10000吨级船舶4艘。据载，甘井子煤炭码头是当时东亚最大的机械化煤炭专用码头。

甘井子煤炭码头（摄于2011年6月11日）

甘井子煤炭码头旧影

椒房街东面大连港粮食储运中心即日本侵占时期满铁储炭场旧址。当年这里机械化程度很高，日本人将装煤炭的火车开到这儿后，由自卸设备将煤从火车上卸下，再用传送带码垛。那个高架桥式抓煤机就是俗称的"倒煤架子"。这里原有两个巨大的"倒煤架子"，上世纪七八十年代的一次台风将其中一个刮倒。据参与拆卸的老人讲，"倒煤架子"是德国西门子公司二战前的产品。

为统一管理码头及铁路运输业务，1930年7月1日，满铁设置甘井子埠头（隶属大连埠头事务所）。1934年，建成甘井子第二码头（即原大化码头）、甘井子石油码头（即今石化码头）。解放后，甘井子埠头于1945年改称煤炭矿物区。1951年，周恩来总理特地来这里视察。1953年，煤炭矿物区改叫甘井子装卸区，1961年更名甘井子作业区，1984年易名甘井子港务公司。1983年，经过技术改造，开始散粮出口作业。不久，甘井子码头再次迎来了共和国的总理，时任国务院副总理田纪云专程来码头视察，协调玉米转运工程建设。2005年4月1日，大连港散粮码头公司组建，甘井子

【1】1929年4月建成，由满铁土木工程师清冈己九思参与设计，是煤炭运输专用栈桥。

港务公司建制撤销，设甘井子作业区。

据《大连城市规划100年》记载，甘井子迅速发展的同时，城市规划也在展开。1934年10月，第三次大连都市规划委员会审议通过将周水屯会、海猫屯会划为市区。甘井子地区相继建设满洲化学工业株式会社、满洲石油株式会社（今大连石化前身）等工厂后，这些工厂的工人、职员的住宅、店铺等呈现快速增长态势。1935年1月25日，第四次大连都市规划委员会通过提案，决定对这一区域加强管理。

甘井子老街一角（摄于2011年6月11日）

甘井子的发展是继高尔基路区域之后的城市发展脉络。这个时间表虽算不上发现，对认识大连的城市进程却很重要。今北山村一带（即北山街、北明街、北秀街附近）的洋房就是当年的满铁社宅，因系军产，幸运地保存下来。

甘海路5号是甘井子火车站,建于1930年7月。甘井子火车站与大钢、大化、大连石化、石灰石矿、甘井子码头有专线连接，1959年、1960年曾两次扩建。

甘海路一直通到工兴路。当年，路上曾有日本侵占时期甘井子小学校、白俄公寓等。白俄公寓早已不见，甘井子小学校故迹仍在，即甘海路4号吉粮集团大连粮油运销总公司与大连明驰石油设备有限公司所在。解放初，此处为苏联驻军某部司令部，1955年移交中国，成为当时解放军3355部队军部。

704路“卫生所”站，源自老甘井子卫生所。卫生所虽然搬离了，老房子还在，站牌还在，这都是历史的见证。借着即将散去的阳光，依稀可以辨认出大门两旁模模糊糊的八个大字：文明行医，礼貌待患。

▼甘井子公园与樱花街

甘井子公园曾叫友谊公园，1950年为纪念中苏友好而建。早在日本侵占时期，日本人就在此开辟了广场，建有供求神祭祀使用的神社，大致位置在今“龙井斋”一带。1955年公园建露天广场等，

甘南路樱花街一角（摄于2012年6月23日）

甘南路樱花街遗存的洋房（摄于2012年6月23日）

成为甘井子人娱乐的好去处。龙井斋畔巨树环绕，附近有一口仿造的老井，井旁常坐着脸上写满沧桑的老甘井子人。

甘南路樱花园小区位置原来是日本侵占时期满化社宅所在，建于1930年左右，大概有上百栋独门独院洋房。据说，当年街道非常整齐干净，像喧嚣中的花园。上世纪80年代，老甘井子人一直把樱花街一带叫“圈里”或“大化一宿舍”。2005年，“日本房”拆除，建成一片高层。今樱花街东侧仍存留许多和式洋楼，虽说有些破旧，仍不失精致，夕阳之下，落寞之中，感受到沉甸甸的岁月沧桑。

甘南路甘井子区自来水维

20世纪30年代水道局旧址（摄于2011年6月19日）

修部旧楼是上世纪 30 年代水道局旧迹。路人走过仅知道它是一座老房子。当前存在一种误区：一边拆历史建筑，一边花重金建造仿古建筑。其实若能用心规划修缮这些老房子，它们一定会成为美丽的城市风景。

▼甘井子路

甘井子路一带印象最深的是甘井子桥洞，老大连人印象中过了桥洞才是甘井子。日本人

甘井子桥洞（摄于 2011 年 6 月 19 日）

曾把此一带称作椒房屯，现在叫甘井子路（原叫新甘井子街），不过老大连人习惯把它和甘井子街、文体街一带统称新甘井子。当年，甘井子每天都可以看到这样一道风景线：拿着饭盒的大化工人步行大军和骑着自行车的俊男俏女，浩浩荡荡地穿过甘井子桥洞。往日的风景已经不在，那些风景中的人也已成为花甲老人。

桥洞东侧甘井子体育场（文体街 28 号）是大连市内第二大体育场，由甘井子区政府与驻连苏军共同修建，1954 年 4 月 5 日破土动工，9 月 26 日落成，占地面积 2.7 万平方米，为田径、足球两用场地，可容纳 1.3 万人。老大连人贺明琦回忆，他在大化做青工时，就参加过修建甘井子体育场的义务劳动。他还在这儿看过造船厂足球队与苏联远东军区足球队的比赛。当时，八一足球队踢不过苏军球队，苏军球队又踢不过造船队。1954 年，大化来了一批初中生，便拉起一支大化足球队，很快成了气候，后来全国甲级联赛中的化工队就是大化的班底。

李富胜年轻时也曾在这里踢球，他应是甘井子最有名的球星了。多年后，甘井子又出了一个国脚赵旭日。有“东方神鹿”美誉的王军霞也曾在此训练。1975 年、1985 年体育场

甘井子体育场（摄于 2011 年 6 月 19 日）

大连六大望火楼之一——甘井子望火楼（摄于2012年6月23日）

两次扩建。体育场旁某培训中心大楼是昔日驻连苏军某部司令部旧址。秋水东流，往事已逝。

甘井子消防队是日本侵占时期消防所旧址，也是甘井子路上仅存的老建筑，大连六大望火楼之一。大连是一核多心的城市，它可以证明甘井子曾是老大连的卫星城。望火楼对面甘井子新华书店一带还曾有赫赫有名的老字号井冈山饭店。

409路车站附近的四层老楼是甘井子百货商店旧址，建于1954年，是当时甘井子一带最大的商场。“文革”期间，易名东风百货商店，1979年恢复原名。贺明琦当年刚进大化时就住在附近大化职工宿舍，甘井子百货公司建成后，他每天都要从门前路过。最初的新华书店在百货公司的二楼，三楼是饭店，贺明琦参军时，师傅们便是在那里为他饯行。这样的记忆很多人都有，永远珍藏在心底。金三角华联超市兴起后，甘井子百货公司便慢慢萧条了。

甘井子路旁有甘欣街，沿坡而上有许多苏联房和零散的日本房，日本房多位于杨柳街上。原大连市第四人民医院分院是日本侵占时期博爱医院甘井子分院旧址，建于1942年。博爱医院是爱国医生孟天成的财产，1946年5月，孟天成与妻子孟希娜在《人民呼声》报声明，将医院全部资产捐献给人民。

▼文体街与甘井子街

文体街是后辟的大街，因有图书馆、电影院、体育场等文体设施，故名。望火楼旁甘井子邮政局是设置于1933年的甘井子电报局旧址。1936年3月，建甘井子自动电话局，1938年与电报局合并，改称甘井子电报电话局。当年还曾安装步进制史端桥式自动电话交换机200门，1941年增容200门。日本投降后，苏军进驻，因为水路交通被国民党军队封锁，邮政与长途电话处于停顿或半停顿状态。1946年大连邮电局在甘井子设邮政代办所，1949年3月改为邮政支局，5月改称甘井子邮政局。

邮政局旁胡同里步行不远即见文体街14-1号。那栋日本房是老甘井子交通队办公楼，临街小房仍保留着办自行车牌证用的小窗。它对面是甘井子区体育训练馆，原为区文化馆。文化馆前身是1949年10月成立的大连县文化馆。1952年7月，甘井子区文化馆在此建成，“文革”期间为毛泽东思想宣传站取代，1978年恢复，1990年迁到金三角文化中心，此处交付给体委作为训练馆。

甘井子区市民健身中心是先锋影剧院旧址，为日本侵占时期老建筑。电影院初名甘井子文化宫，后改为甘井子人民俱乐部，1952年在其二楼设图书室及阅览室。1953年开始对外放映电影，1956年曾放映过电影《董存瑞》，郅顺义也在此做过关于董存瑞的英雄事迹报告。

1957年秋，中苏友好协会俱乐部撤销，将6万册图书和部分设施等拨给甘井子区，图书阅览室迁到甘井子人民俱乐部地下室（1981年升格为区图书馆，1988年6月新馆在华东路79号落成）。1966年7月－1967年间，改为先锋影剧院。此后，民间一直把这儿叫作先锋电影院。2007年改建为市民健身中心，2008年12月10日投入使用。城市发展了，功能也变换了，但老甘井子人依旧把这儿叫作先锋电影院。

电影院南侧原有甘井子区公安分局，它的院门是蓝色宽木条钉成的大门。甘井子区公安分局前身是日本侵占时期甘井子警察署。据记载，1938年满洲石油株式会社大火之后，日本殖民当局于1939年10月在老甘井子建立警察署（今大连港甘井子港务公司监督站）。初期，警察署内设警务、司法、保安、经济、警防、高等警察等系。1943年增设兵役、执行和卫生系，共有各种警员100余人。甘井子警察署辖有周水子、大辛寨子、革镇堡、海猫屯、椒树房、夏家河子、南关岭、大房身、营城子、牧城驿、柳树屯、满石、清源、郭家屯、棋盘屯、三道沟、甘井子等派出所。

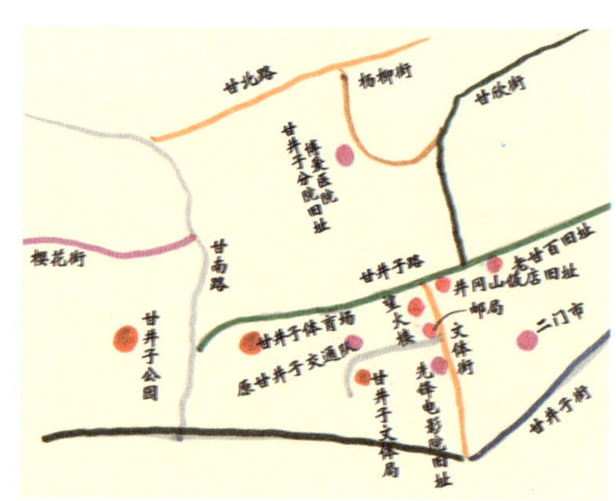

新甘井子街区示意图

1942年，共产党派张寿山在大连建立抗日同盟分会，1945年8月末，扩建为中共大连抗日联盟总支委员会，并于9月8日召开第一次代表大会。来自市内各区、甘井子等地的工人和牧城驿、营城子一带农民雇工200多人作为代表出席了本次会议，会议决定组织武装部队，命名为第十八集团军山东省胶东第五支队。9月14日，600多人在王家沟净水池集合，暂编为1个营4个连，其中二连、三连分驻海猫屯和三道沟屯。当时，甘井子警察署已被反动治安队接管，甘井子苏军警备司令部副司令刘玉泉确认二连、三连系共产党领导的队伍后，决定以二连、三连改造甘井子治安队。9月20日，中共大连抗日联盟总支委员会召开会议，刘玉泉出席，讨论改造治安队方案，决定动员党员、会员和积极分子进入治安队，担任排以上干部、派出所所长，夺取甘井子警察署领导权。二连指导员李继先被任命为甘井子警察署署长，中共大连抗日联盟总支委员会10名骨干担任10个派出所所长。至10月末，先后派出110人改造治安队和充实警察署队伍。不久，甘井子警察署改名甘井子警察局。甘井子警察局是大连公安干警的摇篮，旅大公安总局成立时，曾先后从甘井子警察局及武装部队调走300人作为骨干充实队伍。解放后，甘井子警察局改叫甘井子区公安分局。1980年办公楼拆除，甘井子区公安分局搬至周家街。

甘井子分局旧址南面是原甘井子区最大的照相馆——甘井子照相馆。每逢喜庆，老甘井子人都来此留影。贺明琦老人至今仍珍藏着当年在此拍摄的参军的黑白照。

甘井子有井也有河，甘井子河在甘井子街上。大光明酒店一带是老甘井子人常说的“二门市”，即原甘井子副食品第二门市部。附近东山街、北秀街即日本侵占时期所谓“支那町”。

慢慢踱过长街，看到古旧的石化公司老公交车站站棚下站满了男男女女、老老少少，他们都是老甘井子不老的烟火。

石化公司老公交车站（摄于2011年6月20日）

▼石油七厂

十一中学附近有704路公交车，乘车经甘北路可到海茂村、海茂路。海茂村与海茂路之名源自海茂岛。老甘井子人告诉笔者，海茂即海猫（指海鸥）。老甘井子人还说，当年邓小平等国家领导

山中村一带幽静的老街巷(摄于2011年6月18日)

山中村一带的老房子(摄于2011年6月18日)

人曾来过光明研究所视察工作。

今山中村一带还遗存着很多老房子。这里的街道皆含“山”字,如山中街、山春街、山园街、山丹街、山明街、山水街、山旺街、山松街、山春南路、山中二街等。成片的洋楼,干净的街巷,绿油油的草木,红艳艳的鲜花,让人流连不已。这些洋楼是日本侵占时期满洲石油株式会社大连制油所课长及职员住宅,虽然造型与材质略逊于凤鸣街,仍不失为精美的建筑艺术。

站在七星广场向东眺望,可以看见位于山中街1号的中国石油大连石化公司,也就是老大连人常讲的大连石油七厂,“足球国门”李富胜就曾在这里做过铆子工。当年,辽宁省有7个石油企业,即抚顺一厂、二厂、三厂、四厂,葫芦岛五厂,锦州六厂与大连七厂。时间久了,人们还是喜欢沿用老叫法,旧名字蕴含着深深的情怀。

大连石油七厂前身为日本侵占时期满洲石油株式会社大连制油所(简称满石),1934年2月,三井物产、三菱矿业、日本石油等与伪满洲国联合投资500万日元,在海猫屯建立满石,本社在东京,工厂设在大连甘井子,理事长为日本人桥本圭三郎。1934年10月,建成满石码头和甘井子石油栈桥。1935年2月投产,当时仅有7套装置,年产原油能力15万吨。日本人建设炼油厂,主要是为了支持其侵华战争,为南方战场提供油品。厂址选在这儿主要出于两点考虑:一是山窝里比较安全,二是海边方便运输。

大连石油七厂食堂饭票

因为大连是日军重要物资生产和储备基地，破坏大连工业生产成为大连放火团的首要任务。1938年4月10日，大连放火团成功点燃满石货场，烧掉了6万桶石油、石蜡，日军损失约700万日元。当时，1日元能买3公斤大米，700万日元可以购买20架飞机。

太平洋战争爆发后，因为美国中断原油供应，满石基本停产。解放后，满石被接收，改名大连制油厂。因日本投降时设备遭到严重破坏，有关技术资料被焚烧一空，工厂陷于瘫痪状态。1947年1月，工厂仅能进行一些小规模生产自救。1947年6月1日，工厂改由中苏合营，易名大连中苏石油精制股份有限公司。为提高工人素养，1947年先后开办过两期炼油技术培训班。在苏联专家的帮助下，工厂还对生产设备与装置进行修复。1950年3月，工厂开始恢复生产，当年加工原油4.9万吨。1951年1月1日，结束中苏合营，移交我国，改名大连石油厂。1952年，更名大连石油七厂。抗美援朝期间，工厂生产了大量的军用油品支援前线。

20世纪60年代初，中苏关系破裂，苏联中断原油供给。1961年我国胜利开发大庆油田，改变了贫油的面貌，但炼油又成为艰难的课题。经过攻关，大连石油七厂结束了“炼的都是外国油”的历史，成为首家成功炼制大庆原油的企业。这就是举世瞩目的“石油大会战”。

大连石油七厂前身满石旧影

今日中国石油大连石化公司（摄于2011年6月18日）

此后，大连石油七厂始终位居我国石油行业龙头老大的位置。1979 年石油产品出口量达 102.5 万吨，占全国石油产品出口总量的 1/3。1983 年 12 月，大连石油七厂与原市属有机合成厂合并成立大连石油化工公司，成为国内最大的炼油生产基地。

大连有许多工业文明遗址，适宜整体或部分保留。原满洲石油株式会社大连制油所办公楼（三层洋楼）非常漂亮，更适宜作为大连石化厂史馆[1]使用，可惜它还是消失了。

▼五二三厂

海茂路延绵至海边，海茂村落于路畔。昔日这里的人们靠海吃饭，常将赶来的鱼鳖虾蟹、蚬子海虹拿到“二门市”售卖。光着膀子坐着小马扎子喝啤酒吃海虹曾是老大连的夏日市井，似海蛎子味儿的《清明上河图》。老甘井子人最难忘的便是拿着铁锨卖海虹的情景。

查阅《大连市内电汽车路线图》知晓，704路公交车前身是7路，从甘井子通至西山宿舍，沿途还有工人宿舍。工人宿舍、西山宿舍皆是原五二三厂职工宿舍及家属楼，海茂路、海燕街一带即工人宿舍，海北路与海鸥街一带即西山宿舍，但此西山非马栏附近的西山。2011年，海茂村及工人宿舍一带苏联

西山宿舍的石头房子（摄于 2012 年 6 月 23 日）

房拆迁。苏联房虽说简约普通，要不了多久也是我们需要大规模保护的文物。城市是有生命的，每一座老建筑都是一件记忆历史的遗存，它们见证了尘世沧桑。没有了这些建筑，城市就是失忆的，也是没有历史感的。

海北路 2 号大连宝原核设备有限公司前身是国营五二三厂。在此，笔者遇到了同为“海南丢”的刘本富，他既是第二代“海南丢”，也是第二代兵工。刘本富说，大连有龙脉，从天上看，龙尾在黄龙尾，龙头便在龙头山。这里曾有清朝末期的炮台，日本侵占时期是打石头的矿场，果然，笔者在 1941 年版《大连市街全图》上看到了“龙头山”、“石取场”。

五二三厂的前身就是在解放战争中发挥了重要作用的建新公司。1947 年 3 月，华东局派朱毅来大连组织华东办事

【1】大连石化厂史馆是利用当年的仓库改造的，其外立面进行了现代化的装修。

处。朱毅来连后，在大连地方配合下，立即成立华东财委驻大连工委。当时，工委下设两个委员会，一个是财贸委员会，另一个就是兵工委员会，对外称建新公司。建新公司马上接收了甘井子一些厂区，委任正在大连病休的原新四军二师军工部部长吴运铎担任宏昌铁工厂（即引信厂）厂长，吴屏周为裕华铁工厂（即炮弹厂，1947年5月12日建）厂长，恢复与生产

工人宿舍老房子（摄于2012年6月23日，已拆）

炮弹有关的部分工厂。建新公司厂址选在老龙头，炮弹厂建在龙头山下原日本人废弃的小型胶合板厂，引信厂建在离老龙头10公里以外的老虎牙山坳里。

1950年6月，裕华铁工厂、宏昌铁工厂合并为八一工厂。1951年改名为国营五二三厂，由第五机械工业部（兵器工业部）领导。1959年划归为第二机械工业部（核工业部）领导。五二三厂为我国核工业创业和发展提供了大量装备，并为“两弹一艇”试制成功做出了突出贡献。2004年1月，依据国家有关部门的批准，整体移交给辽宁省国资委，归属辽宁机械（集团）股份有限公司。大连宝原核设备有限公司便是在原国营五二三厂的基础上重组而成。

炮弹厂与引信厂成立后，经过严格审查，当即调去部分工人和干部，同时留用一批日本技术人员。刘本富的父亲就是当年的老兵工。建新公司的建立得到苏军的默许和支持，大连政府立即从苏军手中接管了大连化学厂、大连机械厂、大连钢铁厂。建新公司因而成为解放战争时期中国共产党领导下最大的军工生产基地。

罗荣桓元帅用九个字评价建新公司：“规模大，条件好，技术高。”粟裕大将更是高度评价建新公司：“华东的解放，特别是淮海战役的胜利，离不开山东民工的小推车和大连生产的大炮

龙头山老虎牙建新公司宏昌铁工厂旧影

五二三厂区域示意图

弹。”淮海战役纪念馆至今珍藏着建新公司当年生产炮弹用的车床。

建新公司还涌现了无数英雄：“中国的保尔·柯察金”吴运铎、吴屏周和“党的好儿女”赵桂兰等。吴运铎是中国国防工业奠基人之一。1947年9月23日，吴运铎和吴屏周一起检查一枚哑弹时，炮弹突然爆炸，吴屏周当场牺牲，吴运铎身遭巨创，左眼被炸瞎，左手腕被炸断，右腿膝盖以下被炸劈一半，脚趾也被炸掉一半。1948年9月23日，吴屏周牺牲一周年纪念日，五二三厂烈士陵园落成。

1951年9月，吴运铎作为中央人民政府政务院和中华全国总工会特邀代表参加全国劳模代表大会，在怀仁堂得到毛主席亲自接见。10月5日，《人民日报》刊发《钢铁是这样炼成的》的文章。后来，吴运铎克服艰辛，将亲身经历撰写成自传体小说《把一切献给党》。

此后，吴运铎多次来大连五二三厂烈士陵园扫墓。1984年夏，他最后一次来这里，手扶墓碑站了许久。

海北路上仍保存着许多苏联房，尤为独特的是还有不少青石堆砌的石头房。海北路7号西面“船员培训”是原五二三厂子弟中学，其校匾便是由吴运铎当年亲笔题写。面对历史，充满敬畏之心。

在宝原核设备有限公司正门附近广场畔有原五二三厂俱乐部。广场上还有2004年9月23日为吴运铎树立的半身铜像，座碑上镶铸四个大字“继往开来”。凝视铜像，豁然望到了历史。

吴运铎铜像

吴运铎自传体小说《把一切献给党》

老厂回望

五一路

大连重工·起重集团有限公司曾为三峡工程以及神舟五号、六号飞船发射等国家重点工程提供了近四百万吨重大成套技术装备，先后创下一百八十九个『中国第一』，是滨城工业文明史的骄傲。

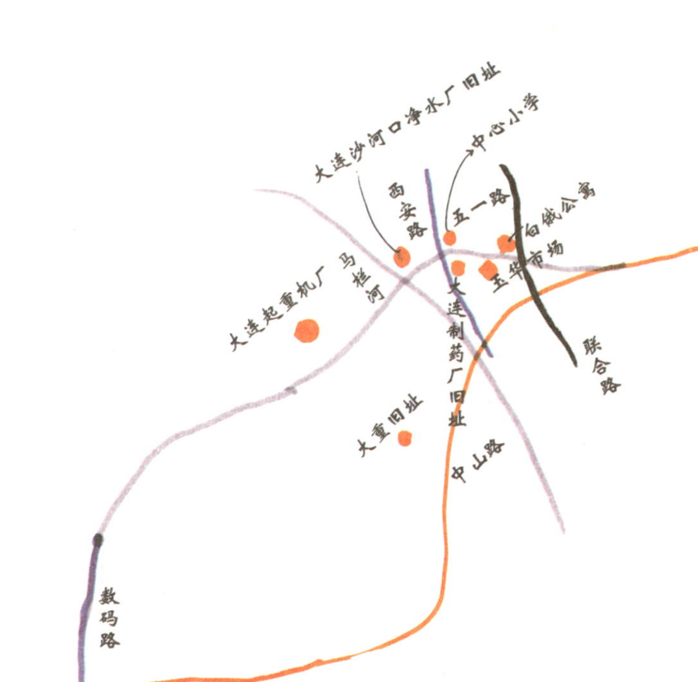

五一路东起同泰街口，西至数码广场。1922年建成同泰街口至沙河口净水厂段，1925年开通同泰街至解放广场有轨电车，1932年建五一桥，至台山一带，1974年拆除铁轨、铺设沥青混凝土地面，高新园区兴建后，贯穿至数码广场。

▼白俄公寓与茑町市场

五一路沿线的老房子几乎消失殆尽，仅留下一路法国梧桐。笔者读书时常走这条路，秋风落时，树叶慢慢落下，踏在上面，感觉到绵软，还会发出沙沙响声。童心未逝，便会拾起枯黄的叶片折下叶梗，与同伴玩“扛大篙（gáo）”。这些记忆会跟随笔者一直到老。

年近九旬的孙学明老人（祖籍山东威海）指着五一路13号说，那里曾是白俄公寓，当年他们经营着类似今汽车美容的业务。白俄小孩长得非常漂亮，讲一口地道的大连话。解放后，他们恢复了苏联国籍，苏军撤离时，他们离开了大连，再也没有回来过。

玉华市场（摄于2011年7月27日）

玉华市场前身是日本侵占时期茑町市场，周围一带属茑町，故名。1936年3月开业，还设有外部店铺。当时，五一路北侧一带（大致为今联合路周边）叫圣德街，有三丁目、四丁目和五丁目，混住着中国人和日本人。日本人把市场叫茑町市场，中国人称之为圣德街市场。玉华市场是大连现在仅存的两大老市场之一（另一是西岗市场）。解放后，茑町一带改叫玉华街[1]，老市场因此改名玉华市场。

同泰街穿过玉华街，起自珠江路，止于马栏河，日本侵占时期为下藤町一带，1946年始称同泰街，“文革”期间改叫红卫街，1973年恢复现名。老人们把同泰街77号叫作“沙山”（音），寻了许久，不知名字源何。此处为军产，一直未拆迁。它北侧是建民巷，零疏散落着几栋洋楼。

五一路与万岁街呈十字交叉，东北角曾有日本侵占时期“十字圣洋服店”。想来当年梦想西化的东洋人更愿意打扮成西洋人的模样。

▼工人之家

五一路65号中心小学前身是日本侵

【1】玉华街一名始于1946年，“文革”期间为纪念革命烈士刘英俊改名英俊街，1973年恢复原名。

占时期的沙河口公学堂。沙河口公学堂为中国人两级学校，设立于1921年4月。1924年，我国奥运第一人刘长春便在这里读高小。2008年4月30日，大连市沙河口区中心小学更名为“刘长春小学”，同时建“刘长春纪念馆”，作为大连市中小学爱国主义教育基地和奥运旅游的景点。这也是人文旅游新思维“奥运在北京，观光在大连”的完美诠释。

畢業證書
學生姜全孫速華者
旅大市人現年十一歲
在本校初小修業期滿成
績及格准予畢業此證
校長 林治鈞
一九五五年七月二十三日

1955年旅大市沙河口区中心小学毕业证（迟忠义提供）

据《人民的旅大》记载，1945年8月，大连民主政府接收沙河口公学堂校舍，1947年改为大连交通公司的“工人之家”，其中一部分是技工学校和职工集体宿舍（交通公司解放营业所的职工集体宿舍），住宿着360名青年男女，有460人在这里集体吃饭，更多的人要求住进来，但房子不够住。

“工人之家”有10余间业余学习的教室，有电车、汽车和各种机件的模型室。当时，电车车务员培训班也设在这里。车务员上岗之前要在“工人之家”培训一个月，冬天时每人还给发一套旧棉衣。在一个月培训中，他们主要学习喊站、剪票、配合司机扳道岔、保证乘客安全等。因为当时电车票要先将车票打一个眼售卖给上车乘客，下车后还要收回来，所以剪票是最难学的。除车务员班之外，还有艺术班（创作和戏剧）、艺图班（机械和建筑设计）、俄语班、写作班等。

“工人之家”院中就是一个小公园，工人们建起一座小石塔，塔顶立着一个地球模型，上面写着“全世界无产者联合起来”，塔中间镶着“劳动创造世界”。院中道路铺着海边运来的鹅卵石，还有花坛、小亭及流水潺潺的喷水池和假山。每逢节假日，工人就在这里学习、唱歌。

“工人之家”牌匾由时任大连市委书记韩光亲自题写。建成不久，著名科学家竺可

“工人之家”老照片

桢便来此参观。面对着 800 多位听众，竺可桢操着绍兴口音的普通话，引经据典畅谈起《台风》。1950 年 11 月 3 日，中华人民共和国中央人民政府副主席宋庆龄、秘书长林伯渠等在大连市长毛达恂的陪同下前来视察。1956 年，在此设旅大师范第二附属小学，1961 年改中心小学，延续至今。

又是夏日，绿瓦红楼依然，枝叶繁密处蝉声不断。站在老梧桐树下，向校园探望，看到大门两侧有八个大字“发奋律己，勤奋健美”。琅琅读书声传来，与蝉鸣混在一起，生机盎然。

今日大连市沙河口区中心小学（摄于2011年7月27日）

▼大连制药厂

连胜街[1]与迎春街间“同泰花园”是原大连制药厂旧址。据载，大连制药厂前身为日

昔日满铁卫生研究所（大连制药厂前身）

本侵占时期满铁卫生研究所。1924 年，金井章次出任满铁地方部卫生课课长，提出建立卫生研究所。满铁同意后，就在下葭町一带（当时叫许家屯）征地。1925 年 3 月，无偿征用 17 户中国人的 13 亩菜园棉田，12 月 20 日建成满铁卫生实验所（今“同泰花园”东北角），1926 年 1 月开始运营。1927 年 4 月改为满铁卫生研究所，扩大卫生实验项目，设有病理、卫生、血清、痘苗等科室。1933 年安东洪次担任满铁卫生研究所所长，开始增设生化、寄生虫等研究。后被石井部队（即“七三一部队”）直接管辖，改名大连卫生研究所，又称“日本关东

【1】连胜街起点鞍山路，终点莲花山路，日本侵占时期为下葭町、上葭町、白金町一带，1946 年改叫连胜街，“文革”期间称红军街，1973 年恢复现名。

军防疫给水部大连出张所”，直接参与日本细菌武器研制及用活人进行细菌实验的罪恶活动。1945年8月停办，1946年6月，苏联瓦西列夫少校带人接管研究所，留用包括安东洪次在内的日籍人员，恢复正常的牛痘苗、伤寒、霍乱细菌的生产。

1947年5月，中共旅大区委和东北卫生部派廖鉴亭等进驻接收。1948年9月，第一家国营医药企业中华医药股份有限公司在此成立，1951年改名大连健康化学制药厂。老大连人孙来成讲，抗美援朝时期，他便在这儿工作，当时还设有生物制品研究所，由大连医学院细菌学教授魏曦担任所长。1957年大连生物制品研究所迁至成都，改名成都生物制品研究所。同年8月，大连健康化学制药厂率先独立研制成功红霉素，成为中国最早的抗生素生产基地。1968年正式改名大连制药厂。

当时，这里是大连西部地区最大的污染源，每天都要排放大量废水、废气、废渣，道路两侧弥漫着令人恶心的气味。老人们戏称，蚊子、老鼠都不敢来这里，也有人调侃，住在这里不会生病。

20世纪90年代末，大连制药厂濒临破产，市政府出面让美罗药业为其“输血”，1999年3月改名美罗大药厂。2000年美罗大药厂由市区迁往七贤岭。

▼净水厂

建市百年献礼工程解放广场立交桥以今天的眼光看已经妨碍了城市的发展。街畔是一处幽静之所——五一路95号大连自来水集团有限公司沙河口净水分公司（简

今日沙河口净水分公司（摄于2011年7月27日）

大连沙河口马栏河泵站

沙河口净水厂旧影

称净水厂）。早在1901年，俄国人就在马栏河流域修建泵站和配水池。1910年，日本殖民者在此建净水厂，用以净化王家店水库贮水，为城市提供饮用水。1932年扩建为市内最大的净水厂，日产水能力为1.5万吨。2003年新建现代化的净水车间，同时完整地保存两座老建筑：急速滤过室和供水泵房。作为城市记忆，它们将被改造为大连水博物馆。

▼大连起重机器厂的由来

马栏河西岸幸福家居世界（五一路97号）为大连起重机器厂旧址（原汉阳街208号）。汉阳街起自西安路，止于五一路，日本侵占时期为台山町一带，1946年改称汉阳街，现仅留下汉阳街的站牌，改称富宁路。

言及汉阳街，先从大连起重机器厂说起。工厂原叫大连金属机械厂，是1948年由金属构造厂、联合工具厂和氧气珐琅厂联合组建的。

金属构造厂前身是启正式特许品制作所大连工场，创建于1928年6月，厂主是日本人铃木启正。铃木启正有三家工厂，即东京工场、大阪工场、大连工场。东京工场历史最悠久，建于1918年3月，专门从事灯具制造，主要产品是火车用侧尾灯、火车头用信号灯及手提工作灯。专门从事金属焊接始于大连工场。

大连工场由羽场龙郎全权管理，最早厂址位于大连港附近，规模较小。1929年5月迁至日吉町2番地（原大连机床厂院内），占地约1万平方米。1930年，从奥地利埃连公司引进15台直流电焊机，并聘用白俄技师尼古拉耶维奇·甘信指导技术工作，为侵华日军生产陆军营房金属房架。

说起尼古拉耶维奇·甘信，老人们说他为后来大连起重机器厂的焊接技术奠定了基础。据老工人回忆，当年他们进启正当学徒时吃了不少苦，除了靠自己的勤学苦练，还受到甘信的指导和点拨。建厂之初，他们的焊接技术便小有名气了。

日本人做的刀具非常耐用，其实就是热处理技术（即淬火技术）高超的缘故。那时，日本人格外注意淬火技术的保密，为了不让中国人学到技术，专门让聋哑人从事这项工作。解放后，工厂里还有一个聋哑技工。

1933年，日本帝国主义加紧侵略我国东北，金属房架订货急剧上升，工场规模随之扩大。1942年是工场鼎盛时期，职工人数达到317人。1945年8月15日，日本宣布无条件投降，工场关闭。8月22日，苏军进驻大连，工场被苏军物资管理局接收。同年9月，大连市总工会成立，工场建立分会，在工会号召下，工场开始复工，改名金属构造厂。

苏军派安道由琛为驻场代表，任命原焊接技师甘信为厂长，留用原班管理人员。工厂当时主要生产苏军用铁床、油枪，修理军用翻车，对外承揽汽车修理业务。1947 年 5 月，工厂移交给中苏远东电业股份公司（简称远电公司）。

联合工具厂前身是建于 1937 年 4 月的若本制作所。制作所主人是日本人若本军一，厂址位于台山町 9 番地（原大连第一塑料厂内，即原大连重型机械厂东侧，马栏河西岸）。若本制作所以生产切削工具起家，后来生产检查工具。管理人员除若本军一外，工场长是儿玉忠，作业长是栉田正雄，营业部长是若本军一之子若本隆治。1940 年太平洋战争爆发后，增设第二机械场，专门生产炮弹等，职工人数达到 233 人。日本投降后，大连工人自发组成纠察队，确保机器设备完好无损。

1945 年 11 月，胶东前线急需大量钢材，大华贸易公司（共产党领导下专门接收日伪财产的组织）与大连中苏友好协会经过与若本军一谈判，组成三方合营，改名斯大林铁工厂。1946 年年初，部分钢材运往胶东。后来，苏军接收若本军一股份。1946 年 3 月中旬，决定工厂为中苏合营，改名联合工具厂。截至 1948 年三厂合并前，职工人数发展到 600 余人。

大连起重机器厂厂房旧影（葛书光提供）

氧气珐琅厂前身是酸素（氧气）工场。酸素工场系株式会社大连机械制作所技术课所属一个小工厂，始建于1927年，厂址在大连机械所内（原大连重型机械厂1号门岗，即原大连起重机器厂氧气站）。酸素工场是随着大连机械所急需解决工业用氧气应运而生。1928年工场有两台制氧机，一台是英国造小型制氧机，一台是德国造“古琅台”牌制氧机。1935年前后，再购进一台德国造“棉纱”牌制氧机，1940年又购进一台德国造“海浪”牌制氧机。

苏军进驻大连后，工场被接收，生产的氧气主要供苏军军需所用。1946 年 5 月，工场附近的大成金属场、大弘铁工场并入，改名氧气珐琅厂。1947 年 4 月，工厂移交远电公司，实行中苏合营。

1947 年秋，远电公司苏方代表根据金属构造、联合工具、氧气珐琅三个工厂实际情况，建议筹建中国第一个起重机制造厂。1948 年 11 月 5 日，三厂合并，成立金属机械厂。金属机械厂使用了苏联工厂管理模式，第一任经理是尼古拉耶维奇·甘信，副经理、代理厂长是市委书记欧阳钦的夫人黄葳（又名戴中扆）。

由于三个工厂的面积无法满足生产需要，1947年下半年，工厂领导多次在南沙河口一带选勘新厂址。分歧工厂和三三化学厂厂区被选中。分歧工厂前身系大连机械所一部分（五一路以北厂区），1947年3月划出成立分歧工厂。1948年6月，分歧工厂厂区移交给金属机械厂。1949年秋冬之际，以金属构造厂厂区为条件，通过置换，三三化学厂厂区也划归金属机械厂所有。1949年年底大规模搬迁建厂工作基本结束。当年，工厂还从德国购进一台1949年造的ST16X2200型号龙门剪床，它为起重机主梁的生产立下了不朽功勋。工厂有了这台剪床后，如虎添翼，生产起重机所需的材料经过剪床的加工整齐摆满工地，组立成根根主梁，装配成台台起重机，发往全国各地。同年10月27日，金属机械厂制成我国历史上第一台桥式起重机。这台与工厂几乎同龄的龙门剪床至今没有报废，依然矗立在大连。

20世纪80年代大连起重机器厂全貌（徐雪飞提供）

1950年10月20日，工厂移交给我国，隶属东北人民政府工业部机械管理局，1951年3月改名东北机械工业管理局十七厂。1953年9月1日，改名大连起重机器厂，大连人习惯称之为“大起”。

新中国成立后，大起亦成为培养工业干部的基地，1955年3月至1956年年末，“党的好干部”、“人民的好公仆”焦裕禄就在大起机械车间担任实习车间主任。大起同时也是开拓创新的地方，1957年，工厂为鞍钢研制出我国首台140吨铸造起重机。1959年，朱德元帅视察大连时也曾来过这里。1993年，重组为大连起重集团有限公司。

▼大连重型机器厂

幸福家居家饰城与幸福e家福源等高层区即昔日汉阳街228号（日本侵占时期台山町23番地）大连重型机器厂一带，前身为建于1914年的株式会社大连铁工厂，1918年易名大连机械制作所。

大连机械制作所由相生由太郎与高田友吉1917年合资200万日元建立，主要从事铸铁、铸钢、制罐、铁道货车等各种机械器具的加工制作和修理等业务，曾为阎锡山制作过窄轨机车。

大连是殖民地，所以中国工人备受日本殖民者歧视。为反抗殖民压迫，1925年12月21日，大连机械制作所工人在大连中华工学会傅景阳的领导下举行过大罢工。“七七事变”后，大连机械制作所担任起为日本军部生产的任务。太平洋战争后，彻底沦为军需工厂。1943年，大连机械制作所资本金高达6000万日元，工人6500余人，实力仅次于当时的大连铁道工场（今大连机车车辆有限公司）。

大连机械制作所厂牌

1945年12月，大连市政府接收大连机械制作所，改叫大连机械工厂。1946年12月，经过工人们的努力，生产出75山野炮弹弹体，此后又生产出炮弹机、子弹机等。1948年，大连铸造厂、裕民机械厂、长兴铁工厂先后并入，1951年改称东北机械工业管理局二十厂。1953年试验成功我国第一台冶金车辆——120吨钢锭模搬运车。1978年易名大连重型机器厂，大连人习惯称之为“大重”。1993年，重组为大连重工集团有限公司。

大重旧址如今已建起商厦和住宅楼（摄于2011年7月27日）

2001年12月，大重、大起重组大连重工·起重集团有限公司，开始搬迁。大连重工·起重集团有限公司曾为三峡工程以及神舟五号、六号飞船发射等国家重点工程提供了近400万吨重大成套技术装备，先后创下189个“中国第一”，是滨城工业文明史的骄傲。重组后，大连重工·起重集团有限公司成为世界制造业500强和中国企业500强之一。

『海南丢』属『寄留户』，因此他们的子女普通学堂都不收留。『海南丢』为保持故乡的传统文化风俗，便创办私塾延承。

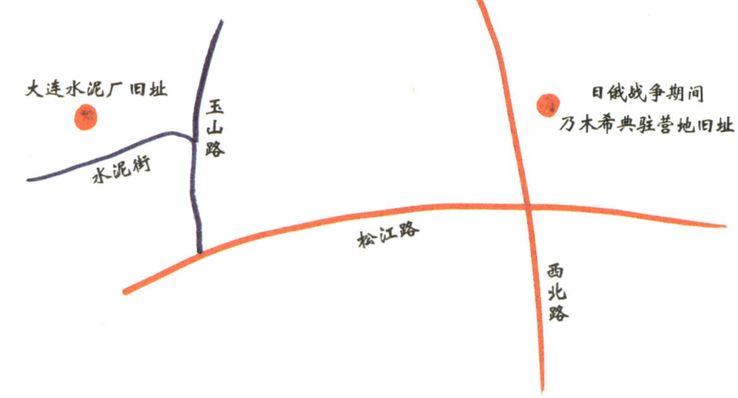

▼泡崖子

泡崖（ái）子位于大连城区北部。日本侵占时期，属周水子会；1937年12月划入大连市区；解放后属甘井子区。

泡崖子友谊桥一带过去自东向西依次有王家屯、朱家屯、金家屯和海南屯。王家屯、金家屯和朱家屯都是瓦房，居住着当地人（即“此地巴子”），海南屯基本都是油毡纸搭的泥房，住着四五百户山东迁来的人家，本地人称呼他们“海南丢”。无论是“此地巴子”还是“海南丢”多来自山东，都保持着相似的胶辽口音。

海南屯始于日本侵占时期，据《甘井子文史资料》记载，“海南丢”属“寄留户”，因此他们的子女普通学堂都不收留。“海南丢”为保持故乡的传统文化风俗，便创办私塾延承。1930年，来自山东曹州的李传瑞在海南屯开私塾，自办自教，招收40名学生，讲解《三字经》《百家姓》《千字文》等，同时还教授珠算、简单记账法、尺牍等课程。1941年，来自山东肥城的李传浩在海南屯租用五间民房开办私塾，取名“德育学社”。李传浩古文根底深厚，广知近代科学知识，深受“海南丢”们尊重，私塾共招有学生50人。李传浩不仅给学生们讲解历史地理常识，还传授齐鲁孝儒精神和爱国道理。1946年2月，山东塾师宋子玉也在海南屯建私塾，招收学生30人。后因有病，办到秋天，私塾解散。

解放后这一区域仍沿用海南屯称谓，拆掉破烂泥房，盖起新房。1979年改名“泡岭一委”，后随城市发展逐渐消失。

城市发展离不开钢筋水泥，1899年大连就曾建有建材厂。建材厂隶属于东清铁路公司，主要生产石灰、红砖、瓦楞瓦和建筑陶瓷等，1904年日俄战争时期停办。日本侵占初期，殖民当局更加重视水泥制造业。日本小野田水泥株式会社经过多次考察后，在城市北郊泡崖子（今水泥街1号）建水泥厂。《关东都督府施政志》记载，小野田水泥株式会社大连支社资本金为450万日元，1907年春破土动工，1909年6月1日竣工投产。民间称水泥为“洋灰”，所以老大连人又把它叫作小野田洋灰工厂。

1919年工厂扩建，1923年增建第二工厂，生产能力得到提升。1926年大连工厂的水泥输出总量超出了日本国内的小野田工厂。据1925年统计，日本从中国输入的水泥量为10.6万吨，其中2.6万吨来自大连水泥工厂。1927年产量高达25万吨，产品销往“关东州”、伪满洲国、日本本土及华北、华南等地。

日本投降后，苏军对水泥厂实行军管。1947年改为中苏合营，易名洋灰工厂。1950年苏联将洋灰工厂移交给我国，1951年工厂隶属于东北人民政府工业部建筑材料工业管理局，更名第七水泥厂。1956年工厂归中央人民政府建筑材料工业部领导，改称大连水泥厂。

1963年工厂正式启用“海鸥”牌商标。1994年7月，水泥厂更名大连水泥集团公司，2000年大连水泥集团有限公司成立，2007年水泥厂迁至金州。2011年7月时，老厂区仅存工厂大门与一左一右两栋办公楼，较新的办公楼是30年前的印记，古旧的办公楼是105年前的印记。

1909年投产的小野田水泥株式会社大连支社旧影（位置在今水泥街1号）

由小野田水泥厂演变而来的大连水泥厂老厂区（摄于2011年7月28日，现已迁至金州）

老水泥厂曾为大连城市建设做过很多贡献，市中心许多建筑多使用过这里生产的水泥。老水泥厂还为许多国家重点工程和国防工程提供过大量水泥，如为武汉长江大桥水下基础工程研制生产抗硫酸盐水泥，为鞍钢生产快硬水泥，为北京展览馆和抗美援朝纪念碑研制生产白水泥，为大庆油田建设生产的A级油井水泥，为丰满水电站研制生产800#超细水泥等。

友谊桥名源自友谊街，友谊街一带原为日本人驯养军犬的警犬培育所，故民间习惯称为“狗房子”。苏军进驻后，易名友谊街。友谊桥南畔整齐地排列着许多红砖仓库，现为大连灯饰批发市场与大商集团友谊街仓储分公司。

《简易满洲案内记》记载：“周水子の駅出て北進二十町、線路に接して西側に乃木将軍駐営の赤煉瓦建築物あり、今その記念碑が車窓より見える」とあります。”

“町”为日本的长度单位，1町约109.09米。上述文字大致意思是，从周水子火车站北行2.18公里，铁道西侧红色砖瓦建筑为乃木将军驻营之所。

笔者寻到友谊桥，询问铁路门卫，没想到他们都知道“乃木大将驻营地”，那应是口口相传的历史。“乃木的驻营地在那里。”说着，他们用石子在地上画了一个草图。按照指点，笔者在友谊桥北侧循着有垃圾场的小路张望，看到了那栋十余米高的欧式洋楼。洋楼通体皆是红砖，木制的窗户，平实简约，坚实敦厚。周侧垒砌着高大的烟囱，正门前是巨大的青石台阶。从建筑风格上看是欧式建筑，与日本人建造的洋楼区别明显，日本人身材矮小，不会建造这样大体量的建筑。

老人们口口传述洋楼为俄国人所建，大鼻子（大连人对俄国人的称呼）被小鼻子（大连人对日本人的称呼）打败后，这里被乃木希典用作指挥所。日俄战争胜利后，日本人通过修筑“战争纪念馆”、“表忠塔”、“保存战迹”等大肆宣扬殖民战功，洋楼南侧树立着一块大约高2米、宽0.5米的石碑，上面刻着“乃木大将驻营地”。“文革”期间，石碑被推倒打碎，碑座深埋在地下，碑身一截埋在地基里，另外两截铺成台阶。

乃木希典驻营之所（摄于2011年7月29日）

《日俄旅大争夺战图鉴》记载，1904年6月8日，日本第三军司令官乃木希典在大连北泡崖设司令部。《日俄战争始末》记述，1904年6月6日，第三军司令部于金州张家屯小河口登陆后安营于张家屯，当天乃木希典得讯晋升为日本陆军大将。6月8日，第三军司令部移到泡崖子，8月2日移至双台沟。1941年版《大连市街全图》上清楚地印着“乃木大将驻营地碑”字样。无论坊间口述，还是相关史籍，都印证了这段历史。此处现为铁路部门的仓库，虽年久失修，有些破败，仍非常坚固。笔者拍下这座洋楼，顺便记下门牌号“铁路连房80号”。

▼周水子

周水子火车站1902年建立，一百多年后，因大钢搬迁，新开辟了大钢专列，这里又繁忙起来。

周水子机场一带原为清末的跑马场，1923年10月，日本人辽东赛马俱乐部在周水子举行赛马比赛。1924年5月，因日本人在此动工修建机场，赛马场迁至马栏河畔（今现代博物馆一带）。1927年7月机场建成，由日本航空株式会社经营大阪到大连的不定期航线。1928年11月，日本航空运输公司株式会社创立，于1929年4月开辟东京—汉城—大连航线。当年，阎锡山就是在这儿乘坐飞机返回山西重新登上山西王的宝座。

1945年8月22日，苏军雅曼诺夫少将率领空降兵在周水子机场着陆，就任大连警备区司令。24日，苏联坦克部队进驻大连，对大连及甘井子地区实行军管，大连解放。1955年5月，周水子机场移交给中国人民解放军空军，改称大连空军周水子机场。1972年12月6日，经国务院、中央军委同意，修建三级民用航空站。1973年3月3日，中国民用航空大连站正式组建，4月6日举行首航典礼。1981年7月，升格为二级航站。1984年7月，大连机场被批准成为国际机场。1992年3月，兴建国际候机楼。1993年8月31日，国家领导人江泽民视察时，亲笔题写“大连国际机场”，9月10日，新候机楼投入使用。1994年1月24日，更名为大连周水子国际机场。2011年，机场扩建。

周水子火车站旧影

今日周水子火车站（摄于2011年7月28日）

周水子机场旧影

▼南关岭

南关岭辽代时曾建有哈斯罕关，明清时称南关岭为南三十里堡。1901年7月南关岭至大连段铁路竣工。1903年东清铁路南满支线在此设南关岭站，日本侵占时期渐成小镇。1914年4月，建南关岭小学堂。1920年4月1日，增设南关岭会，事务所（办事地点）就在南关岭火车站。1937年归金州民政署管辖，1944年划归大连市区，1946年划归大连县，几经变化，现归甘井子区所辖。

古朴的南关岭火车站1903年建成使用，附近曾有俄军阻止日军进攻的重炮阵地。小说《旅顺口》里大致这样描述：1904年5月，驻守金州的俄军退却到南关岭火车站。此时，火车站正停着二三十辆空车厢，在贮水塔附近有一辆火车头出了轨。渴望逃命的俄国兵拼命将火车头抬上铁轨。逃离之前，他们将火车站所有的空仓库及其他建筑物点燃，并炸毁了贮水塔。俄军撤退后，乃木希典统帅的日本侵略军曾在火车站周边短暂驻扎。

笔者在附近寻到一栋精美的俄式老房子，便上前敲门叩问。主人非常热情，她牵住不停叫着的狗。硕大的房子，精致的木质雨棚，令人赞叹不已。敲着青砖，敦实的声音传来，仿佛古朴的旋律。

房屋主人叫赵秀花，用大连话讲是“此地巴子”。据传，房子的身份显赫，是当年南关岭火车站站长的府

南关岭火车站（摄于2011年3月24日）

南关岭遗存的苏联房（摄于2011年3月25日）

漂亮的俄式雨棚（摄于2011年3月25日）

邸。关于站长是谁，笔者在德富苏峰的《七十八日游记》中找到了这样的记录："南关岭车站是大连和旅顺的交叉点。我必须对该车站岛村卫民站长表示感谢，这是有原因的。"具体是什么原因，德富苏峰没有写，文章写于1906年6月12日，据此判定岛村卫民应是南关岭火车站第一任站长。

这红砖洋楼虽然简约却很有味道，墙壁上还雕镂着五角星。往来的老者说，这是苏联驻军时期建造，是苏联少校当年住的房子。这种建筑大连地区有三座一模一样的，其他两座分别在三粮库和大房身。

老厂背影

东纬路 香周路

那些额头已经泛起皱纹的老工人，那些双手长满老茧的纺织女工，默默地接受现实，悄悄地都离开了这里，只有公交站牌上仍凝固着『大纺』。

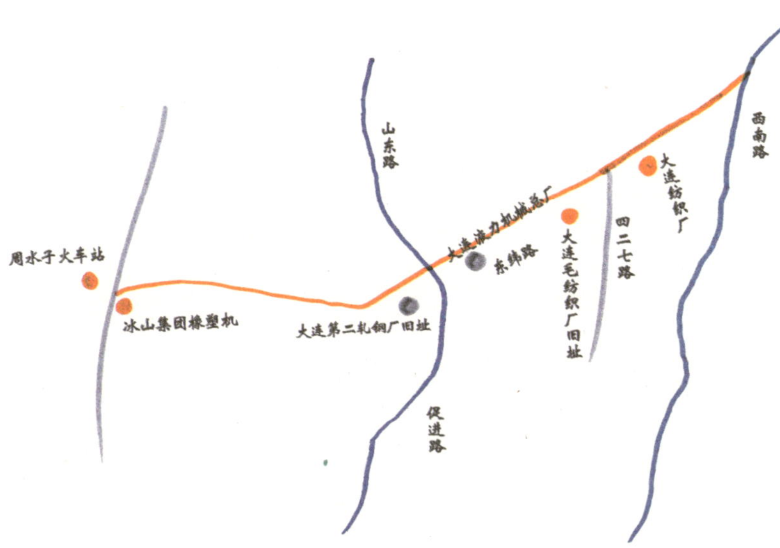

东纬路起自西南路（甘井子段），止于周水子。据记载，清康熙年间，周姓人家由山东迁入今周家街一带，建村落称周家屯。日本侵占时期修铁路建机场，村落逐渐扩大，属周水子会。周水子一带原常年有积水，故名臭水子，后引水入海，流经周家屯，故曰周水子。1937 年 11 月划入市区，解放后属甘井子区。

▼大连纺织厂

大连纺织厂简称“大纺”，位于西南路、东纬路、四二七路间，门牌号为周家街 1 号。现今，已停产的工厂连门卫也见不到了，大门两侧分别挂着“大连纺织厂”和“大连加美地毯有限公司”的牌匾。走进厂区，已听不见轰隆的机器声，但老车间、老库房还在。

大纺前身是日本侵占时期满洲福纺株式

大纺旧影

位于东纬路的大纺北门（摄于 2011 年 7 月 28 日）

大纺旧设备

会社（简称“福纺”）。当时，大连不但地价便宜，还有大量的廉价劳动力，1921 年春，日本人便来大连选址创建棉纺厂。几经调查，他们看中了周家屯地主周武述等人的菜地（周家屯 155 番地），遂重金买下。1922 年开工建设福纺，1923 年工厂建成，不仅从日本本土运来先进设备，还从英、美等国进口设备。1924 年工厂陆续开工。

福纺是日本人在大连设立的第一家棉纺厂，资本金 300 万日元，社长为八代祐太郎，专务取缔役（即厂长）是角野久造。1926 年 4 月，殖民当局突然宣布日币涨价，1 元金票（日币）兑换 1.2 元小洋（奉洋），而福纺却用小洋开饷，扣饭费仍按照金票计算，引起纺织工人的强烈不满。当时，福纺工作条件十分恶劣，工作强度非常大，工人平均每天需工作 12 小时以上，中国工人日工资是日本同行的四分之一，仅为 0.25 元；纺织女工工资又要比男工少 20%，而且经常遭受工头打骂和侮辱。4 月 27 日，为提高工资，改善生活和工作条件，福纺 1000 多名工人在大连中华工学会领导下举行大罢工。这就是大连历史上有名的“福纺大罢工”。

当时，侯立鉴、初玉昆、刘庆枝三人先是代表工人找到角野久造，提出六项要求：第一，不准打骂和虐待工人；第二，准许孩子妈妈在车间给孩子喂奶；第三，增加工资三分之一，不许涨饭费；第四，每周有一个公休日，公休日工作发双倍工资；第五，要缩短劳动时间，每天以 10 小时为限；第六，对内宿工人要降低房租，不拿电灯费，对外宿工人要发补助金。在上述合理要求遭到拒绝后，工人们于当天下午推选侯立鉴为罢工总指挥，组织纠察队、宣传队、救济队，开始罢工。

罢工得到了中共大连地委的支持，以大连中华工学会名义，在泰华楼举行记者招待会。招待会由工学会会长傅景阳主持，《泰东日报》《满洲报》

大纺南门附近的老变电所（摄于 2011 年 7 月 28 日）

《关东报》等媒体纷纷支持。4 月 30 日，罢工事件成为大连媒体头号新闻，引起殖民当局的恐慌。7 月上旬，日本福岛纺绩株式会社社长八代祐太郎从日本赶来。在会见关东州厅长官之后，他亲自到工厂察看，并请周家屯会会长阎兴礼帮助调停。在厂方答应工人基本条件的情况下，中共大连地委决定复工。8 月 4 日，在阎兴礼家的大院召开复工大会，历经 101 天的“福纺大罢工”宣告胜利。

日本投降后，苏军于 1946 年 2 月接管福纺。1947 年 7 月，关东公署关东实业公司接管工厂，改名大连纺织厂。虽然大连地区当时遭到国民党军队封锁，大连纺织厂仍然制作出 3 万米军布支援解放战争。20 世纪 90 年代中期，大纺年总产值高达 2.22 亿元。未曾想它后来也没摆脱停产的命运。那些额头已经泛起皱纹的老工人，那些双手长满老茧的纺织女工，默默地接受现实，悄悄地都离开了这里，只有公交站牌上仍凝固着“大纺”。

▼“四二七”纪念碑

穿过大纺厂区，在南门附近有当年的老变电所，不由感慨它有过的繁华。像所有国营大企业一样，当年大纺也有幼儿园、子弟学校、影剧院、图书馆等。前人种树，后人乘凉，大纺人过着无忧无虑的生活。大纺周边即是他们的家园——大纺宿舍，他们的子弟都在大纺子弟学校和附近的八十中读书。

“四二七”纪念碑

因“四二七”福纺大罢工而得名的四二七路(摄于2011年7月28日)

耳熏目染的缘故，大纺子弟至今都记着大纺正门（南门）外的“四二七”纪念碑。这是为纪念“福纺大罢工”而设立的。每到纪念日，就会有工人、学生及社会各界人士来此瞻仰。1994年，大连市委、市政府将这里确立为“爱国主义教育基地”。它不仅是“海南丢”精神的缩影，也是城市精神的化身。

大连曾经有两座“四二七”纪念碑。第一座纪念碑建于1951年7月1日，为纪念“四二七”大罢工25周年立于厂内。第二座纪念碑建于1976年，为纪念“四二七”大罢工50周年，在工厂南门外（今东北名苑小广场）重修纪念碑。1991年7月27日，第一座纪念碑移送到旅顺日俄监狱旧址博物馆陈列展览，一起送去展览的还有当年大罢工时发出罢工开始信号的汽笛手阀。

让人心痛不已的是第二座汉白玉纪念碑在1999年年末被毁弃。有老人感慨：“哪怕把它搬移到这个广场上让后人继续瞻仰也比毁掉的好。”

“四二七”纪念碑没了，仅留了同名的小路。四二七路在大纺西门侧，一道红砖墙曼延路畔，还能望到里面的老厂房。因为周围人家多是大纺子弟，依然记着那些旧事。街上还有当年的食堂和老澡堂子，不久它们也将消失。

▼东纬路老厂房

东纬路一带分布着许多老厂房。老周水子人说东纬路47号是大连毛纺织厂旧址。如今大门早已堵住了。

王家桥畔有“林语家话”、“亿达杰座”两个楼盘，那一带是“二轧钢”旧址。“二轧钢”全名为大连第二轧钢厂，建于1958年，原是大连轧钢厂车间，建筑面积大约18.6万平方米。1962年分出，改叫金属材料改制厂，1963年改名大连第二轧钢厂，老大连人简称其为“二轧钢”。1998年，“二轧钢”破产。赵本山与董洁1999年联袂主演的张艺谋电影《幸福时光》中的一些场景就是在此拍摄。2005年这里建成高档住宅小区。

王家桥东老厂是大连液力机械总厂，厂区约9.5万平方米，1978年由原大连第四机床厂、大连液力机械厂合并而成。

周水子广场1号冰山集团大连橡胶塑料机械股份有限公司前身是大连铁工所与大连安治川组铁工厂。大连铁工所是日本人小田切寿丰1907年7月出资在大山通16番地（大连饭店上海路对面位置）创建的。1933年11月，安治川组铁工厂在周水子开业，厂长叫富田荒太郎。1937年大连铁工所改为株式会社大连铁工所，1942年迁至周水子，与安治川组铁工厂比邻。

日本投降后，苏军接收并将两厂合并为大连汽锅（制罐）工厂。1947年7月1日，大连民主政府接收工厂，更名大连制罐工厂，成为建新公司组成部分。1960年改叫大连橡胶塑料机械厂，是当时国内最大的橡塑机械生产厂。1997年2月，大连橡胶塑料机械厂整体划拨给大连冰山集团有限公司。

▼香水湾畔

香周路顾名思义，从香炉礁至周水子，1957年开始修建，1958年4月25日竣工，初建时路宽7米，为碎石路，1974年、1984年两次扩建。

循着香炉礁立交桥至桥西端，就能看见位于香周路工人村57号（现香周路57号）的大连锁厂，1961年建厂，生产过“狮子”牌挂锁、“鱼”牌挂锁等。

极目北眺，长路遥遥无限。从前，路上很少见到现在这样的车流，皆是骑着“凤凰”自行车、“海燕”自行车上下班的工人。“凤凰”自行车是鞍山造，“海燕”自行车则是大连造。

走到香周路100号，看到了空空如野的大连衡器厂。大连衡器厂始建于1956年，原叫度量衡仪器修配社。随着发展，其厂区面积扩至10.2万平方米，1963年改现名。20世纪90年代，大连衡器厂所产轨道衡产件和滚动皮带秤的产量分别占全国的70%和80%，是当年国家轻工部定点法制计量器具生产厂。现在虽还挂着原来的门牌，早已改成大连大衡衡器有限公司。

附近的楼盘香水湾位于香周路120号，原为大连交通运输集团有限公司第二客运公司（原大连市第二公共汽车公司）车库所在。因为邻近污水河，坊间将这里叫作“臭水套”，如今变成“香水湾”，真是天翻地覆的变化。

离香水湾不远是大连热电集团北海热电厂，它对望香海街与春光街间是华顺街66号大连燃气集团有限公司香周制气厂，即民间常说的大连煤气公司二厂。大连是中国继上海之后第二个有人工煤气的城市。大连煤气公司前身满铁瓦斯工厂始建于1907年。解放后，大连燃气事业继续发展，1959年建炼焦制气厂，即今香周制气厂，并建成“革新二号”焦炉及配套设施。1963年续建一座“革新二号”焦炉及配套设施，1971年起又建成两座24孔“66型”焦炉。香周制气厂承担着大连市50％以上的煤气生产供应任务，两座“66型”焦炉虽对城市建设有重要贡献，但污染非常严重，2003年9

大连衡器厂旧址（摄于2011年8月6日）

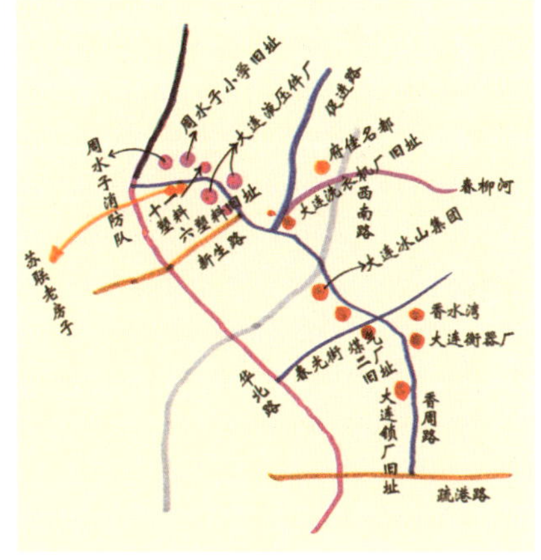

香周路区域示意图

月与2007年5月先后停产。现香周制气厂已迁出主城区。

从东联路桥下穿过，可见大连摩根耐火材料有限公司的老厂房。大连摩根耐火材料有限公司是原大连耐火材料厂与英国摩根坩埚公司合资兴建的企业，1988年7月兴建，1991年10月4日正式投产，是当时世界同类企业中规模最大、设备最现代化的合资企业，主导产品是摩根高级不定形耐火材料。

香周桥南促进路一带即老人常说的许家屯。促进路1号是大连洗衣机厂旧址。大连洗衣机厂全名大连波浪家用电器公司，前身是创建于1953年9月的薄铁制品厂。1973年改名金属家具厂。1979年，大连轻工局副局长去日本考察带回一台双缸洗衣

大连液压件厂旧址（摄于2011年8月6日）

机，经起重附件厂拆开研究后制造出来我国第一台洗衣机，即XPB1.5-1型普通单缸洗衣机。据《大连五十年》记载，当时注册商标为“浪花”牌，年生产量2200台。

1979年，大连金属家具厂联合喷漆厂、起重附件厂成立大连洗衣机厂，重组后“浪花”牌改为“波浪”牌。1982年6月8日，大连洗衣机厂生产的“波浪”牌洗衣机在辽宁省首次洗衣机质量评比会上夺得总分第一名。1988年9月，大连洗衣机厂联合大连照明器材厂、第六塑料厂成立公司，年生产能力2万台以上。

20世纪80年代，在大连谁家要拥有一台波浪洗衣机是非常骄傲的事。当时，一台波浪洗衣机大约100多元，差不多是一般工人三个月的工资。因为还是计划经济，需要凭票购买，即便有钱，没票照样买不到。

府佳名都小区（原许家屯2号）是大连酿酒厂旧址。大连酿酒厂前身是创建于1934年的内野酿造所。1974年在此创建大连酿酒厂。当时，大连酿酒厂年产25吨酒精，产量曾占辽宁省总产量的80%。1999年搬迁改造，新厂现位于甘井子区丰收路556号（东纬路一带），改名大连川连酒厂。

香周路（甘井子段）11号老厂是1965年7月投产运营的大连液压件厂，老厂西南那饱经沧桑的铁制小门上还铸着简写的“大液”字样。金佰利汽车美容西侧“老王洗车”是大连第十一塑料厂旧址。20世纪80年代前期，十一塑料厂曾红红火火引进过中空容器生产线，可惜繁华散去，如今已是人去厂空。

1945年8月22日至1955年4月，大连因苏军军管，深受俄国文化影响，建了很多苏联房。香周路15号、17号就是一片凝红的苏联房，方正大气，简约朴素，灰瓦红墙，映着一袭葱绿。它们对面巷口沿坡而上可寻到香周路30号周水子小学旧址。据史料记载，周水子小学前身为1918年创建的日本人臭水套寻常小学校（后改名周水子寻常小学校），解放后于1946年3月改为大连县第一区中心小学，1947年7月更名甘井子区周水子村小学，1958年改现名。时任国务院副总理李岚清及国家体委主任伍绍祖、袁伟民等曾先后来这里视察。2010年3月，学校校舍被定为危楼，学校迁至金家街原育文小学。

这一带还遗有一座望火楼，是大连消防界的六胞胎建筑之一“周水子望火楼”。

曾经辉煌的老厂——告别了原来的舞台，那些遗迹或许会成为另一种风景。

周水子望火楼（摄于2011年8月6日）

城西动脉

大连现代博物馆珍藏的《红楼梦》人物玻璃屏风就是大连玻璃制品厂的镇厂之宝，人民大会堂中至今还摆放着该厂生产的水晶玻璃制品。

大连玻璃制品厂旧址
大连耐火材料厂旧址
大连冷冻机厂
西南路
香周路
华北路
西北路
大连第五塑料厂旧址
北向子
大连通信电缆厂
大连冶金机械厂旧址
疏港路
西山街
西山小学
泉涌街
黄河路
老虎沟台山
大连交通大学
五一路
台山净水厂旧址

▼台山变迁

日本侵占时期，黄河路南面的西南路一带叫台山屯。台山净水厂是龙的冈净水场旧址，1920年8月始建，1927年3月建成，用以净化龙王塘水库贮水。龙的冈净水场配水池容量0.71万立方米，主要供给大连西部沙河口、星海公园一带用水。这里绿树成荫，环境优美，是当时的名胜景点，每到夏日会有许多人来听蝉。

净水厂东望即台山，日本侵占时期叫大连富士山，现已建成宜居小区。2003年沙河口净水厂扩建，台山净水厂因而停用。

“海南丢”是建设老大连的主力。日本侵占时期，满铁总务部资料课课长川锅诚一在其撰写的《入满打工的中国劳工问题》里便有详尽的描述：“山东省劳工性格剽悍，团结力强，因为集体使用的场合常有反抗发生，所以不适宜大集团作业，以个人或小集团为单位使用的时候，可以获得与其他省劳工同样的效率。青岛入满的劳工最适合港湾的劳役及矿山劳动。芝罘作为小商人、厨师、木工、铁匠、锻工等入满的必经之路，自古以来具有这个特点。龙口入满的从事采石、矿工等劳动受到好评。威海入满的以为安东（今丹东）提供采木、伐木作业的劳工而著名……河北省的劳工体力比山东省差，性格温和，是需要大规模集团作业的最优秀的劳工。天津劳工是其中劳动素质最好的。”过去岁月中，大连街不知落了多少“海南丢”的灵魂。

台山净水厂（摄于2011年8月21日）

台山净水厂对望龙岗园附近即是坊间常讲的“老麻沟”，日本侵占时期叫麻子沟。“麻子”、“老麻”源出隋末麻叔谋吃小孩的故事。胶东话里，“麻子”、“老麻子”是野狼或野狗的意思，“老麻来了”系吓唬小孩的口头语。据说野狼、野狗吃人的尸体，尤其是小孩的尸体。100多年来，麻子沟深处不知埋了多少“海南丢”，每到清明时节，仍会看到前来祭奠的拥挤人流。“海南丢”的后人始终将祖宗铭记在心间。

台山街一带（原大连起重机厂西南一带）原为果园，每到夏秋之季花红果绿。果园建于1919年，因是日本人吉田氏所建，称之“吉田农园”。果园占地百余亩，雇用杜兆江等三名中国人，专门种植日本蔬菜。20世纪90年代前这里还是城郊模样，现今已是喧闹居民区，果园永远留在记忆之中。

“玉海听涛”水疗会馆位置原是大连发电厂油库，曾有管道沿马栏河通至发电厂。马栏河是市内第一大河，全长18公里，源自甘井子区柳树沟，经柳树沟、棠梨沟积成西山大水库，出水库后又经马栏村、台山东侧注入黄海。马栏河河畔原有煤场，20世纪90年代时改建钢材市场，现为亿达学苑。亿达学苑北辽宁师范大学是日本侵占时期大连工业大学旧址。新中国成立后此处本无路，当时市区止于铁路附近。

▼西山会

日本侵占时期，黄河路至绿波小区间西南路一带属西山会，由北向南依次是北甸子、西山屯、王家沟，原本没有路，20世纪70年代末至80年代才开通道路。

西山会包括今马栏村、北甸子、台山等地。“会”是日本侵占时期城郊农村统治机构，直属民政署管辖。1919年2月，制定“会”的行政准则，1925年公布关东州会制，会长由民政署任命，赋予一定政府职能，实施以华治华的政策。1940年，“会”改为分区，1945年大连解放，会制终止。

西山会成立于1907年，会所设于原兴工街派出所附近（当时沙河口警察署所在地），会长是马栏村人周元凭。1912年，迁至西山娘娘庙东厢（今泉涌街西山小学院内东厢）。相传，西山娘娘庙建于清朝，原为草庵，1912年在原地建起坐北朝南“一”字排的三个殿，南有山门，砖墙为院。正殿供九宫娘娘，门左右有“大鲁鬼”守护，猪齿獠牙，十分凶恶。西殿为阎王殿，判官手执“生死簿”。东殿有走金桥、走银桥的塑像，是说生时行善，死后可以在阴间享福。旁边还有割舌头、挖眼睛、下磨推的塑像，意指生时作恶，死后必受惩罚。庙院西南角还有一个单间，里面供有齁神奶奶神像，每到秋天，一些患有齁病（即支气管哮喘病）的村民就会带着一串咸萝卜，挂在齁病神像脖子上，求神祛病，名曰“挂齁”。

每年农历四月十八日为庙会，前后几天赶庙会的人和求神的香客络绎不绝。庙会由西山会组织，每年都从烟台、青岛等地请来戏班子唱大戏（即京剧）。

许多古老的名字并未消失，北甸街是北甸子的遗存。1930年12月北甸子属西山会，1937年11月划归市区，解放后属沙河口区。此处原为市郊贫民区，多为简易平房，20世纪70年代后建住宅楼群，如今建成幸福小区。

偶然说起以前这一带的名字西山

坊，不由疑问“西山”何在。西山即西南路与西山街交会处的新建小学西畔的山峦，延绵到马栏一带。西山坊是解放后西山屯（即西山村），类似今街道设置。西山村虽成为历史，仍留下了同名的街道和学校，即西山街和西山小学。大连市西山小学创建于1904年，位于西山村267号。

西关房子（摄于2012年6月11日）

民间常说的“西关房子”在机车厂西门外的新建东街（大庆街与西关街之间），大约有30余栋三层高的筒子楼（新建东街7号至61-63号），墙面刷着淡黄色的涂料。说起“西关房子”，得从大连机车厂说起。旧社会，机车厂叫满铁沙河口铁道工场，里面的工人根据居住地分为西山伙房、西岗伙房、香炉礁伙房等。伙房是啥意思呢？当时日本殖民者只管工人干活，不管大家吃住，工人们便自行找一个人为大伙做饭，一个烟囱冒火，这群人就组成了一个伙房。西岗伙房在今天的景润小区，是当时有名的贫户区。香炉礁伙房在香炉礁海湾，7814渔轮厂西日本人修码头时留下的围堰附近，大连人叫四方海。因修建木船，需要防腐，外刷防腐油，黑色的防腐油大连人叫臭油，且排放污水，造成污染，故又称那里为“臭油锅儿”。西山伙房在工厂的西门，是摇摇晃晃的小趴趴房，里面住的都是跨海而来的“海南丢”，他们只能靠出卖体力养活自己。“文明的碰撞从来都不会以平等的方式进行”，虽然备受屈辱，“海南丢”仍坚守齐鲁孝儒文化，顽强地活着。解放后，“海南丢”成为机车厂的主人。20世纪60年代，他们在机车厂西门外建了家属住宅区，民间称为“西关房子”，就是从“西山伙房”的称谓转化而来的。

▼王家沟故迹

西山北侧属王家沟[1]，大连通信电缆有限公司便是老大连人常说的通信电缆厂。通信电缆厂建于1966年10月，是东北地区最重要的通信电缆及数据电缆生产基地，主要生产综合布线用数字电缆等相关产品，HYA市内通信电缆、光缆等，主打品牌是“巨浪”牌市话电缆。2006年5月，完成国企改制，改名大连

【1】据1941年版《大连市街全图》，王家沟一带铁路附近原为日殖时期土木课苗圃，范围大致包括今阳光月秀与天河新苑一带。

通信电缆有限公司。

通信电缆厂对面是大连冶金机械厂旧址，始建于 1979 年，原叫大连重型机器厂劳动服务公司，办公地址在汉阳街 40 号，1986 年改名。大连冶金机械厂曾是全国机械行业最大的集体企业，鼎盛时曾有五六千名职工。由于经营管理不善、产品结构不适应市场变化，1998 年 7 月底职工长期放假，处于全面停产状态。1999 年 3 月，大连冶金机械厂破产。2000 年，工厂旧址开始兴建天河新苑住宅区。

富民路旁阳光月秀小区一带是大连第五塑料厂旧址。大连第五塑料厂 1953 年创建，曾是我国全塑鞋生产最大厂家之一，主要生产塑料凉鞋和拖鞋，生产的“象”牌儿童凉鞋曾荣获国家银质奖。1990 年 1 月 12 日，大连第五塑料厂与大连冷冻机厂（即“大冷”）、大连显像管厂（即“大显”）、大连石油七厂（即大连石化公司）和大连船用柴油机厂（即大船部分）一起被命名为国家一级企业。20 世纪 80 年代至 90 年代中期是工厂最火的日子，每到夏天，大连人几乎都穿着第五塑料厂生产的凉鞋。

王家沟一直是棚户区，改造是必然的。1996 年春，王家沟铁路沿线改造，2001 年 10 月建成绿波小区。2005 年年初，王家沟开始动迁，2006 年 12 月，建成阳光月秀小区。

▼陈民立与大连冷冻机厂

东联路桥下的冰山集团大连冷冻机股份有限公司（简称“大冷”）是原大连冷冻机厂。1930 年 7 月，陈民立出资 10 万日元在秋月町（今振工街一带）创建新民铁工厂。陈民立出生于 1903 年 4 月，自幼家境贫寒，高小毕业后就开始做学徒，他还做过勤杂工和修船实习生。工作之余，陈民立非常用功，坚持到夜校学习，掌握了英语、日语及工业知识，精通修船技术。1925 年，陈民立进入政记轮船公司任修船监督。1928 年，25 岁的陈民立当上了政记轮船公司船坞工厂厂长。1930 年，他招收六七十名孤儿开始自主创业，起初经营化工和矿山机械装配工程，后转向制造冷冻机械，主要维修停靠在大连港的装载着待检修冷冻设备的轮船。

1945 年 8 月，苏军进驻旅大，陈民立被推为旅顺治安维持会主任委员。1945 年 10 月，他任旅顺市副市长，将 300 亩土地，工厂设备材料及现金，旅顺的住宅和烟台、天津的投资等 100 多万元财产无偿捐献给政府。1947 年 4 月，出任关东公署首任工业厅厅长。

新民铁工厂由民政局接管后，改叫旅大市生产教养院冷冻机厂。1954 年旅大工业机械局接管，改名大连冷冻机厂，搬迁到沙河口五一广场一带，改为全民所有制。此后，工厂接受改造，又将四五个工厂合并进大连冷冻机厂。20世纪50年代后期，大连冷冻机厂迁至春柳，在近23万平方米的荒地上建起新厂房，很快发展成中国制冷压缩机生产规模最大的工厂。

1993年易名大连冷冻机股份有限公司，大冷A股在深交所上市，成为中国第一家制冷行业股份公司。2008年冰山集团成功地完成改制工作，发展为中国最大的制冷空调设备制造基地。冰山牌商标已成为中国工业制冷空调行业第一个驰名商标。

▼远去的老厂

三合大厦东面是大连耐火材料厂旧址，现已人去楼空。大连耐火材料厂前身是建于1905年的大阪窑业株式会社。大连红砖历史悠久，早在俄国侵占时期，此处就有春柳砖厂、周家屯砖厂。解放后，先后更名大连窑厂、大连窑矿总厂。1956年10月从大连窑矿总厂分出，改叫大连耐火材料厂，主要生产耐火黏土制品、矽砖、各种保温材料和焊接钢管等。1961年，大连耐火材料厂试验成功以重油代替煤烧砖新技术，在全国同行业中得到推广，1966年研制成功新型保温材料膨胀珍珠岩等。

2011年7月，大连耐火材料厂大门口还悬挂着由大连市环境保护委员会1986年授予的“环境保护先进单位”牌匾。

最让笔者难忘的是中国最大的玻璃器皿生产厂——大连玻璃制品厂。这块地原叫许家屯，现为西南路2号。当年，火车、轮船、飞机在将要到达大连时，都会从广播中听到介绍“水晶”玻璃制品的信息。来大连旅游的人一般会选两件礼品作为纪念，一个是大连贝雕画，另一个就是大连玻璃制品。大连人送客人礼物也会首选它们。大连现代博物馆珍藏的《红楼梦》人物玻璃屏风就是大连玻璃制品厂的镇厂之宝，人民大会堂中至今还摆放着该厂生产的水晶玻璃制品。

大连玻璃制品厂前身是建于1917年12月的满铁窑业试验场玻璃工厂。1925年玻璃工厂连同窑业试验场从满铁分离出来，成立大连窑业株式会社。1928年11月玻璃工厂分出，改称南满硝子株式会社，日文“硝子”即玻璃之意。解放后，工厂更名

大连玻璃制品厂产品

为大连玻璃制品厂，20 世纪 50 年代从北岗子迁至许家屯。

大连玻璃制品厂产品曾畅销国内及世界各地 80 多个国家和地区，深受人们的喜爱。1959 年 6 月 7 日，全国人大常委会委员长朱德、中华人民共和国副主席董必武曾来此视察。这里还接待过周恩来、邓颖超、茅盾、李宗仁及外宾柬埔寨西哈努克亲王、尼泊尔王国沙阿王太子等。1981 年，中央新闻电影制片厂编导李坤、摄影梁维尊还拍摄了反映大连玻璃制品厂的纪录片《玻璃艺术》。

1994 年年末与新加坡合资，更名为大连新利连玻璃制品有限公司。1997 年大连盛道集团有限公司（原大连塑料彩印厂，建于 1982 年）投资 2.1 亿元对其进行全面技术改造，改叫盛道玻璃制品厂。2002 年 2 月盛道玻璃制品厂破产。2008 年 9 月，大连友谊合升房地产开发有限公司通过摘牌方式取得这个地块，2010 年年底厂区动迁，2011 年春友谊壹品天城开盘。

大连玻璃制品厂西北原为大连保温瓶厂，前身旅大玻璃制品厂保温车间，1963 年独立运营，占地约 10 万平方米，生产“水晶”牌保温瓶，并在国内首创保温茶具，后重新并入大连玻璃制品厂。

西南路（甘）1 号新华绿洲小区原为大连机床厂铸造分厂，占地面积 17 万平方米。大连机床厂铸造分厂始建于 1947 年，后与大连第二机床厂铸造分厂、大连有色金属铸造厂合并，成立大连机床集团铸造有限责任公司。

西南路（甘）6 号亿达世纪城小区是大连红旗机械厂旧址，原叫旅大市铁工生产合作社，1956 年由四个手工业生产合作社合并组成。1958 年改称旅大市西岗区手工业联社红旗机械厂，1959 年改叫大连红旗机械厂，主要生产皮革机械、塑料机械、木工机械、服装机械和通用机械 5 大类 34 种产品，曾生产出中国第一台具有当时世界水平的皮革机械 XMS-8 型精密片皮样机。

甘西桥南有海口路，路畔都是高大的柳树，夏日雨后，蝉鸣不绝，异常悠扬。海口路一带过去也叫红嘴子，海口路 2 号（即大连公交集团二汽停车场）后身是刚拆迁的大连华能化工厂。工厂建于 1960 年 12 月，面积近 8 万平方米，主要生产硅酸乙酯。

海口路 104 号鹏辉新世纪小区即原大连标准件厂及周边，是大连 2001 年市政府搬迁企业改造项目之一。海

大连保温瓶厂商标

口路曾有大连熔炼厂，建于1956年，原名国华熔炼生产合作社，1958年改叫大连熔炼厂。

▼“牟接骨”与大连

西南路（甘）7号大连牟氏医院是大纺医院旧址。牟氏骨科医院院长牟雪明是“牟接骨”后人。1977年他在大连钢厂职工医院就职，医院改制后独立行医。2000年面临倒闭的大纺医院请牟雪明任院长，医院重获新生。2005年4月12日，医院改制，大连牟氏医院诞生。

“牟接骨”来自山东，于辽宁地区辗转求生，最后定居丹东。20世纪20年代，牟氏传人牟国珍在大连松林街18号（今民生小学对门）开设医院。因其治疗骨伤技术高超而声名远扬，被坊间誉为“牟接骨”。解放后，牟国珍当选为大连市第一届人大代表，1957年病故。

1954年，第二代“牟接骨”牟仁先将“牟仁先骨科医院”交给国家，与造船医院合并，并在医院任中医科主任。牟仁先曾当选为大连市第二届政协委员。1958年全国卫生技术革命经验交流会上，他还受到周恩来总理的亲切接见。文学泰斗郭沫若也曾求医“牟接骨”。牟仁先还医治过梅兰芳大师的琴师，梅兰芳为其留匾题词“肘后方”。

2010年12月13日，大连市第四批非物质文化遗产名录公布，“牟接骨”传统医术以“辽南整骨术”项目申报成功。

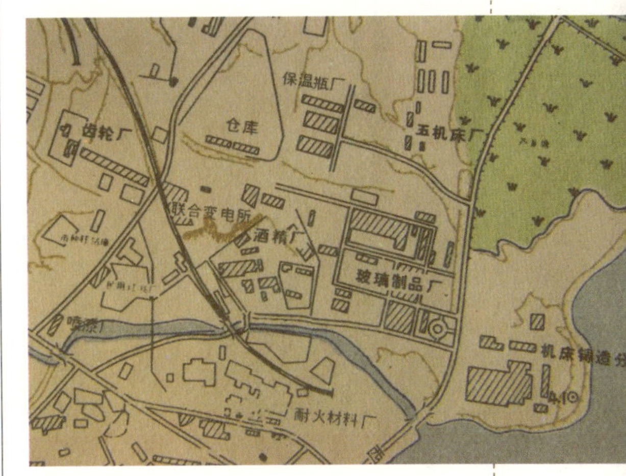

1970年西南路老厂地图

百姓家园

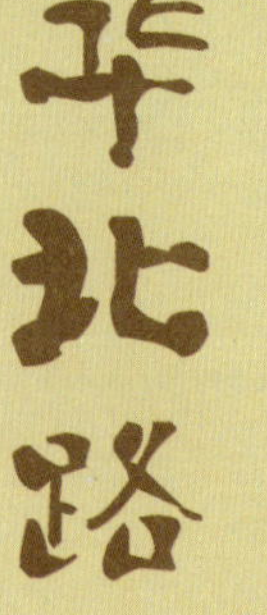

车家村和侯家沟都出过城市英雄，『福纺大罢工』工人领袖侯立鉴就是侯家沟的汉子，大众书店（今新华书店前身）创始人之一车升五、车长宽是车家的后人。

大连日用化工厂旧址
大连调味食品厂旧址
新桥街
锦绣路
大连葡萄酒厂旧址
新生路
大连石英辉绿岩制品厂旧址
新生路
西南路
香洲新城
中心医院
烹饪学校
春柳大厦
五洲大厦
车家村区域
侯家沟区域
华北路
西北路

华北路1924年始建，初为泥土路，并没有名字，沿路依次有香炉屯（即香炉礁）、车家屯（即车家村）、侯家沟、刘家屯（即刘家桥）、春柳屯（即春柳）、周水屯（俗称臭水子，即周水子）。后因其是机场通往市区必经之路，开辟沙石路，1928年开通有轨电车。1930年12月属大连市区。解放后，改叫沙周路，顾名思义沙河口至周水子。1955年建成柏油路，1972年至1973年拆除有轨电车轨道，铺成柏油路面。1987年更名华北路。

▼车家村和侯家沟

过去的车家屯与今日之车家村不尽相同，今侯家沟香工街、香华街、香盛街等都属于车家屯范围。日本人习惯把坡叫作台，车家屯遂改叫车家台。1946年6月1日，大连地名去殖民化，就变成了今天的车家村。无论是车家屯、车家台，还是车家村，都未抹去历史的脉络。早年，车家村一带是荒地，一户车姓人家从香炉礁移居于此，开了一家大车店。大车即马车，是当时民间主要运输工具。不久以大车店为中心慢慢汇成村落，以车姓为名，叫作车家屯。

三中对面的华顺街，即香洲心城（原耐酸泵厂故址）与“二煤气”附近的车家村一带，因为这里有很多“干打垒”的房子，坊间把这里泛称为“干打垒”。现遗存的华顺街18号与20号不是真正意义上的“干打垒”，而是建于20世纪70年代的水泥楼。“干打垒”是大连街殖民时代最底层居住的土坯房，通常就地取材，把泥巴与干草和成的黏土填充在两块固定的木板中间作为筑墙。虽说有些简单了，但落户在这里的人们却很知足。

20世纪50年代，街的东面仍是海滩，逢遇涨潮，海水便会涌来，附近人家的小小儿（大连方言，指男孩）和小闺女就踩着烂泥摸蚬子、

华顺街20号虽被称为“干打垒”，但并不是真正意义上的“干打垒”（摄于2012年6月10日）

抠波螺。那时候哪有什么楼房，仅住着几户从山东逃荒来的人家，四面高地都是坟地。后来即便盖起楼房，还是少有人来住。大连耐酸泵厂是1953年建成的，曾是业内全国龙头老大，

中心医院综合楼西即侯家沟原三条沟之一（摄于2012年4月18日）

学工街，侯家沟原三条沟之一（摄于2012年4月18日）

敦煌南街，侯家沟原三条沟之一（摄于2012年4月18日）

2006年旧厂房拆迁，后改造成香洲心城小区，2012年又开盘了第三期。

侯家沟位于车家村西北方向，顾名思义，因姓得名。清康熙六年（1667年），侯氏祖先侯世秋从山东即墨县携妻带子来到此安家落户，故叫侯家沟。后来，侯世秋次子侯玉与三子侯俊相继迁往金州华家屯和凌水子栾家村。今天侯家沟的侯氏诸民皆是其长子侯显的后裔。随着人丁兴旺，侯氏后人逐渐拓荒，侯家沟与车家村相连，以今敦煌街分界，南面是小侯家沟，即今侯二小区，北面是大侯家沟，即今侯一小区。侯家沟改造始于1982年，历经30余年，有了翻天覆地的变化。

回望岁月，感慨万千，就起了寻找侯家沟的“沟”的念头。原大侯家沟的侯姓人家，主要居住在现在的沙园街附近。侯光伟先生说，侯家沟有三条沟，一横两纵，中心医院住院部位于西南路的三层小楼西面正门处即是横沟旧址，敦煌南街、学工街则是两条纵沟旧址。现大连工业大学继续教育部北面的冷冻机厂位置，过去有一个用青石垒的大池子，上面盖一个用钢筋焊制的盖子，它的作用是接三方汇来的水，通过地下管道，穿越华北路，经第三中学操场外道路南侧流向原大连耐酸泵厂门前的“耐酸泵沟”，过香周路至“臭水套”。

车家村和侯家沟都出过城市英雄。“福纺大罢工”工人领袖侯立鉴就是侯家沟的汉子，大众书店（今新华书店前身）创始人之一车升五、车长宽是车家的后人。

▼ 春柳和刘家桥

春柳，顾名思义，有苍天古柳。今中国人民解放军辽宁省军区大连第七干休所内原有三棵红柳树，故这一带称作三春柳，后仅剩下一棵柳树，因而改叫春柳。柳树旁曾有老土地庙，解放后被拆除。

此处山坡过去是坟地，丧葬营生比较红火。老辈儿大连人兴土葬，无论是富贾还是贫民，死后都要使用棺材。春柳棺材铺基本供应全市所需，生意非常红火，这里规模最大的棺材铺是山东人黄清江开设的明港木工铺。春柳棺材铺不仅做棺材，也兼做家具，是全市性临时木工市场，类似今汉阳街家居世界。春柳还有很多为上坟者服务的小饭馆、大车店，

三中东面、冷冻机厂南侧的耐酸泵沟，2014 年年初改为暗渠（摄于 2012 年 4 月 18 日）

今日春柳街已不见柳树（摄于 2011 年 9 月 4 日）

那情景就像老片一样。1930 年 12 月，春柳一带虽划为市区，仍是农郊模样，风一吹尘土四扬。改革开放后，春柳大变模样。1980 年后盖起春柳住宅小区。

1986年前后，华北路扩道，三中门口的一棵古柳树引起了老住户的关注。我国自古就有柳条辟邪的传统习俗，不少人担心搬移了会引来灾难。由于大树占道，必须搬移，引来很多人围观，老人们都拦着不让移。僵持很长时间，老树还是搬移了，树的去向不知。

西南路畔南方商务君悦宾馆即原大连市百货公司，1949年1月创建，初名关东百货公司。1950年6月，更名中国百货公司东北区旅大分公司。1988年10月，下属春柳大厦开业。1994年12月，投资兴建五洲大厦。

笔者儿时常坐8路公交车，今411路公交车原是8路公交车。车家村、春柳的站名都还在，李家街却改成了春柳隧道。日本侵占时期，李家街叫李家屯或李家台，大致位置在今春一街、春二街、柳一街、柳二街、柳三街、春柳街西段、凌山街、凌山二街、凌山三街、凌山四街、凌山五街。春柳街671号春柳小学是建于1937年4月的周水子公学堂，虽然校园改了样子，春柳河依然没变。春柳河是一条污水沟，源自王家沟，流经西北路、华北路、香周路、西南路入海。据刘金玲老人回忆，20世纪50年代还能看到臭水沟。她住的一带就是原刘家屯，因为有桥便改作了刘家桥。桥在东特购物广场北侧与大连调味食品厂之间的华北路上。

华北路503号大连调味食品厂1948年12月建厂，叫大连味食品加工厂，主要生产酱油、大酱，后改叫大连味食品厂、大连味食品一厂，1990年与大连味食品二厂合并，现是大连棒棰岛食品集团下属企业。棒棰岛辣酱、棒棰岛酱油、棒棰岛白醋等，一直是大连人厨房调味的首选。

新生路17-23号北侧刘家桥295号大连上海家化日用化学品有限公司是大连日用化工厂旧址。大连日用化工厂建于1948年，曾生产“梅羚”牌人参美容露、洗发香波、粉底霜和药物发乳、雪花膏等，还在全国首创“貂油”系列化妆品。

过西北路，新生路畔是原大连石英辉绿岩制品厂旧址。1979年大连石英玻璃厂和大连铸石厂合并，厂区面积24.9万平方米，主要生产石英玻璃制品、辉绿岩铸石制品、黏土红砖。2005年，这里建成绿苑小区、万科城市花园等。新生路与金盾路间（新生路185号）大连嘉德酒业公司即大连葡萄酒厂旧址。1984年，大连葡萄酒厂从大连酿酒厂划出独立经营，生产葡萄酒、果露酒、香槟酒、啤酒、饮料酒等，其大恒温山洞酒窖面积达1万平方米，居世界第二位。

围着新生街走回，又看到春柳河，那个老桥洞是笔者18年前走过的地方。现在，臭水都流淌在暗渠里。默默地借着秋阳的指引，穿越春柳河小区，就望到了锦绣小区。那里就是18年前的石家沟，那些平房、那些植物、那些小动物、那些人……

时光流转

那些故去的『海南丢』也是城市的英雄，他们坚守孝儒文化，用一砖一瓦，用血汗，用青春铸就了大连。

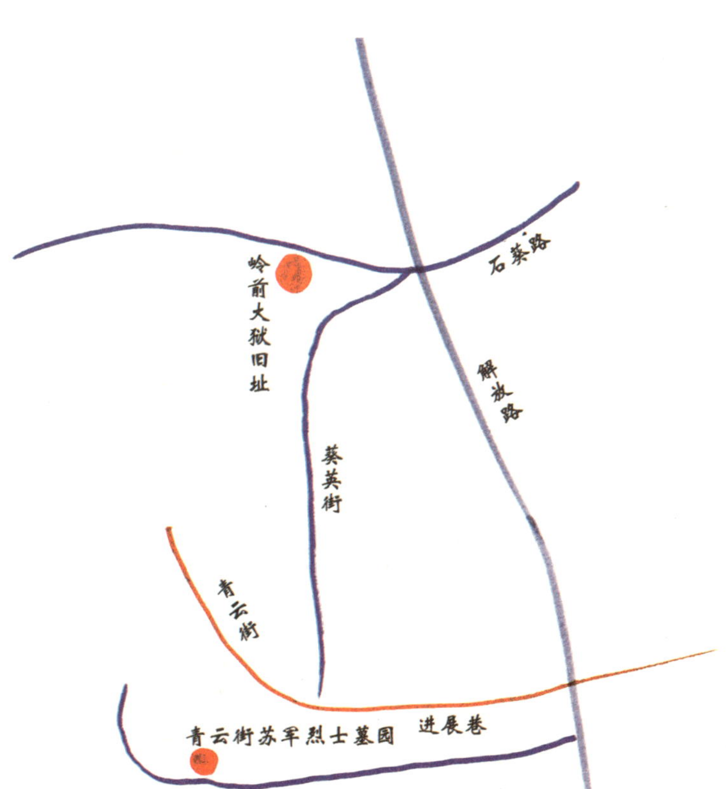

1924年，日本殖民者将大连的南郊，即“岭前会”，纳入大连市域。当时的“岭前会”包括岭前屯和傅家屯，这是广义上的“岭前”。狭义的“岭前”指今葵英街、青云街、八一路、桃源街一带，也包括石道街区域。所谓的“岭”就是山路环绕的捷山。

▼岭前大狱

老大连人把监狱叫作“笆篱子”。“笆篱子”源自俄语“Полиция（意为警察）”，音译“巴里斯”。老大连人不懂俄语，就把警察局叫成了“笆篱子”，蹲局子、坐牢都叫“蹲笆篱子”。

俄国侵占时期，大连警察署内的拘留所仅能容纳50人，所以大连监狱只能收容短期服刑的犯人，长期服刑的犯人一般要押送到海参崴。为满足城市统治需要，俄国人于1902年兴建旅顺监狱。日本赢得日俄战争后，于1906年设置关东都督府监狱署。因为狱舍日渐不足，1916年在大连岭前屯（今石葵路捷山山麓葵英小区、石葵秀景一带）新筑分监，设置分署。1919年4月12日，军政分离，关东都督府废止，实施关东厅官制，旅顺监狱改称关东厅监狱，大连分署改叫大连分监。

岭前大狱旧址位置如今已是居民小区（摄于2011年9月6日）

1926年10月，关东厅监狱改名关东厅刑务所，后定名旅顺刑务所，大连分监改名大连刑务支所。《关东局要览》记载，大连刑务支所是关东厅刑务支所。满洲国建立后，关东厅刑务所由设置在长春的关东局管辖，为了进一步控制大连，殖民者在大连大兴土木建造监狱。大连刑务支所占地面积9万多平方米，周围是4米高的围墙，牢房坐西南朝东北，呈十字放射状，共计76间牢房，最多时能关押800多名犯人，其中大部分牢房是用来拘留等候法院起诉、审讯、判刑者。1934年12月，改名关东刑务支所。日本人习惯把这里叫作大连分监，中国人则习惯称作岭前大狱。岭前大狱一直都是关押政治犯、重刑犯的要地，老大连人提起岭前大狱都会有些毛骨悚然。

中共大连地下组织先后四次遭到日本殖民当局的严重破坏，中共大连

1923年的岭前大狱

地委书记邓和皋，领导福纺罢工斗争的大连中华工学会委员长傅景阳及侯立鉴，大连放火团成员秋世显、吴成江、马永佐、于守安、邹立升、姬守先，大连情报组刘逢川、何汉清等都曾在此关押。秋世显、吴成江、马永佐因受刑过重，惨死在岭前大狱中。

日本投降后，为销毁法西斯罪证，1945年8月16日中午，日本人将刘逢川、何汉清等秘密接走，送到旅顺刑务所绞刑室残忍杀害。8月22日苏军进驻大连后，日本人的杀戮才被制止。解放后，关东刑务支所被用为大连地区监狱，先后由法院、公安部门管理。1983年5月，监狱工作移交给司法行政部门。1984年6月，大连市劳动改造管教支队成立，1995年1月1日，改称大连市监狱。名字变换许多，老大连人始终不改习惯，仍把它叫作岭前大狱。

1997年至1999年葵英小区建成，2004年2月7日，岭前大狱使命结束，与南关岭监狱合并，改称辽宁省大连南关岭监狱。不久，原址建成石葵秀景小区。

▼苏联茔

青云街蜿蜒的街巷小路，有青灰的高墙为伴，墙内是“苏联茔”，也就是我们常说的苏军烈士墓。

俄国人曾把大连看作自己的领土，在规划“达里尼”的同时，预留了墓地区，青云沟（即今青林云海小区一带）是公共墓地，捷山山麓是欧洲人公墓，即今进展巷45号“大连青云街苏军烈士陵园”位置。

陵园依山势成阶梯形，占地约万余平方米，不仅安葬着牺牲的苏军战士及其家属，还埋葬着1899-1945年间在大连死去的俄国人。俄国人坟墓宗教色彩浓厚，苏军战士的坟墓则多带有明显的苏联红军特征。600多座坟墓中约有400多座是苏军战士坟墓。坟前多有铁制或水泥制作的十字架，有的墓碑上还镶有逝者的照片。据老人讲，苏军烈士下葬仪式非常隆重，还要朝天鸣枪。

解放前，墓地叫作露西亚坟地，还有一座建于1912年的尖顶俄式东正教教堂——圣天神掌米哈伊洛教堂。教堂又称圣米哈伊尔－阿

苏联堂教堂旧影

尔汉格尔斯克教堂，1924年、1935年两次扩建，红砖墙，铁板顶，正门入口竖立着一个两米多高的花岗岩十字架，圣号上刻着《圣经》中的一条语录。教堂顶端有钟楼，内悬大小铜钟各一口。神职人员的住宅建在教堂东侧山腰的阳坡上。1912-1958年间先后有6任掌院司祭，第一位金冠大司祭罗日捷斯基·彼得，俄国籍，白俄罗斯人，1945年“九三”胜利前死在大连，葬于俄国墓地；第二任修士大司祭噶夫利伊洛，苏联籍，白俄罗斯人，曾任北京教会教务长，1947年回苏联；第三任金冠大司祭玛琳·阔洛维，俄国籍，白俄罗斯人，1953年逝于大连，葬于俄国墓地；第四任司祭科

青云街苏军烈士陵园（摄于2011年9月6日）

陵园内肃穆林立的墓碑（摄于2011年9月6日）

兹洛夫·杰奥尔基·巴甫洛维奇，白俄罗斯人，苏联籍，1954年6月20日回苏联；第五任司祭卡扎罗娃，夏家河子“卡赞圣母女子修道院”掌院修女，1956年6月回苏联；第六任司祭朱世朴，中国籍，1956年11月7日担任司祭，1958年9月去哈尔滨教区工作。

1958年9月-1966年间无司祭，由教徒推选或有关部门指派，先后有五位教堂负责人，分别是西夫科夫·伊万·马卡罗维奇（1960年春回苏联）、特鲁哈诺娃·叶卡捷琳娜·克里诺夫娜（1960年11月回苏联）、罗格里·尼娜·瓦西里耶夫娜（1962年回苏联）、凯克娜（1964年2月回苏联）、什维了娃（中俄混血，中文名王秀芝，1962年2月26日负责教堂管理工作）。

墓地和教堂附近的密林，是老大连人王永保童年常去捉蝉的地场儿。王永保的父亲会说简单的俄语，还时常与神父聊上几句。20世纪60年代，附近人家还会听见教堂里传出的悠扬的钟声和肃穆的诵经声。“文革”期间，教堂拆毁。

苏联解体后，每年都会有俄国人来扫墓，既有看望战友的老兵，也有寻找儿子的母亲和寻找丈夫的妻子，还有来祭奠祖父母的晚辈，友情和亲情像不尽的流水，始终无法割断。

▼石道街

日本侵占时期，石道街一带属岭前会，1924年划入市区。石道街位于胜利路至八一路间，解放后根据习惯沿用街名，1964年改为碎石路，1979年改成柏油马路。

石道街分南北。虽然至今不少人分不清南北石道街的确切分界，但都模糊记得大致的方位。过去，只要大人一提起北石道街，孩子们多半会想起火葬场、坟地，顿时充满恐惧感。北石道街英雄广场附近就是过去火葬场所在及大连先民“海南丢”的老坟场。火葬场一带过去是农乡模样，四围皆是荒落草屋，因为是黄土路，汽车碾过，尘土飞扬。魏富海市长在任时改变了石道街的破败，1984 年开始建设石道街住宅小区。石道街住宅小区虽是板楼，却是 20 世纪 80 年代大连最好的民宅。

石道街曾是大连四大贫民窟之一，当年这贫民窟里还隐匿着“放火团”。一二·九学生运动后，共产党员秋世显加入抗日放火团，被派往大连。当时，大连放火团成员仅有五六人，主要是“满油”和“满铁”仓库的苦力工人，放火对象也集中在这两处。秋世显便伪装成苦力，潜入工人聚居的石道街贫民窟，与他们生活在一起。很快，他就秘密发展了大批抗日放火团的新成员。大连放火团有力地支持了抗战。

过去，南石道街有很多“海南丢”老坟。1997 年，白云雁水一带建成森林动物园。1998 年夏，《大连日报》又刊出一则迁坟通知，为纪念建市百年，北石道街一带将动迁，埋在周边的坟墓也要迁走，规划建造英雄广场。

石道街示意图

不久，许多“海南丢”的老坟被迁移了，英雄广场很快建起来。其实，那些故去的“海南丢”也是城市的英雄，他们坚守孝儒文化，用一砖一瓦，用血汗，用青春铸就了大连。

石道街英雄广场（摄于 2010 年 12 月 24 日）

▼岭前旧时光

日本侵占时期，八一路属岭前屯，1921年始建，起自解放路，止于傅家庄，并开通电车，1955年拆除轨道，改为公共汽车，全线铺设柏油马路。解放前，八一路东段两旁坡台分别叫长春台、晴朗台，今长春街、晴朗街就是故名的修正版，当然区域不再是片儿而是一条街。1946年6月1日，岭前屯、长春台同时改名叫八一路。

岭前电影院旧址如今已是小吃城（摄于2011年9月6日）

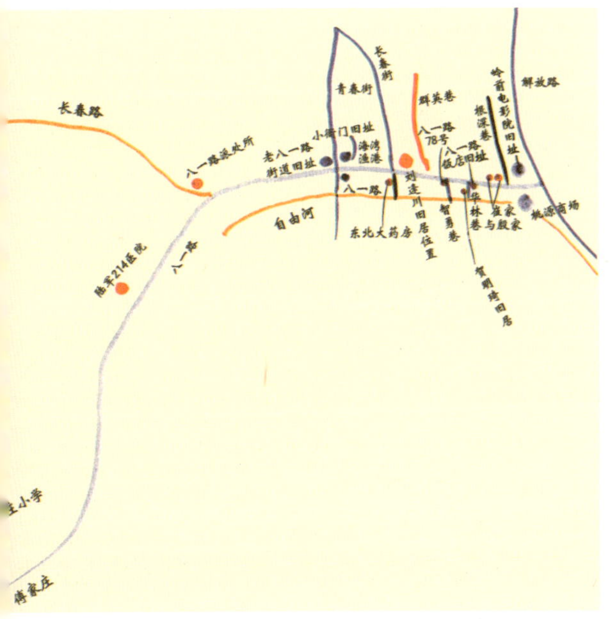

八一路街区示意图

解放初，大连基层行政建制流行“坊”制，大致与今街道相同。八一路街道曾叫长晴坊，取日本侵占时期长春台、晴朗台首字组合。当时，“坊”的领导称坊长，坊辖下的居民委叫“闾”，领导称闾长。20世纪50年代初改制为街道。当时的长晴坊办公室是一栋和风洋楼，在老八一路派出所西面街道路台上，正面对着八一路。“文革”期间，改叫八一路公社，后迁至群英巷东八一路边，“文革”后又改叫八一路街道。

桃源桥拐弯北侧小吃城前身是2004年拆掉的岭前电影院。建国后，岭前一带只有露天电影院。1956年建军节，露天式岭前电影院建成开业。据贺明琦老人回忆，电影院于1958年1月1日转到桃源市场二楼室内。1966年，岭前电影院改名向阳影院。

为解决岭前地区群众看电影问题，市电影公司曾与440俱乐部合办白云俱乐部。1981年，白云俱乐部改建为二层楼式影院，1982年4月10日开业（白云俱乐部停止营业）。红红火火的日子一直持续到20世纪90年代末，1997年曾更名影娱大世界。

与岭前电影院隔街相望的八一路10号岭前商场，前身是20世纪30年代日本人建立的桃源台菜市，解放后收为国有，先后更名为桃源市场、岭前菜市场、桃源商店等。20世纪60年代，著名史学家顾颉刚偶居鸣鹤街，时常来此购物。1980年，改叫岭前商场。

岭前电影院、岭前商场曾一起构成当年的区域性商业中心，一度成为岭前的代名词。

八一路4路车站附近自由河畔的荣信巷1-5号大板楼是岭前农场场部旧址。岭前农场成立于1957年，初名曙光农业生产合作社，1959年改叫岭前农场，地域包括转山屯、老虎滩、石槽、棒棰岛、秀月街、八一路、傅家庄、石道街及白云山庄，有蔬菜队、果树队、海洋大队、养牛场、养鸡场、养猪场、养貂场、稻田地，后建有修船厂、通风设备厂等很多工厂。岭前农场的场部旧址20世纪80年代末拆迁，建成普通居民住宅楼。原场部迁到新起屯半岛晨报社斜对面位置。1992年，大连岭前农场与大连华侨果树农场、大连奶牛场、大连农工商联合总公司等几家合并，成立大连三寰集团。后来，岭前农场场部拆除，建成乐购超市。

▼八一路英雄

当年，八一路畔还有一个鲜为人知的旅大八一火柴厂，是大连历史上第二个火柴厂。旅大八一火柴厂建于1972年，由 八一路公社创办，位置在今八一路派出所南面山坡上，厂房面积约300平方米。最初，工厂生产盒式火柴，火柴盒上的图案都是用木刻版手工印刷的。后改为生产书本式火柴，因为销售不景气，维系了一年半左右便退出历史。

长春街东八一路临街曾有长春台57番地，是抗战时期大连情报工作人员刘逢川旧居。刘逢川是山东牟平人，1931年1月考入张学良的东北军骑兵第三师教导队。1938年10月，刘逢川被八路军俘虏，因此走上革命道路。1941年1月，他参加苏联红军远东军区参谋部在延安开办的特工训练班，因为成绩优秀，被授予苏联红军大尉军衔，并与无线电训练班毕业的何汉清组成大连情报组，准备潜入大连执行情报工作任务。

何汉清是南方人，湖

八一火柴

北口音很重，他们结伴而行很容易引起敌人怀疑，刘逢川决定先行到大连接头，何汉清留在烟台等待机会。1942 年 6 月 15 日，刘逢川由烟台乘船顺利到达大连，按照指示与苏联驻大连领事馆正式接头。刘逢川与苏联驻大连领事彼德・塞米约诺维奇・彼德洛夫（简称彼德洛夫）接上头以后，遂于 8 月借外甥回山东之机，托他将妻子雷玉莲、儿子刘庆杰与何汉清带到大连。刘逢川与何汉清并不住在一起，何汉清住在黑石礁杨树沟。

刘逢川画像

刘逢川、何汉清一直接受彼德洛夫的领导，短时间内为苏军对日作战提供了大量军事、经济和政治方面的情报。他们搜集到的情报主要有：满洲石油株式会社生产储存情况；大连船渠工厂的从业人员情况，执勤队数量；大连船渠工厂的船舶建造能力；甘井子地区各工厂经营情况；甘井子地区略图；寺儿沟地区内高射炮的架设位置；关东军实行非常物资回收情况；大连船渠工厂日本职工应征入伍进海军的情况；大连码头出入船只及货物装卸情况；大连船渠工厂新建船只的船种、吨位、下水情况；大连市内物资不足和黑市情况；驻扎在熊岳城附近的日本军队的宿营情况等。

1944 年 9 月 24 日，何汉清秘密进入苏联领事馆中拿到电台，准备进行发报工作。10 月 15 日起，他先后进行了 9 次收发报实习。不幸，他第一次进行无线电联络试验就被伪关东州厅大连递信局监听小组截获电波。伪关东州厅警察部长潮海辰亥亲自组织搜查工作，并担任抓捕行动总指挥。12 月 3 日，何汉清在家中被捕，次日凌晨刘逢川在长春台家中被捕。刘逢川、何汉清都被关押在岭前大狱。1945 年 8 月 16 日，他们被押送至旅顺刑务所绞刑室秘密杀害。

▼傅家庄的人与事

傅家庄是大连四大海滨浴场之一，茅盾、沈从文、顾颉刚等名流都曾在此消夏戏水。相传，300 年前有傅姓人家从山东渡海过来安家落户，几经繁衍形成村庄，以姓为名叫傅家庄。

大连傅姓系明开国大将傅友德之后，昔秀月沟曾叫傅家坟，为傅姓坟茔地。今山东龙口市北马镇楼子庄、芦头镇、烟台山，福山黄务镇（今烟台富甲小区）仍有傅氏后裔。福山黄务镇还保留着傅氏宗祠及清武探花傅懋凯（参加过中法马尾海战）府邸。

傅家庄过去是一个小渔村，一般人家都有舢板，俗话叫“小脚(胶东音 juě)子”，家境稍好的人家养着帆船，不仅可以出海打鱼，还能贩运货物。过去傅家庄的大致范围在今大连嘉汇阳光学校

山东烟台傅氏宗祠

和中国煤矿工人大连疗养院附近，现傅家庄车站往党校方向的路右侧都是傅家庄的居住区。当时约有几百村民，林姓是第一大姓，此外还有郭姓、尚姓等。林姓几个有实力的人家都以居住地称呼，如“上台子”、“瓦房子”、“东甸子”。“上台子”林家大约在今华能酒店（滨海西路 4 号青旅假日酒店）后，“瓦房子”林家在今大海螺旁边，原是一片湿地，长满了红色的“碱蓬草”，涨潮时海水就漫上来，海边多是海草苫的屋顶，那户林姓人家是瓦房，因此得名。“东甸子”林家在通往今小傅家庄的路左侧，苏军曾征用过那家大院，后做过傅家庄供销社。

郭姓的大户住在“西碾子”。林姓、郭姓祖辈都是山东人，林姓人主要以打鱼为生，郭姓人则以种地为生。林姓中最富的是“上台子”林家哥俩儿，老大林继业（字善斋），是万义长油坊的大掌柜。万义长油坊建于 1922 年 10 月，是一家油脂加工厂，位于香取町 3 番地（今学士街 155 号一带）。日本侵占后期，油坊加入本地帮组成的协和制油株式会社。老二林继万精于渔业，家业颇为殷实。

要说傅家庄最富者却是出自郭氏人家的郭精义。他的府宅位于傅家庄车站北面大约50米处，是个面南背北的中式大四合院。郭精义曾为商店学徒，通过不断努力，逐渐掌握了经商之道。发达之人必有贵人相助，他的贵人就是大连首富刘肇亿。刘肇亿不但信任他，而且处处提携。经过十余年的积累，郭精义不仅开设有福顺厚代理店，还拥有油坊、钱庄等许多产业。郭精义宅心仁厚、干练务实，担任大连华商公议会协理时，曾协助刘肇亿兴办过慈善机构宏济善堂、娱乐设施永善茶园，修建妈祖庙，修复松山寺，深得华商拥戴。1914年，郭精义担任第二任华商公议会会长。1920年，大连评选华商八大富翁，郭精义位居第二。

1922 年 11 月 13 日，郭精义病故，张作霖派特使来连致祭，民国政府特颁“义声载道”匾额一方以示表彰，就连日本殖民政府关东州厅长官儿玉秀雄也破例提议为其树碑，并亲自题写碑名“郭君精义纪念碑记”。此碑现藏于旅顺日俄监狱旧址博物馆中。

俄国侵占时期，达里尼市市长萨哈罗夫计划在傅家庄修筑陆军疗养院和达里尼市疗养院，梦想还未实现就被赶出了大连。1924年，岭前划为市区，日本人在今傅家庄海边附近设置官吏派出所（老大连人叫"小衙门"）。傅家庄派出所那里有一口深井，打上来的水特凉，洗完海澡，游人常去那里喝凉水。附近海边还有几户渔民的住房。

当时，傅家庄街一带设置普通学堂，大家都叫公学堂（解放后为傅家庄小学，现为滨海小学）。公学堂是四年制初级小学，要读高小（相当于今初中）的话就要到石道街（现二十六中）去。

那时傅家庄虽属市区，实际上仍是市郊，还没有开通公交车，仅有一条简易的轨道，用骡马牵引车厢，老百姓称作"轱辘马"。虽然条件简陋，却吸引着日本人，每年都会有许多人来这儿消夏。著名教育家黄炎培先生也坐过这种车。他在日记中写道："5月29日（1927年），午至伯文叔所。餐后同游傅家庄，自桃源台坐铁道骡车（人一角五分）至海滨。"

傅家庄还有日本人建的疗病院旧址（今陆军214医院）。疗病院主要是对传染病患者进行收容和治疗，1910年始建，位于向阳台畔（今中医院位置）。1940年10月，迁至傅家庄建疗病院。因为主要收治患结核病的日本军人，民间误传"疗兵院"，曾有大连媒体也如此讹传。日本投降后，傅家庄自然成为苏联人的乐园，疗病院被苏军通讯部队接管。每到夏天，苏联官兵和他们的家属就会组团到此游泳。苏联人的幸福生活维系了大约10年，他们撤离后，这里便成为大连人的乐园。傅家庄一度改名叫兴海屯（今大连滨海医院一带仍叫兴海屯），空军疗养院、八二疗养院、造船疗养院、中国煤矿工人大连疗养院、民航疗养院、沈阳军区疗养院、六机部疗养院、市委党校、市工人疗养院陆续在此建设而成。

傅家庄的标志——海螺雕塑（摄于2011年9月6日）

1980年，建成傅家庄公园，后来，又出现了小傅家庄，西大滩（日本人叫大沙滩）也改叫银沙滩。每到夏天，海滩就聚满洗海澡的大连人及游客。很多俄罗斯游客喜欢来此消夏，所以欣赏俄罗斯美女也成为傅家庄的一道风景。

美丽的傅家庄还是许多影视剧的取景地，老电影《东港谍影》《碰海人》就有不少傅家庄海滩的镜头。

繁华如昨

西安路

每当烤好咸鱼，淘气的杨洪基就会跑来抢走，女孩子们追也追不上。谁都没想到这个小男孩多年后成了闻名中国的歌唱家。

西安路一带主街后身街巷旧景

▼记忆西安路

西安路北起沙河口桥洞，南至中山路，1908 年始建，1911 年竣工，时称“大正通”（以日本大正天皇年号命名，当时大正通止于解放广场）。1924 年，沙河口编入大连市域，1928 年开通有轨电车，与主城区连成一体，1946 年改名西安路，沿用至今。

从沙河口桥洞至长江路段沿线原多是日本侵占时期的洋楼，抚顺街一带是最后一片，2009 年年末拆掉。那片洋楼的价值显然被低估了，它们是城市发展脉络的见证。

兴工街基督教礼拜堂位置原有日本侵占时期霞町管理派出所，西侧福佳北门一带原为日本侵占时期教堂，沃尔玛新天地广场位置是当时满铁沙河口消费组合与图书馆，八中区域（今抚顺街永明巷 12 号）是日本侵占时期霞寻常小

残存的抚顺街日本房（摄于 2011 年 9 月 1 日）

学旧址。霞寻常小学 1932 年 4 月设立，1952 年 5 月设立大连市第八初级中学，1956 年改为完全中学。2010 年，红砖

墙面的校舍重修。

天兴罗斯福一带原来多是二三层方形小洋楼，二三楼多为住家所用，一楼皆是临街店铺。东北角位置原有日本侵占时期“大连出租车”等。早在1917年，大连就有了出租车行业，据称在当时的亚洲排在第一位，超过了大都市上海。

西安路老房子，在今解放广场南电车道东侧，已拆（摄于2010年10月17日）

民勇嘉泰广场对面是当时大正通14番地小松勉强堂。小松勉强堂不仅有补习班，还有图书文具部，同时兼营运动具和武道具。据《大连最新番地入案内》广告，小松勉强堂的生意倒是不错，当时有两部五位数联系电话41521和41854，经常会有顾客拨打咨询电话。小松勉强堂旁有中村生花店，生花即插花，即我们今天所说的“花道”。“花道”起源自我国唐朝时期佛教的供花，佛教经典中有不少关于供花的记述，供花包括撒花、花鬘及拈花。传说释迦牟尼就是拈莲花传授佛教真谛，供花因此成为建立功德的表现。佛教传到日本，佛前供花的习俗随之传到日本。因插花使用新鲜的树枝或花草加工，加工后放上清水可保留几天，故又叫“生花”。

君安大厦位置是日本侵占时期出口谷物商店、经营五金的田畑支店和乌冬面店。田畑支店对面有梅屋旧址，刘新杉讲，小时候那里是大连食品厂的商店。梅屋旧址旁（今天兴罗斯福中间处）是石田写真馆（即照相馆），由日本人石田寺郎于1931年创建。石田寺郎是广岛人，甲午战争时期来到大连。他一边当学徒，一边跟俄国人学习摄影技术。有了一定积累后，他便打算自己创业。1929年，大连市区西移，经高尔基路、联合路等与沙河口相连。大正通正处沙河口的繁华中心，还有便利的电车经过，石田写真馆就选址在这里。石田写真馆是一座三层小楼，生意做得很稳当，还雇用着中国店员。因为这里有很多中国人居住区，殷实人家常来照全家照、生日照等。大连解放后，石田寺郎一家被遣返，此处被接收。20世纪50年代中期，成为西安路摄影社。

石田写真馆旁是日本侵占时期大正通62番地，原有一家松田自转车商会，主要经营富士牌自行车及维修。松田自转车商会南是“沙河口礼葬”，看来当时不像现在这么讲究，竟然允许将殡仪店开到繁华市街显眼的地方。

黄河路豪享来西餐店是仁生医院旧

址。仁生医院还打着广告：刘万医学士主治皮肤科、花柳病、一般外科、内科、小儿科，大正通电车站前下车即是。当年这里红灯区生意红火，医生们自然发了财。当时大连医生的收入可以与当下金领相比。

解放广场（解放后改叫西安广场，1949年改现称）2号大连第四十八中学是日本侵占时期大正寻常小学校旧址，建于1921年4月。1964年8月在此成立民办沙河口区中长中学，1969年改为公办大连第四十八中学。

大连市第四十八中学前身建筑

20世纪20年代末随着城市扩张，人口逐渐增多，西安路原来的公共设施与治安机构已不适应，日本殖民者开始重新规划。1936年，在位于大正寻常小学对面的空地上建造沙河口警察署。《满洲建筑杂志》记载，建筑由关东州厅设计，石井组施工。建成后，位于广平街上的沙河口警察署迁此。1945年10月下旬，中国共产党领导下的正在筹建中的警察总局先后派秦树云、金路清等十余人到沙河口与孙连鹏、曲慕贤等会合，经与沙河口警备司令部副司令董崇彬商量，11月3日在此组建沙河口警察局，秦树云任局长，金路清任副局长。新中国成立后为沙河口公安局，后为沙河口区法院及检察院，2004年拆迁。

▼许亿年与广平街

西安路一带还有如意街、昌平街、广平街、升平街等。如意街是日本侵占时期仲町一带，1946年改现名。昌平街自长兴街至五一路间，日本侵占时期属巴町一带，1946年称昌平街，“文革”时期改叫继光街（纪念英雄黄继光）、英武街，1973年恢复现名。广平街是日本侵占时期元町一带，1946年改名，“文革”时期一度称少云街（纪念英雄邱少云）、民兵街。升平街起自长兴街止于盖州街，日本侵占时期属西町一带，1946年改现名。

广平街是不折不扣的百年老街。日本侵占时期的沙河口警察署便坐落于广平街，大致在今广平街北口东面板楼位置，它对面还有当年的消防署[1]。有人说“时势造英雄”，也有人说“乱世出英雄”。当

【1】1907年2月2日，关东都督府创办大连消防署。同年7月，大连消防署在大正通设消防驻扎组，后为今西安路消防队。

年，西安路的首富并不是日本人，而是中国人许亿年。1920年，许亿年出任许氏企业安惠栈经理，他将大连东部的安惠栈总栈迁到昌平街，成为最早来沙河口吃螃蟹的富豪，仅用7年时间便跃居大连八大富商之列。1929年，不到50岁的许亿年在殖民当局支持下，联合沙河口一带1000多个中小商户组成西大连商会，亲自担任会长。西大连商会会址位于元町204号，即今广平街西、万仁巷南、沙河口净水厂北三角地带（老三汽车美容一带）。这里本是财神庙，供着赵公明的神像，但真正的“赵公明”却是许亿年。据记载，1939年，日本人首富相生家族年收入10万日元，大连张本政年收入16万日元，许亿年年收入则高达20万日元。

许亿年

许亿年的买卖很杂，油坊、银号、杂货号等，还在营城子经营着万亿农园，已经拆掉的广平浴池也是许亿年的产业。广平浴池建于1929年，初名惠泉堂[1]。惠泉堂旧址在昌平小学东侧，泉涌街50-58号南板楼。那里原是二层小楼，因有水井，浴池中的水多是井水，让浴者清爽无比。1991年这里改造，水井被填埋。2011年9月，广平浴池消失。

解放后，许亿年一落千丈，1950年在北京病逝。

▼消失的老厂

大连第一发电厂

202路有轨电车解放广场站西侧是大连第一发电厂旧址，大连人简称“一发电”。大连发电的历史很早，始于1902年，当时俄国人在今造船厂内建造了大连发电所（今造船厂自备电厂前身）。1907年满铁接管，改称满铁滨町发电厂。随着城市的扩张，滨町发电厂已经无法支撑大连的运转。1919年，日本人选在马栏河畔建造新发电所“天之川”，1921年建成。1945年8月，苏联红军接管，同年12月，交由关东电业局管辖。1951年移交中国，改称大连第一发电厂。多年来，这里一直是大连电力供应的主力，随着华能热电的兴建，大连第一发电厂逐渐淡出。2011年8月此处拆迁，成为玫瑰东方二期规划地。

大连酒厂

大连酒厂前身是日本森川酒造株式会社，建于1913年，主要生产日本人喜欢喝的清酒。1945年8月被大连市政府接管，更名为大连新华造酒厂。日本

【1】许亿年在大连开的两大澡堂分别是万泉堂（即人民浴池）、惠泉堂（即广平浴池）。

大连第一发电厂旧址（摄于2011年9月1日）

侵占时期，此处属裙野町，1946年6月1日改称富国街，大连酒厂就位于富国街3号。1954年，大连酒厂与大连酒精厂合并为大连酿造厂，生产大连老窖酒、陈曲酒、高粱大曲酒、老虎滩白酒等诸多名酒。1964年分离出来，改名为大连白酒厂；1977年，大连白酒厂改名为大连酒厂；2004年，大连酒厂由国有企业改制为有限公司，更名为大连酒厂有限公司。老大连人王志超讲，20世纪60年代大连酒厂生产的“辽海”牌老窖仅次于茅台，售价高达7元。在工资不足40元的情况下，仍有许多酒友耐不住酒香的勾引。

2007年10月24日，大连酒厂开始搬迁，由富国街3号搬迁到金州区堆金街3-1号。金州新区的大连酒厂历史陈列馆里仍珍藏着许多珍贵的记忆。最让人叹为观止的就是那巨大的方形木柜。木柜的学名叫酒海，是传统工艺做成的储酒器具。酒海外面用约2寸厚的白松木板拼接，运用卯榫结构；内壁张贴粗糙的桑纸，一般是刷一层猪血，贴一层桑纸，总共有25层，这样酒海内部形成一层壳，不但酒水不会外渗，还有种特殊的香味向酒里渗，因此酒越存越香。现今的酒厂储酒很少用酒海，大多使用坛子或不锈钢罐，因为这个工艺早已失传了。

大连电机厂

老大连酒厂北面是河口村213号大连电机厂（简称“大电机”），原为光华电气工厂，1946年由满洲电机制造株式会社与亚洲胶皮工厂合并而成，1953年改叫大连电机厂。大连电机厂曾是中国最大的电机生产企业，其生产的电机无论是质量、产量，还是品种、出口量曾一直居于国内同行业首位，曾远销港澳、东南亚等地区。

20世纪90年代，由于行业不景气，三角债增加，大电机陷入经营困境。1997年4月，大电机和新加坡威斯特签订合资协议，成立威斯特（大连）电机有限公司，注册资金1亿元人民币，双方各占50%股份。大电机以土地、厂房、设备等入股，新方以5000万元资金分期注入。2000年中方股份全部转让给威斯特，合资变成了独资。

大连油漆厂

星海人家小区位置是大连油漆厂旧址（原裙野町53番地），前身是建于1919年2月的满洲油漆板式会社。大连放火团第一把火烧的就是满洲油漆株式会社。1935年6月25日夜，放火团成员高绪慎在邹立升的指挥下点燃了满洲油漆株式会社。1936年7月至1937年11月，高绪慎又连续放火五次，其中1937年1月2日曾将第一工厂全部烧掉。

解放后，工厂由苏军接管，1947年6月改为中苏合营，1951年移交中国。当时，大连油漆厂是中国六大油漆企业之一，20世纪90年代中期年油漆产量2.75万吨，氧化锌产量占全国三分之一，产品远销加拿大、美国、东南亚等地。与众多老企业一样，它也经历了阵痛。2008年，大连油漆厂通过搬迁实现资产优化重组，改名为大连北方海鸥制漆有限公司。“海鸥”牌油漆因为环保、安全成为辽宁省著名商标、名牌产品，东联路高架桥靓丽的外观便是由“海鸥”装扮。

大连油漆厂的海鸥牌商标

▼长兴街

长兴街交于西安路，始建于日本侵占时期，是中日居民的混合区，按照老话讲，当年这里住的日本人都是三等鬼子。过去，此处住宅多为日式平房和二层中式砖木瓦房，1986年开始改建。长兴街畔还有民权街、泰山街等。民权街是一条大街，起于久寿街，止于西安路，还有民权北二街、北四街、北六街等分支，日本殖民时期属尾上町、福久町一带。1946年，始称民权街，“文革”时期响应革命大潮改叫革命街，1973年恢复原名。

民权街、长兴街南北一带，老人俗称联合路，那些街道纵横交错，划成方形，一块一块，四通八达。据朱桃春女士记忆，著名歌唱家杨洪基儿时就住在民权街一带永平街44号。那是一栋中国式的红砖四合院，位于联合路西侧民权街附近，靠近电车道。杨洪基的大姐叫杨洪巽，曾是一中校长。杨洪基的二姐叫杨洪奕，与朱桃春是同学。那时，海边长大的大连孩子多会生炉子烤咸鱼，所以她们经常在杨家改善生活。每当烤

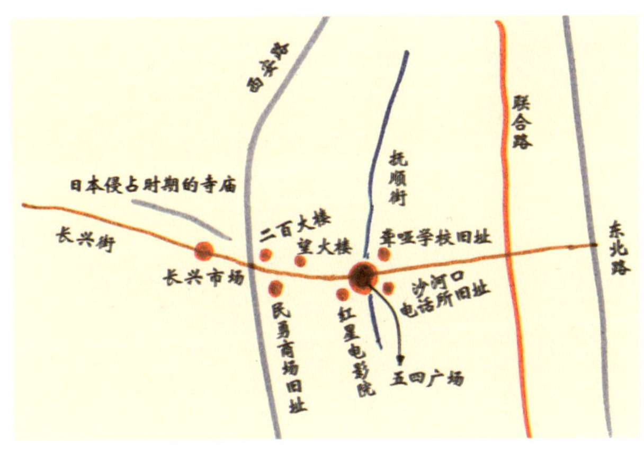

长兴街示意图

好咸鱼，淘气的杨洪基就会跑来抢走，女孩子们追也追不上。谁都没想到这个小男孩多年后成了闻名中国的歌唱家。

人们更没想到的是翻天覆地的变化。当时，这里每座洋楼和平房外面都有一株或几株老树，每至炎炎夏日，大树宛若巨伞，让人感到无比清凉。1999年，长兴街一带悉数改造，2000年建成民兴花园。高楼让城市变得通透了，从此再未在这城里看到那样多的参天大树。

▼五四广场

五四广场建于20世纪20年代，当时日本人把这附近叫黄金町，广场称为黄金广场。五四广场富鸿花园是原大连聋哑学校旧址（原长兴街163号）。大连地区聋哑学校始建于1928年12月，当时叫大连私立盲哑学校，隶属于大广场小学（今16中）。1930年4月，在今五四路小学位置建成关东盲哑学校，大连私立盲哑学校随之取消，学生都转到了关东盲哑学校。这个学校却实行种族歧视，将中国人排除在外，仅招收日本盲哑儿童。1951年成立旅大市生产教养院聋哑学校（隶属于旅大市民政局），1953年改为旅大市民政局社管处盲哑学校，1958年改名大连聋哑学校（隶属于旅大市教育局）。2006年动迁改造，学校搬至中山路正仁街路口。虽然城市变迁了，许多人仍将富鸿花园一带叫作“老大连聋哑学校”。

五四广场6号邮政营业厅大楼是沙河口邮电

五四广场邮政营业厅（摄于2011年9月1日）

局旧址，原是二层高的米黄色弧形小楼，《中国近代建筑总览》记载，该建筑建于1931年左右。洋楼不是此处最初的建筑，原为建于1920年6月的电话交换所。黄金町电话交换所开通1600门人工电话交换机，是大连市内第一次，也是东北地区第一次由人工单局制改为多局制。这个电话局使用的时间要比大广场关东厅通信局早。1946年4月1日，改为沙河口邮电局。

城市发展，社会变迁，一切都似流水。2007年新华书店沙河口书店在几经搬迁之后也在此落户（一度在百盛北侧），改名“大连市新华书店五四广场特约经销店”，虽然满足了书虫的渴求，但总觉得少了些气氛，那种气氛似佛陀所言，不可说。

当年五四广场最热闹的地方莫过于红星电影院。红星电影院建于1921年，当时叫松竹馆。1945年10月，旅大市总工会接收，改名中西电影院。1954年2月1日，旅大市文教局主管，易名红星电影院。电影院先后于1982年、1988年、1991年、1998年及2001年大规模翻建，变成了现在的模样。2006年改叫大连华臣红星电影院。

▼民勇市场与长兴市场

长兴街仅有沙河口消防队还是原来的样子，曾经高高的望火楼已变得渺小。沙河口消防队前身是日本侵占时期沙河口消防署，原在广平街口，20世纪30年代初建成望火楼迁此。望火楼对面是民勇市场旧址，西安路升级改造，建成民勇嘉泰广场（简称“民勇”）。民勇市场可以追溯到1922年12月。当时，西大连（即沙河口一带）因为建成满铁沙河口工场逐渐繁华起来。大商人许亿年首先将买卖迁过来。精明的日本富甲相生由太郎也相中这里，便与石本鑽太郎、乌林当盘、瓜谷长造合资200万元兴建商业市场。因为市场处于西大连，名曰西市场。西市场占地1923坪（1坪约为3.3平方米），是继常盘桥市场、山县通市场、千代田市场、小岗子市场之后第五大市场，主要经营副食品和杂货等，基本以日本人为服务对象。

我们今天所讲的沙河口是指俄国侵

占时期的北沙河口，自古是原始的村落，一直有乡间集市。每逢赶集，小平岛、马栏子一带的商农便纷至沓来。日本侵占时期，露天集市依然存在，因与西市场对临，俗称西大场。那里的商贩没有租金压力，不仅农副产品齐全、新鲜，而且价格低廉，许多日本贫民也愿光临。西市场就向关东州告状，说西大场有违市容。日本人当然偏袒日本人，就派来警察轰赶。中国商贩以此为生，始终游击周旋，久而久之不了了之。为了和平解决纠纷，相生由太郎便找到西大连的霸主许亿年协商。许亿年虽然仰仗日本人，毕竟是中国商户的首领，尊为西大连商会会长，遂同相生由太郎约定和平相处。不久，许亿年学习露天市场的做法，在此搭起偏厦子，建起临时市场，把小商贩都聚集到自己的旗下。

太平洋战争末期，西市场、西大场名存实亡。大连解放后，1950 年在西市场旧址重建市场，改叫沙河口市场，1975 年改称民勇市场。1979 年 1 月，在原西大场旧址重建长兴市场。1994 年 12 月 24 日，长兴市场再次扩建竣工开业。不久，便形成了图书城。

长兴街 175 号“二百”（大连第二百货大楼）建于 1953 年，时称沙河口百货商店，“文革”期间一度称延安百货商店。1987 年 2 月 25 日，成立辽宁省第一家股份制企业大连

西安路望火楼（摄于 2011 年 9 月 1 日）

民勇市场旧址（摄于 2011 年 9 月 1 日）

长兴市场是在原西大场旧址上建起来的（摄于2011年9月1日）

二百大楼（摄于2011年9月1日）

沙河口百货股份有限公司（简称“沙百”）。1989年，“沙百”增加经营面积，由三层加盖至五层。改建一新的“沙百”因此获得大连人的青睐，成为当时大连西部规模最大的国营商场。1993年1月，因“天百”更名“大连市百货大楼”，“沙百”更名为“大连第二百货大楼股份有限公司”，“二百大楼”名号因此形成。1994年12月，大连商场股份有限公司、大连第二百货大楼股份有限公司、大连交电家电总公司、大连商业储运总公司等单位为核心共同组建成大商集团。

补遗：日本的寺庙

日本侵占时期，沙河口一带曾有很多日本寺庙，大多集中于长兴市场北侧的长兴城市综合体位置。自东向西依次曾有本愿寺、常福寺、大德寺、西照寺、天法寺。《西岗文史资料》记载，1911年后，日本佛教各宗派，如真宗、真言宗、真洞宗、净土宗、日莲宗、临济宗等纷纷进入大连建立寺院。本愿寺属日本佛教净土宗，创于日本镰仓时代（1185-1333年）。大德寺就属临济宗，创建于日本江户年间（1319年）。深受国人喜欢的动画片《聪明的一休》中的一休就是大德寺的高僧。一休全名一休宗纯，与道镜、空海并称日本三大奇僧。按理说，佛不分家，但中国信徒多不参与沙河口寺庙的活动。虽说大连市内仅有狭小的松山寺，却是中国信徒心中的圣地。

记忆之美

太原街 万安街

记忆之美没有人说得清楚，若是丧失，生活也会变得空洞。

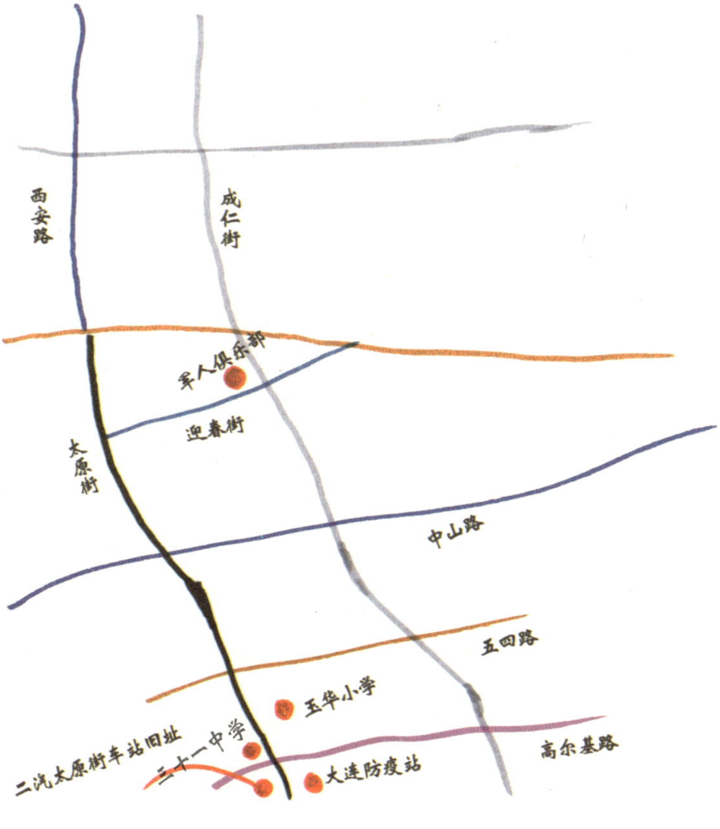

西安路
成仁街
军人俱乐部
迎春街
太原街
中山路
五四路
五华小学
二十一中学
二汽太原街车站旧址
大连防疫站
高尔基路

▼军人俱乐部

太原街始建于20世纪20年代末，起自解放广场，止于滨海西路。日本侵占时期系上葵町、下葵町一带，1946年分为两段，改叫集贤街、集圣街，1949年合二为一叫太原街。

太原街最美的是傍晚，月亮刚刚出来，往来人流不断，夜市遂喧闹起来。路人喜欢凑热闹，都不舍离去。太原街夜市严格意义上说应是成仁街[1]夜市，只因大家习惯把这一地儿叫作太原街。

成仁街与迎春街交会处迎春街4号军人俱乐部是日本侵占时期大连中学校旧址。《满洲建筑杂志》记载，洋楼建于1935年3月。大连中学校设立于1934年4月，为五年制中学，当时借下藤町小学校（今奥利加尔酒店）授课。1935年3月，迁入新校舍。1938年，被誉为“世界的三船”的著名演员三船敏郎便在此毕业。毕业后，仅有18岁的三船敏郎帮着父亲三船德造打理连锁街的照相馆。

解放后，苏军接管学校，改为苏军俱乐部，即我们所称的“苏联红军军官之家”。1955年移交中国人民解放军，成为驻军俱乐部，称为军人俱乐部。当时，俱乐部编制较大，《把一切献给党》插图作者之一的女画家尚沪生便曾在此工作。就连入伍的新兵也要到这里的理发室剃光头。20世纪六七十年代，军人俱乐部成为解放广场周边居民，尤其是玉华小学和三十一中学的学生们看电影的场所。20世纪90年代，婚姻介绍所开始兴起，军人俱乐部里也开了一家。此后，附近又建起人才市场，遂变得杂乱起来。

日本侵占时期的大连中学校（上图），如今成为大连军人俱乐部（摄于2011年10月13日）

【1】成仁街起自五四广场，止于莲花山下，日本侵占时期属上荻町、下荻町一带，1946年更名义成街，1949年改叫成仁街，“文革”时期又叫五四街，1973年恢复现名。

▼大连防疫站

2010年11月，解放广场一带很多苏联房被拆掉。苏联房虽然算不上洋楼，仍是当年人人向往的居所。走过国内一些城市，最吸引人的不是当地的高楼大厦，而是那些极具特征的人文与建筑。要不了多久，老街、老建筑就会成为最具价值的旅游资源。太原街南侧95-101号、103-109号、111-119号仍透着简约之美，夕阳照在屋檐上，洒落下点点沧桑。

太原街151号是大连市第31中学，它对面那片红瓦的校舍是玉华小学。玉华小学始建于1945年，初名大连市第十完全小学，1950年迁至胜利路，改名玉华小学，后来迁至太原街64号。因为太原街夜市就在其旁，每到放学，学生们也成为夜市的忠实顾客，那泛着香味的焖子、臭豆腐串、炸香肠是他们的最爱。

大连疾病预防控制中心原叫大连卫生防疫站，成立于1952年10月，原在胜利路8号，1957年迁至鲁迅路288号，1988年迁到太原街78号。时间久了，“大连防疫站”也成为一个地理名词，几乎与太原街通用。

2002年2月6日，在原大连卫生防疫站、劳动卫生研究所、健康教育中心的基础上组建了新型综合性疾病预防控制机构——大连疾病预防控制中心，但老大连人还是习惯把它称作“大连防疫站”，学名终是太绕嘴了。

太原街13号（已拆，摄于2010年10月17日）

太原街15-19号（摄于2010年10月17日，已拆）

▼板票

“大连防疫站”对面是当年的大连公共电汽车联合售票室。2001年7月15日正式运行大连明珠卡以前，大连流行板票。“板票”是大连人习惯叫法，正名是“月票”。1942年大连有轨电车始创小白板票，用纸片做成的小白板票为大连月票的雏形。大连首张公交月票出现于20世纪50年代，是由各单位发给职工每人一张的手指宽的纸票，上面印有年份、月份以及公交线路。之后，发展成为长方形的纸板，背面还印有“乘车须知”，纸板被叫作“板票”。板票分单月、双月，每月有不同的票花，单月的票花贴单月板上，双月的票花贴双月板上，而且不同线路票花也不同。板票仅限本人使用，只能乘坐规定路线的公交车，每月使用次数不限。当时还有一个功能类似今明珠卡的办公月票（季度票），虽然价格贵一点，却能乘坐所有的公交车。

太原街客运站承载着人们对板票的回忆（摄于2011年10月13日）

1976年的职工月票（即板票）

20世纪90年代初，仅青泥洼桥有板票售票点，每到订职工月票时，许多单位排队拿板票，因为人多，甚至要警察来协助。为满足市民需求，先后设立了太原街、南石道街、民主广场、周水子四个大连公共电汽车联合售票室（即板票售票点）。2001年后，板票售票点逐渐消失。

如今，板票售票点旧址拆除，改为大连公交客运集团有限公司汽车二分公司太原街客运站。板票售票点永远留在了老大连人的记忆中。记忆之美没有人说得清楚，若是丧失，生活也会变得空洞。

▼南大亭

胜利路南、太原街南端、马栏河东岸就是老辈人常说的南大亭。南大亭旧称大潮口，很久以前因为这里有一座亭式建筑，故名南大亭。南大亭最南面海边原是军事要地，基本都是些荒地、小房，没有什么住家，20世纪70年代后有些部门占地建办公区，如第四建筑公司、第五建筑公司都有工区，后第五建筑公司驻此。这里还有大连建科所，后改为建科院。建科院当时可是南大亭的大单位。

1979年冬，昆明街“小车大院”拆除，建筑垃圾填埋在南大亭（今星海广场北端）。当时，那里是垃圾场。

因为有驻军营房，南大亭海边东侧被称为海军湾。海头原有一条隧道，长达200余米，原为部队仓库，也是当年通往傅家庄的唯一通道。当年，朱爱华、赵东来等很多老大连人都曾穿过这个隧道到海边玩。1984年，隧道划归大连市政府，后开山辟路（今滨海路），海军湾成为浴场。1999年，建成纪念建市百年的标志性建筑——星海古堡。

▼美华照相馆

日本侵占时期，万岁街仅指长江路至长兴街间路段，今万岁街一般指中山路至胜利路间路段。实际上，万岁街很长，起自长江路，止于胜利路，大致是日本侵占时期万岁街、圣德街五丁目、薄町的联合，1946年称永平街，1949年改现名。

缘分使然，笔者与山东的刘超英先生结识，故而知道了美华照相馆。美华照相馆就在万岁街上。刘超英的亲人至今仍保存着几张当年在美华照相馆拍摄的照片，其中一张是1931年他39

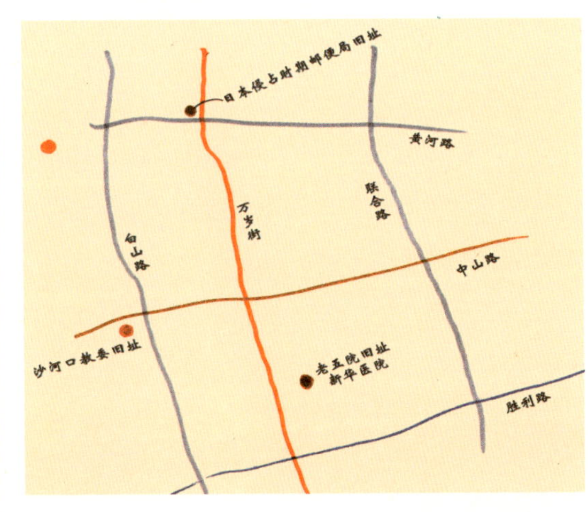

万岁街手绘地图

岁的奶奶王桂芳与3岁的四叔刘振民的合影。照片背面还有刘超英的大爷刘振声用钢笔写的简介："民国贰拾年三月廿九日，母王氏年三拾九岁，四弟继发（刘振民的乳名）方三岁，摄于大连美华照相馆。"

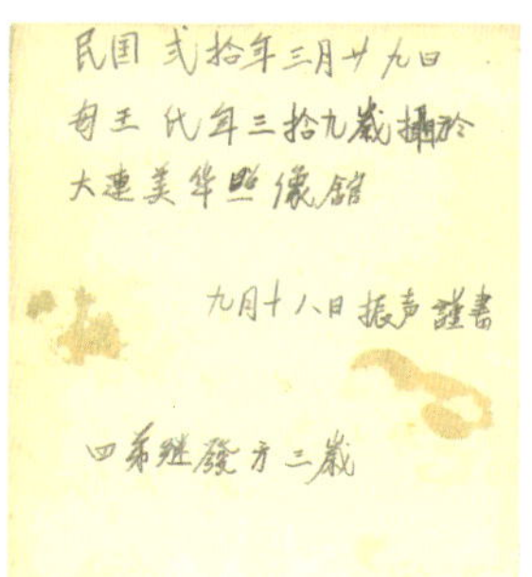

民国弍拾年三月廿九日
母王氏年三拾九歲攝於
大連美华照像舘
九月十八日振声謹書
四弟繼發方三歲

美华照相馆老照片（刘超英友情提供）

关于美华照相馆，《西岗文史资料》之《大连照相业老字号——西岗华春照相馆》有零星记载。20世纪20年代至30年代初，随着露天市场的兴起，小岗子游廊（游廊即"红灯区"）发展到福兴里（今永丰街）一带，繁华随之蔓延至西大连（今沙河口）。许多豪绅开始将买卖迁到西大连，还有不少遗贵来此置办房产，李鸿章大儿子李经方也在万岁街旁的永安街置有一处房产（后留给其女儿李国芸）。

在华春照相馆学会摄影技术的工人纷纷离店，开始在东关街、大同街及西大连万岁街和王阳街（今联合路）等处自立门户。这应是美华照相馆开办的大致时间。华春照相馆的服务理念被悉数带到万岁街，美华照相馆也安装了联系电话，号码为43186。既方便了客人咨询，又便于提前预定照相时间，从此，这里的大连人无需再跑到小岗子照相了。

▼刘家的故事

因为殖民政策倾斜的缘故，西大连一带不少商民趁机发了财，其中就有刘超英的祖父刘延龄。刘延龄字益之，来自烟台蓬莱市北沟镇刘家村，是一个朴实厚道的商人。他从小买卖做起，经过积累慢慢地成为西大连小有名气的商贾，鼎盛时期拥有半条街的门面。衣食无忧，便需精神享受，刘延龄和夫人王桂芳常带着八个孩子到美华照相馆留影。

子承父业，刘延龄的大儿子刘振声不到20岁就跟着父亲在沈阳、大连做生意。1941年，刘延龄因抽大烟得了"烟痢疾"，在教会医院治疗。他自知快不行了，便让人发电报给在老家的妻子，想见最后一面。王氏因他抽大烟生气，没来。不久，刘延龄就去世了。刘振声谨守"叶落归根"祖训，雇人把灵棺用白铁皮包焊，经日本人卫生部门检查合格后船运到老家黄县龙口港，再雇马车运回村里，祭奠三天后安葬。1944年春，刘振声返回故乡，守着老宅，照顾母亲。刘振声的七个兄弟姊妹有五个在解放前参加革命，还有两个在外读大学。

二弟刘振邦天资聪慧，20世纪30年代中期，就读国立上海医学院（今上海医科大学），后来曾到日本留学镀金，可惜英年早逝。照片中的刘振民1947年参军，为中尉军医，如今也已作古。

20世纪50年代土改时，刘振声被划为富农，王桂芳被划为地主兼资本家。刘超英的父亲刘柏若（原名刘振家）和刘振民、刘振武都是现役军人，20世纪60年代刘超英第一次回到老家时，看到奶奶家的大门上有两个牌子："地主分子"和"军属光荣"。"文革"期间，刘家村开会，首先是斗地主，王桂芳被押到台上交代解放前如何剥削贫下中农；然后又是表彰军烈属，遂请她坐在椅子上谈怎样鼓励子女们参加革命，说来真像一场笑话。1976年，王桂芳离世。1993年7月17日，78岁的刘振声善终。故人虽去，旧影犹在。2000年万岁街一带旧房拆迁，建成民兴花园小区。

万岁街老房子（摄于2011年10月13日）

▼关东电专旧址

黄河路与万岁街十字路口万岁街69号老楼是一栋建于20世纪20年代的砖混结构米黄色两层办公楼，为日本侵占时期圣德街邮便局旧址，解放后被苏军接收，后移交中国邮电通信部门使用，现为网通大连分公司沙河口电话安装维修站。

穿过黄河路、五一路、五四路，街道略有些狭窄。中山路南侧连胜街与集贤街一带（原连胜街152号）原有沙河口区教委，抗美援朝时是战伤医院，建于1951年。1954年改为旅大市第五康复医院，1956年移交给旅大市卫生局，易为旅大市医学专科学校附属医院，1969年更名大连市第三人民医院，迁至医学院附属二院，后迁到千山路。2010年，此处拆迁改造。这里虽曾叫旅大市第五康复医院，却不是"老五院"。

老五院是位于万岁街156号的大连大学附属新华医院。老五院（东楼）原为日本侵占时期关东邮电讲习所宿舍，解放后被接收。1946年年底，选址大连教育学院及关东邮电讲习所宿舍为校址成立中国人民解放军第一所培训电讯工程技术干部的高等学校——关东电气工程学校（简称关东电专）。关东电专隶属于东北军区司令部，由东北军区司令部通讯处处长段子俊担任校长。1948年秋，沈钧儒、黄炎培曾来关东电专参观，对大家的学习深表赞赏。当年还是四野参谋长的刘亚楼也曾多次来关东电专指导工作。

1953年，在此创建抗美援朝战伤医院。那时，大连共有13所医院和治疗所，先后接收治疗2万多名志愿军伤员。1968年，医院更名为沙河口人民医院。1982年2月，改为大连市第五人民医院兼大连市卫生学校附属医院。此后，美丽的白衣天使便成为街上最靓的风景。1986年大连市卫生学校升格为大连大学附属医学专科学校。1988年医院整体移交给大连大学，易名大连大学医学专科学校附属医院。2005年医院再次改名叫大连大学附属新华医院，但老大连人仍把它叫作“老五院”。

补遗

日本侵占时期，连胜街为上葭町、下葭町、白金町一带，起自鞍山路，止于莲花山路，1946年改叫连胜街，“文革”时期改叫红军街，1973年恢复原名。

日本侵占时期，白山路为上藤町、下藤町、真金町一带，1946年始名白金街，1949年改名白山路，“文革”时期更名反修路，1973年恢复现名。

“老五院”东楼是关东电专旧址（摄于2011年10月13日）

机车摇篮

大连机车厂创造了无数辉煌，被原国家主席李先念赞誉为中国『机车摇篮』。

满铁沙河口工场老照片

满铁沙河口工场办公楼旧影

满铁沙河口工场车间旧影

“沙河口”是西大连值得用浓墨重彩书写的一笔，大连很多老工厂最初的发源地都在这里，其中最有名的是大连机车厂（现为中国北车集团大连机车车辆有限公司）。沙河口一带包括兴工街、中长街、鞍山路、长兴街等，西安路自北向南穿过这片区域。

▼北沙河口

兴工街起自西安路，止于中长街，兴工街尽头便是中长街，其名源自中长铁路。中长街从北到南，多属大连机车厂区域。

说起兴工街，自然离不开大连机车厂，大连机车厂是大连机车车辆工厂的简称，前身是沙俄于1899年创建的东清铁道机车制造所，现已更名为中国北车集团大连机车车辆有限公司。

日本侵占大连后，满铁本社事务所于1907年4月1日迁至大连，利用原关东州民政署（即达里尼市政厅）作为总社。当天，满铁还从日本野战铁道提理部接收了大连铁道工场（即东清铁道机车制造所）。当时的铁道工场厂房在大连停车场（达里尼临时火车站）内，是木质结构的建筑，不但规模小，设备也不配套。随着满铁的扩张，尤其铁路的运营，这个小规模的临时车辆工场已经不能适应，满铁便计划建造新的工场及附属市区。

根据满铁总裁后藤新平建议，工场选在空旷的北沙河口。北沙河口是仅有几户人家的小村庄，附近都是高粱地，无拆迁的麻烦。满铁规划的沙河口工场及附属市区用地180余万平方米，其中街区近10万平方米，街区用地60%为住宅地，40%为公园、学校及邮电局、店铺、寺庙、教会等公共设施。1908年7月，满铁沙河口工场开工，厂房仿照了德国克虏伯兵工厂。1911年7月工场正式营业，《铁道部大连机车车辆工厂志》记载:“1911年7月5日，原工厂职工全部搬入新住宅，共754户，建筑用地29259.3平方米。在兴建住宅同期，建成小学校、医院、邮局各1处，浴池3处，俱乐部（木造）1处，贷借店铺12个，柔剑体育馆1处，并修建了神社、大师教会、教堂等。住宅区四周店铺逐渐增多，田久字店铺（系由日本人经营）达750户，同工场住宅区形成一个工业市街。”

附属住宅区基本是满铁沙河口工场社宅，街区采用方格状布局，每一个街坊的大小约为长边60间（1间=1.82米），短边20间。从沙河口满铁社员俱乐部通往小学校的道路（今中长东四街）中间为绿化植物带，车道则是由碎石铺垫，整个道路工程1910年开工，1916年时竣工大半。日本人还给这片区域起了一个颇具诗意的名字——霞町。

▼气象台

大连口腔医院位置是霞町神社（沙河口神社，原兴工街886号）旧址。霞町神社1914年10月修建，1934年扩建，20世纪60年代是兴工街道竹编厂，后拆除。

这里也是新中国成立后初期大连气象台旧址。1949年7月末，因为辽东沿海一带异常严重的台风灾害，辽宁决定加速建设气象台站。当时的旅大行政公署农林厅根据1949年9月17日东北人民政府农林部的指示及1950年1月24日中国人民解放军东北军区司令部气象管理处“关于建立气象台的建议”，开始筹建大连气象台。1950年2月初，农林厅从有关单位选调曾留学日本东京中央气象台附设测候技术官养成所专修科的一、二期气象技术人员王赞泰、孙长津、侯安盛三人，以及曾做过技术工作的于淳德到气象台工作。他们拟订了甲种气象站的工作方案，于1950年三四月间，先后从初、高中毕业生中招收9名学员，进行观测、报务、填图、预报等实际业务的短期培训。

气象台址选在废弃的沙河口神社。1950年5月6日，大连气象台开始正式

大连气象局老照片（即日本侵占时期的关东气象观测所，位于今气象街）

沙河口神社旧照

工作，农林厅干部李景昶担任台长，林寿山、王赞焘任副台长。大连气象台站号为46252，1950年6月1日开始进行观测工作。

其实，早在日本侵占时期，大连就有气象台，当时叫关东气象观测所，1904年在今气象街2号创建。1945年，苏联红军接收关东气象观测所。苏联红军撤离后，移交给我国，大连气象台遂迁此。1961年成立大连气象局，同年11月，其与大连海洋水文气象服务台合署。1963年5月，大连海洋水文气象服务台划归省气象局，1968年10月撤置。1975年1月恢复大连海洋水文气象服务台，与大连气象台合署办公。如今，大连气象台发展成为中国气象局下属三大国家海洋气象台之一。

▼兴工街变迁

兴工街 1 号大连机车医院即日本侵占时期大连病院沙河口医院故址。沙河口医院建于 1915 年，解放后被苏联红军接收，改为中长铁路卫生处沙河口门诊部。移交我国后，于 1953 年 8 月 22 日改名大连机车车辆工厂职工医院。2007 年医院更名大连机车医院。

医院对面博尔顿大酒店位置即日本侵占时期沙河口东本愿寺旧址，其旁金顺海鲜酒店位置是满铁职工宿舍——益寮故址，尚品天城北广场位置是沙河口满铁社员俱乐部（原兴工街 12 号）旧址。沙河口满铁社员俱乐部建筑原为和式建筑，1936 年由满铁工事课设计，吉川组施工，翻建为二层的砖混楼房。1946 用为大连铁路工厂俱乐部，后改大连机车车辆厂俱乐部及大连机车车辆厂委员会（工会），2010 年拆除。

兴工北七街 11-17 号墙上的标牌（摄于 2011 年 9 月 1 日）

兴工北七街残存的老房子（摄于 2011 年 9 月 1 日）

大连机车车辆厂俱乐部后身曾有满铁幼稚园和武道馆。据记载，1914 年，满铁在沙河口小学校（今大连市第四十七中学）院内设立幼儿运动场。幼儿运动场招收 3 岁至学龄前幼儿，像今天的幼儿园一样也收取一定费用。1922 年，重建幼儿运动场更名幼稚园。当时满铁实力雄厚，所以幼稚园的硬件设施甚至超过了日本本土。解放后，成为机车幼儿园，2006 年前后拆除。

兴工街北曾有七条东西向短街，分别称作兴工北一街、兴工北二街、兴工北三街、兴工北四街、兴工北五街、兴工北六街、兴工北七街，后来因为建造尚品天城小区，街道悉数不在。同样，兴工街南也有东西向七条短街，为兴工南一街至兴工南七街。

让人感到奇怪的是，兴工南七街南还有一段鞍山路。鞍山路85号是沙河口小学校旧址，始建于1911年9月。日本侦探小说家南泽十七年少时曾在此读书。南泽十七幼年居住在俄罗斯风情街一带，因满铁铁道工场搬迁而落户沙河口。当时沙河口小学校还建有教师宿舍，大致位置在今中长东五街18-26号板楼一带。1963年，在沙河口小学校旧舍创建大连第四十七中学。

满铁沙河口工场社宅（简称满铁社宅）旧址多已改造。20世纪50年代，部分改建为苏联房。1986年开始把日式洋房成片拆除，改建为排列整齐的六层住宅楼群。街里大致保留了下来，今中长东二街、中长东四街、中长东五街还是原来的样子，中长东四街仍旧延续着绿化带的设计。兴工街区域仍保留九栋老建筑，其中八栋是日式洋楼，一栋为西式红砖宿舍。当时，日式洋楼里住着日本人，红砖楼房里住着中国工人。沙河口最漂亮的洋楼——兴工北七街19号大连机车厂老干部活动中心为日本侵占时期满铁沙河口工场课长级住宅，是沙河口工场历任厂长的住所。

大连机车厂老干部活动中心（摄于2011年9月1日）

▼百年机车

大连机车厂创造了无数辉煌，被原国家主席李先念赞誉为中国“机车摇篮”。1914年，满铁沙河口工场（即大连机车厂前身）就开始组装、制造、修理机车、货车和客车。当时，东北地区运行的机、客、货车大部分都是在此制造或组装。苏军接管后，改名中长铁路大连工厂。1950年2月14日，中苏两国签订《关于中国长春铁路、旅顺口及大连的协定》，工厂成为中苏合营中长铁路大连铁路工厂。1952年年末，苏联将中长铁路公司财产移交给中国，机车厂转为中国经营，由中长铁路公司领导转为铁道部领导，一度曾由第一机械工业部领导。1958年大连机车厂再次转归铁道部领导，定名铁道部大连机车车辆工厂，1994年更名大连机车车辆厂。2006年成立中国北车集团，大连机车厂成为其旗下子公司，更名中国北车集团大连机车车辆有限公司。

日本侵占时期，大连机车技术工作几乎全部由日本人把持。1945年，机车厂613名技术人员当中，仅有2名中国人。即便这样，大连机车仍担当起振兴中国机车的重任。铁道部决定仿制旧型蒸汽机车，选定ㄇㄎ1型机车图纸进行整理、核对，将英制尺寸改为公制尺寸，修改材料牌号，全部采用国产材料。1954年大连机车厂成功研制出ㄇㄎ1型机车。

大连机车厂还率先在全国组建机车设计科，1956年9月18日生产出中国第一台自行设计的1-5-1型货运蒸汽机车，命名“和平”型。同年11月6日，“和平”型蒸汽机车在济南机务段投入运行。机车定型后，图纸转交大同等工厂进行生产，1966年该车型改名“反帝”，后又取意“革命是人类历史进步的火车头”，定名“前进”。至1988年12月停产为止，全国包括和平、反帝、前进3种名称在内的该类型机车有4714台，接近全国制造的蒸汽机车总量一半以上，是世界蒸汽机车单一型号之最。

1957年8月6日，大连机车厂试制成功中国第一台现代化机车——“建设”型蒸汽机车。毛泽东主席曾亲自登乘这辆机车。1958年9月26日，仿照苏联T3型电力传动内燃机车，仅用95天设计研制出我国第一台设计时速100公里、4000马力的“巨龙”号干线货运电力传动内燃机车。1963年12月29日，又组装成功我国第一台内燃机车，命名为ND型（即“东风”型）。或是因为“东风”的吸引，周恩来、

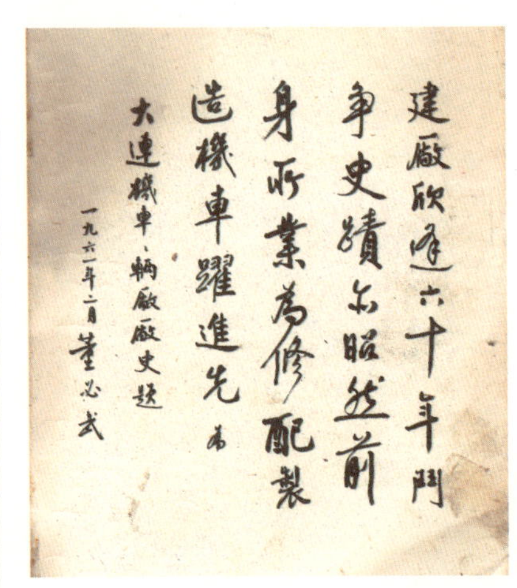

董必武为大连机车厂建厂60年题词

欢庆我国第一台内燃机车出厂的情景

“周恩来”号纪念币

朱德、宋庆龄、邓小平、林伯渠、董必武、李宗仁等先后来此视察。

1986年12月24日，大连机车厂试制成功我国第一台东风4B型客运内燃机车，结束了我国仿制机车的历史。此后，东风4B成为我国内燃机牵引主型机车。著名的“毛泽东”号、“朱德”号、“周恩来”号都曾选用这种机车换型。1993年，东风4B出口缅甸，实现了中国内燃机车整机出口零的突破。目前，中国铁路上的机车有62%是大连制造，覆盖中国所有的铁路局，铁道部部长傅志寰曾说：“中国铁路十万里，哪里没有大连车？”

“和平”型机车

▼伟人号机车

著名的“毛泽东”号、“朱德”号、“周恩来”号机车都出自大连机车厂。“毛泽东”号诞生于解放战争时期，是全国第一个，也是迄今为止唯一以“毛泽东”名字命名的机车。1946年8月，哈尔滨机务段从滨州线肇东车站拉回一台破旧的ㄇㄎ1型304号（JF304号）机车。这辆机车1941年产自满铁沙河口工场，

“毛泽东”号机车

全长23.75米，构造速度每小时80公里。机车修复后，经东北局陈云批准，于10月30日正式命名为“毛泽东”号。

1977年1月27日，运行30多年的JF304号机车在丰台机务段退役。1978年3月10日，“毛泽东”号告别蒸汽机车，进行第一次换型，使用大连机车厂制造的东风4型0002号内燃机车，标志着我国结束了不能自行设计制造大功率内燃机车的历史。1991年8月9日，“毛泽东”号再次换型，选用大连机车厂制造的东风4B型内燃机车，并以毛泽东诞辰年份为车号。2000年11月2日，“毛泽东”号第三次换型，选用大连机车厂最新推出的荣获国家科技进步奖的名牌产品——东风4D型内燃机车，仍以毛泽东诞辰年份为车号。2010年12月20日，“毛泽东”号机车第四次换型交付，选用世界单机功率最大的和谐电力机车，完成了机车从内燃到电力的转型。“毛泽东”号机车一直是中国机车的骄傲，第四次换型前，安全行驶了889万公里，相当于环绕地球222.25圈。

“朱德”号机车也产自大连，与“毛泽东”号同时命名。1946年7月，哈尔滨机务段在修复“毛泽东”号的同时，将一台1941年制造于满铁沙河口工场的ㄇㄎ3-1083号旧蒸汽机车修复，命名为“朱德”号，重新改名编号为解放型蒸汽机车。

与“毛泽东”号、“朱德”号机车相比，“周恩来”号命名要年轻些。1976年10月30日，在庆祝“毛泽东”号机车命名30周年大会上，100多位先进机车司机一致要求命名一台“周恩来”号机车。1978年1月1日，经中共中央、国务院批准，将上海铁路分局上海机务段中大连机车厂生产的东风3型0058号客运机车命名为“周恩来”号。

▼ “亚细亚”逸事

“亚细亚”号高速列车系蒸汽机车，由日本川崎公司设计制造，机车长25.67米，为全封闭流线型，设计时速为130公里，运营时速为85公里。迄今，“亚细亚”号仅生产了12台，其中9台是在日本组装后运到大连，其余3台是将零部件运到大连满铁沙河口工场组装。12台“亚细亚”号机车全部在中国服役，担当东北地区高级豪华客车的运输任务，包括新京（长春）—朝鲜釜山、新京（长春）—大连间高级列车的牵引任务。

“亚细亚”号机车为非常靓丽的深蓝色，车体为淡绿色加纯白色彩条，共6节车厢。第一节为行李和邮政两用车。第二节为三等车厢，定员88人，配有沙发软椅，4人对面而坐。第三节为餐车，内部装饰豪华，共有9张餐桌，36个餐位，餐台上摆放着鲜花和水果。除供应各种高档酒水饮料外，还有专门调制的鸡尾酒。餐车的服务充满了异国情调，服务员全部是金发碧眼的俄罗斯美女。第四、五两节车厢为二等车厢，定员分别为68人、60人，配有可调沙发坐椅，轻按电钮便可调节角度。最后一节车厢位于列车尾部，由观光室和座席组成，观光室设豪华安乐双人座沙发椅，可坐12人；座席车厢里配有书架、桌子等，乘客可以在旅途中写信、看书、下棋。“亚细亚”号大约运行了10年时间，1943年12月停运。

笔者的忘年交赵异曾讲起“亚细亚”号旧事。他说那是世界上最快的列车，轱辘比人高，“大鼻子”（指苏联人）曾把一组车厢当作战利品运到了莫斯科。

往事如烟，“亚细亚”号的逸事令人着迷。曾有两部侦探小说以“亚细亚”号为线索，一部是鲇川哲也于1950年用“亚细亚”号列车表作为破案依据创作的《佩德罗夫事件》。鲇川哲也原名中川透，年幼时举家迁居大连。在连期间，他亲历大连的异域之情，目睹了“亚细亚”号的兴衰，因此便有了《佩德罗夫事件》的雏形。1944年，鲇川哲也返回日本东京，因为遭受空袭，《佩德罗夫事件》手稿付之一炬。6年后，痴情于“亚细亚”号的鲇川哲也依靠记忆重新创作出《佩德罗夫事件》。另一部作品是加纳一郎创作的《特快“亚细亚”号杀人行》。看名字，真有点像阿加莎·克里斯蒂作品《东方快车谋杀案》。加纳一郎本名山田武彦，1939年来大连，寄养在叔父家，就读于春日小学（今大连市二十四中）。他也亲历了“亚细亚”号的兴衰，因此诞生了又一个关于“亚细亚”号的故事。

大连著名长跑健将宋长明的绰号就叫“亚细亚”。1933年，年仅16岁的宋长明在几久屋（今新天百）学做厨师。后来，他在丰稔油坊季姓朋友的带领下，练习长跑。因为越跑越有耐力，宋长明便在腿上绑着沙袋跟随自行车跑。当时，他每天都要跑很长的路线，起初是从中山广场跑到星海公园，后来延伸至黑石礁。1935年至1937年，宋长明连续荣获大连万米越野赛冠军。1938年，以他为首5名大连人组成“明驼”长跑队。1938年至1940年间，他们连续在接力比赛中战胜日本人。每次比赛，宋长明总是跑最后一棒，担任冲刺角色，因此日本人都将他叫作“亚细亚”。

末代皇帝溥仪、李香兰等就是“亚细亚”号的常客。末代王妃嵯峨浩也乘坐过“亚细亚”号。据《流浪的王妃》记载，1937年4月3日，溥杰与嵯峨浩在日本成婚。不久，溥杰折返伪满洲国。10月12日，嵯峨浩从日本神户出发，乘坐“鸭绿丸”号前往大连。10月16日清晨，嵯峨浩抵达大连。嵯峨浩已是引人

“亚细亚”号机车

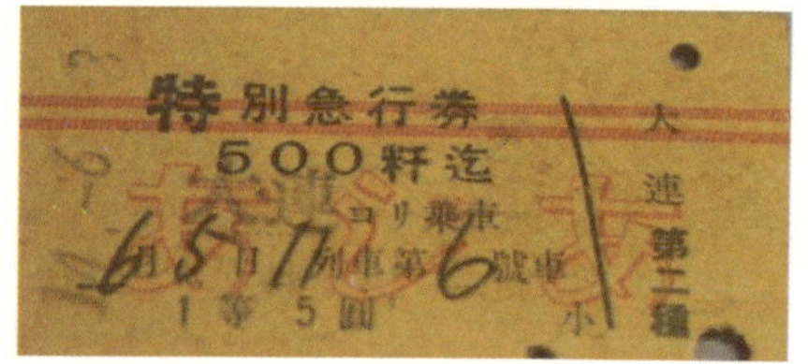

“亚细亚”号车票

注目的伪满洲国皇帝的弟弟的王妃，因此新闻记者纷纷涌进船舱访问。接受简单采访之后，嵯峨浩立即乘坐“亚细亚”号前往沈阳。当日，溥杰在沈阳接站，临时下榻。次日，夫妻二人继续乘坐“亚细亚”号前往长春。

30集电视连续剧《猛兽列车》也是关于“亚细亚”号题材的。随着城市人文的不断探索，相信会挖掘和演绎更多有关“亚细亚”号的故事。

沙河口火车站旧影

今日沙河口火车站（摄于2013年7月7日）

▼沙河口火车站

大连机车厂也是出英雄的工厂，大连中华工学会傅景阳，著名工运人物金伯阳、唐韵超、侯立鉴均出自这里。火车头精神感染着每个大连人，其中就有著名剧作家王兴东。30多年前，他专门创作过以大连机车厂为蓝本的电影剧本《明天回答你》。当时，尚默默无闻的王兴东，多次到大连机车厂车间体验生活，同工人一起用餐，一同泡澡。乡情历历在目，总是不能忘怀。正如他所讲：“文学家的摇篮是故乡，对乡土的情感表达是作品成功之源。”正是有了乡情的支持，他用两年时间，先后写了八稿。1981年，《明天回答你》由长春电影制片厂导演王亚彪执导，在大连机车厂拍摄完成，为长影赢利68万元。王兴东因而一鸣惊人，成为著名的剧作家。

中长街1号沙河口火车站，1909年始建，称为沙河口驿。1924年，刘家屯首富崔青林承包重建沙河口驿。日本人之所以要重修沙河口驿，与满铁沙河口工场有必然关系。建筑坐北朝南，为欧式风格，砖木结构。同年6月，日本殖民宣传机构大连映画片制作所成立。沙河口驿建成后，大连映画片制作所从日本邀请演员拍摄故事片《沙河口火车站长》。次年6月，影片在大和旅馆（今大连宾馆）试映后公映。沙河口驿被苏军接管后改为沙河口站，现为沈阳铁路局管辖的三等站——大连沙河口站。

2014年12月9日，百年老站沙河口火车站因疏港路扩路而停运。

凌水桥畔

小平岛 栾金村

人言大连山美水美，自然是称赞大连的海之自然，山之自然。自然之美是天赐的人文之美。

《甘井子史话》记载，1899年，俄国人将大连地区称作关东州，下设金州、貔子窝、亮甲店、岛屿、旅顺5个行政区及大连特别市、旅顺市、金州市、貔子窝市。小平岛一带隶属于旅顺行政区。1906年大连设有大连市街及沙河口、岔沟、小平岛、老虎滩、臭水屯、革镇堡、大连湾七个会。1930年3月，栾金村一带设栾家屯会。1937年，小平岛会、栾家屯会划归旅顺民政署管辖，1944年划归大连市役所管辖。1945年8月大连解放，12月大连县成立，下辖小平岛区（包括小平岛及栾金村）。1950年大连县撤销，设小平岛区。1956年3月，设乡建制，小平岛区下辖凌水、河口、小平岛、岔鞍、棠梨沟。1956年8月，撤销小平岛区，划入大辛寨子区。1958年6月，凌水、河口、小平岛合为凌水乡，8月，乡改成人民公社。1959年8月，划入沙河口区。

大连海事大学新校园中的老房子（摄于2011年10月12日）

1966年9月，凌水公社划入甘井子区。1983年11月，撤销人民公社改为乡建制，1985年6月改为镇建制。2002年4月，改为街道建制。2008年9月，凌水街道由大连高新技术产业园区代管。

这些文字即描述凌水桥、栾金村和小平岛的变迁。

▼大连海事大学

凌水桥有两座，分一号桥、二号桥。凌水河口旁大连海洋学校前身是大连水产学校，建于1958年，隶属于大连水产局。记得这个学校，是因为凌水河口有天然的海滩，20年前笔者就在那里洗海澡。现在海滩已经封闭。

凌水桥畔最知名的学府是大连海事大学。大连海事大学历史悠久，可追溯到1909年晚清邮传部上海高等实业学堂（南洋公学）船政科。1953年，上海航务学院、东北航海学院（前身为国立辽海商船专科学校，系由1927年东北航警处创办的东北商船学校演变而来，1950年1月1日迁校至大连，校址临时选定在白山

大连第三发电厂旧址（摄于 2011 年 10 月 12 日，已拆）

大连海运学院老照片

路的一栋三层楼）、福建航海专科学校（成立于 1952 年，与爱国华侨陈嘉庚先生创办的集美学校有着较深的历史渊源）合并成立大连海运学院。当时，大连海运学院是我国唯一的高等航海学府。闻名全国的“史家兄妹”中的史哲东曾在此担任游泳教练。1984 年，还在这里拍摄了纪录片《未来航海家的摇篮》。

1994 年，大连海运学院更名大连海事大学。历经 60 余年，已经发展为世界规模最大的高等航海学府之一，学校桃李满天下。

说起大连海事大学，人们还会想起在它附近曾有一个大连海运学校。大连海运学校于1957年6月在大连市沙河口区白山路79号创建，隶属于交通部领导。1958年划归大连海运学院（今大连海事大学），改为其中专部；1963年1月又析出独立；1973年归中国远洋运输公司管理；2000年12月并入大连海事大学。大连海运学校旧校舍位于凌水二号桥西，原凌西路128号，即今泰德大厦东面。2010年校舍拆除，如今是大连海创国际产业大厦。

大连海运学校旧址对面是大连第三发电厂旧址。20 世纪 90 年代中期，大连第三发电厂停止运行。2009 年 6 月，发电厂内的大烟囱爆破拆除。

▼ 大连理工大学

大连理工大学简称大工，前身系新中国成立前夕的大连大学。1946年11月6日，关东工业专科学校（简称关东工专）成立，同年年底关东电气工程学校成立。1948

年11月2日，大连大学筹备委员会正式成立，以关东工专、关东电专为基础组成工学院，以关东医学院（1947年5月4日开学）为基础组成医学院，以俄语专门学校为基础组成俄语专修科（简称俄专），同时接收原属于中长铁路的满铁中央实验所和卫生实验所，作为大学的科学研究机构。1949年4月15日，以工学院、医学院和俄专为基础成立大连大学。这是中华人民共和国成立以前建立的第一所正规高等院校，李一氓任校长，沈其震担任医学院院长（后担任中央卫生研究院院长），屈伯川担任工学院院长兼科学研究所所长。

1950年7月，大连大学建制撤销，医学院独立为大连医学院，工学院独立为大连工学院。著名核物理学家、中国原子弹之父王淦昌，著名光学家、中国光学学科奠基人王大珩，著名物理化学家、中国催化科学奠基人之一张大煜，教育家、中国计算力学奠基人钱令希，船舶工程专家杨槱，石油化学、催化科学家彭少逸，奥运第一人刘长春等都曾在工学院任教。创校初期，李济深、郭沫若、沈钧儒、黄炎培、钱学森、竺可桢等曾视察过工学院（当时校址在今中山路化工学院）。

今日大连理工大学（摄于2011年10月12日）

随着发展，旧校舍无法满足教学需要，1951年决定在大连市郊选址修建新校舍。校长屈伯川与汪坦实地考察后，确定新校址选在凌水屯。地皮100多公顷，私有土地226.97亩，大部分属荒地和农田，其中一部分是原大连首富张本政的果园。1952年10月工程开工，1953年初期工程竣工，学生都迁到新校舍。

1988年，大连工学院更名大连理工大学，不过老大连人还是喜欢把其称作大工或工学院。简称无可厚非，属于集体的记忆。2007年，纪念刘长春的电影《一个人的奥林匹克》在大连理工大学拍摄，成为人们的新记忆。

60多年来，大工始终处于中国顶级学府之列，人才遍布全国。尉健行、闻世震、于学祥、光学家王之江、核动力专家彭士禄等都把青涩的年华留在了这里。

▼“星海”牌电视机

大连海事大学往西，位于七贤岭的中国华录前身是大连电视机厂，旧址位于连山街 9 号。1974 年，大连无线电十三厂和大连电子研究所在全国首先研制生产出便携式黑白录像机和配套的摄像机。1979 年，大连电子仪器厂、大连无线电八厂合并成大连电视机厂。1985 年，大连电视机厂推出深受大连人喜爱的“星海”牌黑白电视机。记得笔者家的第一台电视机就是获得国家优质产品银奖的“星海”牌。1988 年大连电视机厂产值高达 4.6 亿元，位居全市第二，全国同行业十强。1992 年大连华录电子工业公司与大连电视机厂合并组成大连华录集团公司。1992 年 7 月，中国华录电子有限公司工程在七贤岭破土动工。

▼张本政公馆

日本侵占时期，栾金村一带虽是城郊，却受到殖民者重视。1907 年前后，设置栾家屯管理派出所，统管凌水一带。1916 年 4 月，设置栾家屯普通学堂和凌水河普通学堂。1920 年 4 月 1 日增设栾家屯会。

日本侵占时期的大连首富张本政就住在栾金村。张本政是旅顺人，祖籍山东文登，日俄战争时期为日军做间谍工作，因而得到日本人的支持。《张本政氏阅历》记载：“日语熟练，为日军做出了不寻常的工作。同时他也认识到，作为日军的探子，有被俄军追捕的危险，便逃到老虎滩，乘坐舢板船逃到烟台，在日本领事馆领取护照，从而脱离了危险。”起初，张本政租用两艘日本轮船在烟台—大连—大东沟一线从事海运。日本侵占大连后，作为奖赏，日本人将替俄国人做事的张德禄的两艘轮船和面粉作为战利品低价卖给张本政，张本政因此攫取了第一桶金。

1905 年，张本政在烟台顺太街 9 号建立政记轮船公司。为扩大经营范围，他先后租用了 10 多艘日本轮船。1914 年第一次世界大战爆发，欧美各国把烟台、大连附近船只调回国内忙于战争，中国北方沿海因而出现空白。张本政乘机涨价，并扩大经营，开辟日本、香港、马来西亚、新加坡、越南、泰国等航线。据称，政记轮船公司当时的收入以每分钟 100 银元猛增。政记轮船公司船旗号为英文字母“CK”，“CK”成了当时航运界实力的标志。1920年，政记轮船公司拥有船只23艘，张本政成为名副其实的中国船王。

凡人自然有光宗耀祖之心。1928 年 9 月，在族人的鼓动下，张本政在张家祠堂院内立自己的铜像。关东州厅长官木下谦次郎为其题词“高山仰止”，刻在铜像左面，原北洋政府总理段祺瑞 1927 年为其题词“陶朱事业”，刻在铜像右侧。

张本政旧居（摄于 2011 年 10 月 12 日）

张本政家庙遗址（摄于 2011 年 10 月 12 日）

得意之际，张本政继续扩大经营，将公司改组为政记轮船股份有限公司（简称政记轮船公司），设 10 万股，每股 100 日元。股票非常抢手，就连中华民国招商局也认购了部分股票，政记公司共筹得资金 1000 多万日元。1941 年太平洋战争爆发前，政记公司拥有船只 39 艘，雇用职员 1600 余人。1945 年，张本政资产高达 170 余万元，拥有政记轮船公司、政记油坊、政记铁工厂等企业，占据土地 1050 亩、房屋 1586 间。

抗战期间张本政在以船资敌的同时，还多次为日本侵略军捐款。1951 年，张本政因资敌罪被判处死刑，枪毙于老鳖湾。

大连第七人民医院院内遗有张本政公馆和张氏祠堂（家庙）。张氏祠堂与烟台所城里青砖灰瓦的建筑属同根同脉，就历史人文而言极具价值。张氏祠堂由五座中式建筑组成，其中四座依东西南北方位围成一体，另一座建筑几步之遥。

张本政公馆在祠堂西面，建于1925年前后，是一栋精美的欧式建筑。解放后，被人民政府没收。1950年12月，张本政公馆及其家庙改为旅大第五战勤医院，接收治疗志愿军重伤病员，后用为精神病医院。

凌水寺旧影

▼凌水寺

凌水寺是明代古刹，与真泉寺（镇泉寺）、横山寺、佛门寺、华山寺、金州寺、朝阳寺、响水寺齐名。《甘井子史话》记载，凌水寺俗称韦驮殿，位于凌水大山村（今百合山庄）歪石砬子山南，背环山，面黄海，周围多苍松古柏，风景清幽。有正殿三楹，东西禅房各五间，供石雕罗汉十八尊。1747年（乾隆十二年）及1788年（乾隆五十三年）两次重修，始具规模。解放初，每年农历四月初八日庙会，香客、商贾云集。

金州人李贵昌曾闻名而来。李贵昌是清同治六年（1866年）举人，光绪二十年（1894年）担任重庆府荣昌县知县。李贵昌游历凌水寺时，以寺为名，留诗《凌水寺》：“古刹依山坳，清苍草木深。只堪称净室，岂足语丛林。风过幽花落，云来叠嶂阴。一僧方入定，客至不关心。”

凌水寺水库纪念碑（摄于2011年10月29日）

凌水寺在大连佛教界很有威望，1945年12月，约200余佛教信徒在中山公园日本侵占时期圣德太子殿举行全市佛教徒大集会，宣布成立大连佛教总会，来自凌水寺的廓觉法师被推为会长。20世纪50年代凌水寺庙貌尚存，电影《古刹钟声》曾在此拍摄。“文革”期间，寺庙被毁，仅存遗址，现为驻军某部，沿凌水路至百合山庄一带即可寻到。

乾隆年间，程姓人家从山东迁移至凌水寺一带，落地生根，慢慢繁衍成村落，故名程家屯。后因村落东有老座山，西有旗杆山，北有平顶冠山，南有磨盘山，易名大山村。解放初，大山村共有

凌水寺水库（摄于2011年10月29日）

187户1096人。随着城市发展，1997至2007年建成百合山庄。

凌水寺是日本侵占时期“旅大八景”之一。1921年10月，在日本关东厅长官山县伊三郎主持下，沿黄海海岸线修建旅顺至大连间道路，称之“旅大汽车道路”（今旅顺南路）。道路全长为46.8千米，采用沥青铺设路面，1921年10月动工，1924年10月竣工。当时根据公路沿途自然景观，设立了八个景点石刻碑，即“旅大八景”，依次为：黑石礁、凌水寺、小平岛、蔡大岭[1]、老座山[2]、龙王塘、玉乃浦（现塔河湾、蓝湾附近）、白银山。[3]今旅顺日俄监狱旧址博物馆就藏有当年“蔡大岭”与“玉乃浦”两块石刻碑。2007年11月29日晚，高新园区创业大厦旁黄浦路道路施工中，挖掘机挖出了“凌水寺”石刻碑。

凌水寺水库迄今有70余年。1936年，大连连续第五年发生酷暑和大干旱，殖民机构大连民政署为解决缺水问题，决定兴建凌水寺水源地。同年8月31日，凌水寺水源地开始动工，1937年2月14日工程竣工。凌水寺水源地是一座以城市供水为主，兼顾防洪的水库。坝型为混凝土重力拱坝。水库枢纽工程主要由挡水坝段、溢流坝段、取水建筑物组成，水库总库容134万立方米，设计日供水两万吨。建成后，日本殖民者建碑纪念。历经沧桑，今仅存“凌水”二字。

新凌水寺（摄于2011年10月29日）

都说大连山美水美，凌水寺一带就是休闲的好去处。凌水寺水库西面仍有凌水寺新庙，两间破简易房，仅有一位老和尚和一只看门的狗。庙外丢放着一个残破的神兽，据老和尚讲是从小平岛娘娘庙捡来的。

【1】蔡大岭位于大连市高新技术园区龙王塘街道黄泥川村。

【2】另一种说法“旅大八景”有星之浦（现星海公园），没有老座山。

【3】今大连八景：绿山揽胜（劳动公园观景台）、海韵观日（海之韵广场）、城雕赏月（星海广场）、星海听涛（星海公园东山岬角）、金石天工（金石滩东部景区）、塔观双海（旅顺口老铁山灯塔）、黑山夕照（金州大黑山）、冰峪丹枫（庄河冰峪沟）。

▼小平岛

“先有小平岛，后有大连港”，这不是妄言。200多年前，一个叫和瑛的人曾到此游览。和瑛是乾隆二十六年（1761年）进士，文采过人。望着滔滔碧波，他有感而发，写下《小平岛》：“晓日挂扶桑，琉璃拖影长。半蠡窥宿海，一勺小蒲昌。放眼无蓬块，澄怀接混茫。齐州烟九点，指顾上帆樯。”100余年后，李贵昌也留下了一首同名诗作《小平岛》：“小岛波心峙，匍匐地势平。舟横烟水阔，门对海天清。远见孤帆影，时闻白鸟声。流连寻古迹，高丽有遗城。”

李贵昌来时正处内忧外患的清朝晚期，因旅顺被北洋水师作为军港，禁止民用，小平岛便成为往来贸易的口岸。“国破山河在，城春草木深”，没有人去理会诗人留下的佳句，两首《小平岛》也未流传开来。

大连岐山医院创始人杨凤鸣也写过七言绝句《重游小平岛》，诗曰：“旧时烟柳旧时村，旧地重游旧梦痕。旧雨今番何处去，不堪人事暗销魂。”1927年8月4日，黄炎培应中日文化协会杨成能邀请，坐汽车游小平岛。黄炎培亦为小平岛赋诗一首：“碧澥苍崖得一湾，雄谈高睨小尘寰。眼前桑海谁能识，石上精禽未倦还。不尽鱼龙星浦浪，有缘杯酒玉皇山。神州多少伤心地，付与沧波落照闲。”

小平岛位于黄海海滨，因其平面酷似平字故名。小平岛也称小滨岛或比顽崖，后来概念扩大，区域随之扩大，今黄浦路和旅顺南路交界沿小平岛路往南至海边的小半岛都被称作小平岛。小平岛湾近岸还有五个小岛，流传有“大坨子平，二坨子扁，三坨子圆，四坨子尖，老膃子朝西天”之说。

小平岛人多是胶东移民，至今保持着故土的风俗。小平岛村镇不大，庙宇却很多，南头东海岸边有娘娘庙，西海岸边有龙王庙，北头有北庙、关帝庙、土地庙，西北沟里有道观和尼姑庵。因为近海，所以居民多是渔民，出海、求雨遂拜龙王庙；逢年过节，尤其是清明开渔时节，还要聚在娘娘庙烧香祈福。他们还要表演闹海秧歌(俗称“四大海”)，化妆成鱼、鳖、蛤、蟹的形象，头戴面具，模仿水族的动作，祈盼出海平安，鱼虾丰收。

小平岛龙王庙是日本侵占时期甘井子地区第一所中国人官立公学堂小平岛公学堂故址。小平岛公学堂成立于1907年9月，起初是在龙王庙内修缮三栋房屋，暂时使用。1915年8月新校舍落成，学校迁入。1921年，公学堂停办，改普通学堂。解放后为河口小学，今为高新园区中心小学。

时光淡淡，就这样穿越了一百年，

今日小平岛（摄于 2011 年 10 月 13 日）

南满洲保养院旧址（摄于 2011 年 10 月 13 日）

渔民也告别了固有的生活方式。小平岛路穿过小平岛，昔日的瓦房，多被拆毁，一起都成为记忆。今日，不仅劈山填海，连近海也都建成高楼。人言大连山美水美，自然是称赞大连的海之自然，山之自然。自然之美是天赐的人文之美。

“山不在高，有仙则名”，小平岛路北山坡便有一处幽静之所，即原凌水镇河口447号沈阳军区大连第二疗养院。这里原为日本侵占时期南满洲保养院，由荷兰人设计，其平面布局从空中俯瞰酷似飞机，从海面观望恰似战舰。南满洲保养院建于1930年10月，建筑面积9897平方米，拥有174张床位，因为设施齐全，技术先进，当时被誉为东亚第一。该院主要收治日本结核病人，有时也收治有钱的中国人。1945年8月，苏军接收此处改为苏联河口休养院，朱可夫元帅曾在这里静休疗养。1955年，移交中国人民解放军，成为部队疗养院。周恩来、邓颖超、宋庆龄、林伯渠、彭德怀、贺龙、聂荣臻、徐向前、叶剑英、蔡畅、罗瑞卿、邓华、李贞、何香凝、丁玲等先后来此视察和疗养。

“水不在深，有龙则灵”，小平岛也是一个人杰地灵的地方，奥运第一人刘长春，20 世纪 30 年代初横渡长江天险的史兴隆、史兴鹭、史兴陆（史哲东）、史瑞声兄妹，大连八大富商之一的许亿年都是小平岛人。

天外遗珍

黑石礁 星海街

星海名称的由来有这样的说法，海湾中有形状奇特的巨石露出水面，传说是天外『星石』，这一带因而被称为『星海湾』。

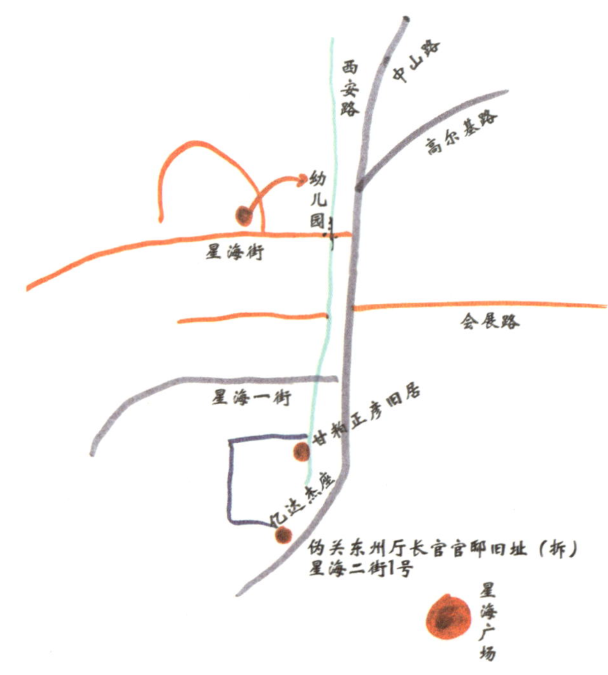

▼ 星海街与甘粕正彦

日本侵占时期，星海街、星海二街一带叫月见ケ冈，是当时关东州厅政府官员及遗贵富豪居住之地。星海街在电车站附近，以前车站叫星海一站，建成和平广场后，站名遂改。

星海街上最耀眼的建筑是空军蓝天幼儿园，看那高大的建筑就知道当年这里住着殷实的人家。1954 年此处移交给空军，后建幼儿园。幼儿园东侧路口进入，能寻到许多高大精致的洋楼，触手可摸往昔的沧桑繁华。

现代博物馆一带原是日本侵占时期竞马场。据载，大连的赛马运动源自俄国侵占时期，迄今百余年。据载，1914 年 10 月，大连设立赛马俱乐部，最初的赛马场建在郊外的周水子。1923 年 4 月，在殖民机构关东厅的建议下，所有的俱乐部统一管理，建起社团法人大连赛马俱乐部。1930 年，周水子建飞机场，赛马场迁至马栏河畔。当时，这座赛马场观看台上可容纳 4000 人左右，全盛时期的观看

已故大连老一辈画家刘小燕笔下的星海街

星海街上的空军蓝天幼儿园（摄于 2011 年 9 月 15 日）

人数曾达到2万人。日本作家大庭武年的小说《赛马会前夜》就写过这里的故事。

星海二街72号是“满映（全称株式会社满洲映画协会）之父”甘粕正彦的别墅。甘粕正彦系日本陆军出身，1922年任日本东京涩谷和麹町宪兵队长。甘粕正彦很矮，头发稀疏，戴一副金丝腿近视眼镜，文质彬彬且有些沉默寡言。但这只是他的表象，1923年9月16日，他接受日本陆军上层的指示，残忍地杀害了日本无政府主义者大衫荣和他的妻子伊藤野枝及他们的外甥橘宗一。甘粕正彦被判10年监禁，却只在狱中待了不到3年。出狱后，他被解除军籍，成为预备役。1929年甘粕正彦来到大连，成为土肥原贤二领导下关东军特务机关中的一员。甘粕正彦十分能干，因此他所管辖的组织被称为“甘粕机关”。他们不仅开展情报活动，还控制着东北地区日本人的鸦片生意。

甘粕正彦也是伪满洲国的“功臣”，溥仪逃离天津后，他和罗振玉等人在营口迎接，把溥仪带到了汤岗子。伪满洲国成立后，甘粕正彦被任命为民政部警务司第一任司长。甘柏正彦是“满洲国军”创建人之一，因此又被称为“满洲国军警之父”。此后，他还任满洲协和会总务部部长，协和会总务部部长是协和会实际领导人，协和会本质上就是“满洲国”的领导机构。

1939年春，甘粕正彦辞去协和会总务部部长职务，回到大连，品尝英国威士忌和钓鱼成为甘粕正彦这段生活的两大嗜好。甘粕正彦此时非常富足，不仅建起豪华的海滨别墅，还拥有自己的游艇。

滋润的生活意犹未尽，关东军便找上门来。因为满映自1937年8月21日成立后，效率低下，关东军决定进行整顿。1939年，伪满总务厅弘报处处长武藤富男与总务厅次长岸信介磋商后，认定甘粕正彦是最合适的人选。甘粕正彦虽其貌不扬，却非常有手腕，就任满映理事长后，大刀阔斧改革整顿，不到一年时间，满映资金增加到900万元，影片生产猛增三倍。当时，甘粕正彦与板垣征四郎、石原莞尔、东条英机、岸信介、古海忠之等日本政要关系均非同一般，因此流传着“统治满洲国的，白天是关东军，夜里是甘粕

甘粕正彦旧居（摄于2011年9月15日）

正彦”的说法。1945 年 8 月 22 日，不甘心失败的甘粕正彦在满映湖西俱乐部里自杀而亡。

甘粕正彦是臭名昭著的侵略者，他的儿子甘粕忠男却是友好使者。日本有一个 3 万余人的民间组织“日本大连会”，甘粕忠男就是其中一员。1947 年遣返日本前，甘粕忠男在大连生活了 15 年。他不仅在大连读书、练习书法，还在星海湾里学会了游泳。第一次来大连考察投资环境时，甘粕忠男还特地来到儿时旧居前留影。

甘粕正彦别墅附近建筑是当时大连铁工所经理小田切寿丰住宅。大连铁工所旧址在今大连饭店东侧，后迁至周水子，成为今大连橡胶塑料机械股份有限公司的一部分。这些都是悄悄散落的历史尘埃。

星海二街最大气、最豪华的建筑莫过于“亿达杰座”，这里原有建于1936年的关东州厅长官官邸。官邸最后一任主人是关东州厅长官今吉敏雄。1945年8月15日，日本宣布无条件投降。9月22日，苏军驻大连警备司令官高兹洛夫命令今吉敏雄及其部下从关东州厅长官官邸及官舍中迁出。9月23日下午，今吉敏雄在关东州厅内被苏军逮捕，关押在原大连日本宪兵队本部（今明泽街后警大院）。1948年9月，今吉敏雄被押往苏联西伯利亚战犯管理所，开始了漫长的流犯生活。历史就是这般残酷，又这样真实。

▼闲说星海

星海公园一带原名“大山湾”，为清朝官有之地，土著百姓在此租地种植高粱。1909 年 5 月，满铁打造星ケ浦（日文“ケ”

星海街上遗存的洋楼（摄于 2011 年 9 月 15 日）

星仐浦公园正门旧影

今日星海公园正门（摄于 2011 年 10 月 29 日）

同“之”，无实际意义）公园（今星海公园前身），先后建造大和旅馆、别墅、花卉温室、棚架等。1914 年，又在星仐浦公园北面山坡下修建高尔夫球场。

都说旅顺的樱花是中国最好的樱花，其实大连也种有樱花，星仐浦公园大约种了数万株樱花。因而，星仐浦公园成为当时日本人赏樱花的地方。1930 年 10 月，日本侵略者在公园东侧高地建造后藤新平全身铜像，彰其殖民功绩。

关于星仐浦的名称，五四时期与冰心齐名的女作家庐隐[1]这样记述：“大连真是一个好地方，不独山清水秀，气候亦非常凉爽，出名的风景有所谓星仐浦，有所谓老虎滩，都在沿海一带，松柏苍翠，波光灿烂，海上小岛，历落如星，所以叫作星仐浦。”当然，这并非星仐浦正解。

“星海”名称的由来有这样的说法，海湾中有形状奇特的巨石露出水面，传说是天外“星石”，这一带因而被称为“星海湾”。无论真假，都让人充满幻想。

大连因海而浪漫，星海公园最美的也是海。1917 年 10 月 7 日，日本反华文人德富苏峰一行来星仐浦公园游玩。他在游记中这样描写：“星仐浦原名黑石礁，满铁在海滨择定了十余万坪的土地，建了一个乐园，里面有旅馆、可租借的别墅，雅而不俗。这里盛开着野菊花和秋菊，是散步的好地方，那呈海湾状的半岛地貌总让人觉得和我国湘南的逗子、叶山有相似之处。来这里最应该观赏的还是它的海色。那海面的碧蓝被天空一衬托更增加了几分浓厚。

【1】庐隐真名黄英，被茅盾誉为“五四”的产儿。1922 年 5 月，庐隐来大连游览，其游记散文《扶桑印影》中写有星海公园。

这种碧蓝在逗子和镰仓是看不到的。”

过去，大连街老电车司机和售票员皆是清一色的男人，而且还要使用日语报站名。入乡随俗，有些地名也按照中国习惯变了音，如“星个浦”，按照读音应是“毫希嘎乌拉”，中国人习惯叫“星个浦”，后来日本人也跟着这么说。当时，日本人特爱星个浦，居然也用汉语唱歌，“马车溜达溜达，星个浦逛逛去……”

▼诗画星海

过去大连民间有个顺口溜：“星个浦（即星个浦），老虎滩，夏家河子黄金山”，可见星海在大连人心中的地位。关向应、黄炎培、汪精卫、蒋介石、郑孝胥、阎锡山、张宗昌、溥儒等多位名人都曾来此游玩。星海也是吟诗唱晚的绝美之地，郑孝胥、王永江等人皆在此赋诗。留诗最多的是教育家黄炎培。

1927 年 5 月 19 日，黄炎培因遭蒋介石通缉，乘船来大连避难。奔赴大连途中，黄炎培写下格言自勉：“在得意时候，须想世上苦恼人不知多多少少，我哪里忍得一个人单独快乐，这么想就不至于放肆了；在苦恼的时候，须想世上比我更苦恼的不知多多少少，我这些苦恼算什么，这样想心就平了。”

5 月 22 日，黄炎培到达大连，住在民生街。此时正值槐树花开，所有烦恼便随花香淡去。因为黄炎培曾任中华民国教育部部长，深得大连名流敬重，8 月 21 日，大连中华青年会在天之川水源地主办第五次中华水上运动会，黄炎培受邀偕夫人一起参加。

黄炎培偏爱星海公园，闲暇时常来游览。

黄炎培 1927 年在大连写的诗文，其中有关于“黑石礁”的描述

感怀之余，他写下很多描写星海的诗，《星浦中秋望月》便写了五首。《秋之星浦》更是把星海公园的秋色写得淋漓尽致：“大宇淡无极，数峰青奈何。忽疑天入定，真见海波平。得势萧萧叶，禁寒薄薄罗。夕阳红没处，山外乱云多。”

黄炎培每天还要临李斯书峄山石刻，读杜甫诗。黄炎培毕生最满意的书法作品《杜诗尤》就是在大连抄写的。1962 年，他与姚维钧结婚 20 周年，遂将《杜诗尤》赠给姚维钧，并题有“赠我爱维”。

日本著名反战诗人与谢野晶子也写过与星海相关的文章。

吴作人 1956 年创作的《大连星海公园》拍出高价

吴作人画作《海滨浴场》(星海公园)

傅抱石画作《星海公园》

1928 年初夏，与谢野晶子与丈夫与谢野赢干受满铁邀请来大连观光。翌年 5 月 24 日，她在《初夏之花》里回忆道:“我家院子里的洋槐树到了开花的季节。洋槐花迄今没有给我留下任何回味之处，今年我却突然觉得它是一种值得怀恋的花了。我眼前闪现着大连市郊的星个浦，浮现出旅顺黄金台的宾馆。在我和满铁总社西田猪之辅、加藤郁哉在星个浦茶亭吟咏诗歌的夜晚走过林荫道时，那花曾给我以朦胧月色的感觉。”时光流逝，洋槐下的大连依然是最美的风景。

书画大师吴作人 1956 年、1961 年来大连写生时，多次在星海公园游览，创作了《日落》《大连海滨》《黑石礁》《大连星海公园》等多幅油画。上海鸿盛 2010 年春季拍卖会，吴作人 1956 年的得意之作《大连星海公园》拍出 172.5 万元的高价。

同时代国画大师傅抱石亦偏爱滨城，曾于 1961 年来大连写生。他精心地绘制《星海公园》，与吴作人一幅关于星海公园的作品《海滨浴场》角度极为相近，只是一幅是国画，一幅是西洋画。两位大师同画一个地方，在中国绘画史上并不多见，这或许就是星海公园的魅力所在。傅抱石还写下了这样的笔记:“在星海公园的那天，正遇着旅大市教育工会组织的教师休养活动。老年、青年老师们，携着爱人、小孩，来这儿度过幸福的休假。我画上所点缀的人物，可能不清楚，而我是从他们来的……"

星海公园、黑石礁曾留影《寻爱记》《东港谍影》《蓝色档案》等多部电影，所以慕名而来的游人很多。他们或于探海洞前留影，或于星石和月石处流连。在电影《黑三角》中，我们还能回忆起那奇美的探海洞。

著名演员仲星火、王馥荔联袂主演的《留在海边的脚印》也曾在此拍摄。当时，他们住在黑石礁，出门就能看到碧蓝的大海。因为拍摄电影的缘故，仲星火还学会了大连话。一方水土一方人，一种方言一段故事。让人扼腕痛惜的是，如今清澈透明的海水因为污水无序排放被破坏，奇美的探海洞被炸毁。城市的发展当属必然，但不应摒弃过去给无数游客留下深刻印象的美景。

▼星亇浦大和旅馆

星亇浦大和旅馆（已拆，原位置在今圣亚海洋世界附近）见证了许多历史逸事。1928 年年初，溥仪、溥杰兄弟寄居在天津。因孙殿英掘墓盗宝一事未能得到民国政府公平处置，溥杰便想到东北入伍从军，以期报仇。他瞒着家人，不辞而别。载沣拿着儿子留下的信，万分焦急，便到天津张园找溥仪。溥仪连忙求助日本驻天津副领事白井康。白井康当即与伪关东厅联系，伪关东厅遂派翻译中岛比多吉来到大连埠头水上警察署，带着四五名日本警察在码头静候。溥杰一上岸，便被他们带到星亇浦大和旅馆。溥杰在大和旅馆住了十几天，每天都有会说中国话的日本警察监视。怕他寂寞，日本警察还领着他参观了海产馆等地。溥杰曾去探望居住在附近的恭亲王溥伟。溥伟一见溥杰便禁不住落泪，对他的行为表示赞赏，夸奖他不愧为爱新觉罗子孙。后来，溥仪派康有为的得意门生徐勤之子徐良来大连，将溥杰接回天津。

说来也巧，多年后，载沣和溥仪也曾偶居于星亇浦大和旅馆。1934 年 7 月，载沣携四女韫娴、五女韫馨、四子溥任乘日本客船"天津丸"来大连，探望溥伟。轮船到达大连码头，溥伟已经等候多时。溥伟热泪盈眶，载沣亦感慨万千。他们乘车前往溥伟的府邸，相叙 20 余年的别情。晚餐之后，载沣便下榻在星亇浦大和旅馆。1935 年 1 月 25 日，溥仪在郑孝胥陪同下来大连，也住在星亇浦

星亇浦大和旅馆旧影

星亇浦的星乃家酒店旧影

大和旅馆。他们在“星乃家”酒店用餐后，便一同游览海滨，吟诗作对。

星亇浦大和旅馆还住过溥仪的老师陈宝琛。要说在这住得最久的人应是郑孝胥，他堪称伪满洲国的“第一功臣”。郑孝胥身材高大，面色红润，精力旺盛，根本不像老人，特别说话时腰板笔直，而且不断做出手势。他认为，只要中国坚持共和政体，就不可能避免混乱。1931 年 12 月，郑孝胥与日本关东军密谋筹建伪满洲国，其间便住在星亇浦大和旅馆。闲暇时，畅游星海，望海观日。

1932 年，郑孝胥再次来连，依旧住在星亇浦大和旅馆。漫游公园，不禁为樱花所醉，便写下了《星浦樱园》。郑孝胥还曾在此宴请过王季烈、田中玉。王季烈是今文化街“八七大院”婉容楼的主人。说起田中玉更是大有来头，据说长得非常威武，像《三国演义》中的关羽。甲午战争期间，田中玉是“逃跑将军”叶志超的部下，后为北洋新军将领，因善用新式火炮，被称为“北洋炮圣”。1919 年，田中玉担任山东督军。1923 年 5 月，山东省临城发生“临城劫车案”。田中玉亲自和劫匪交涉，使乘客获得释放，后因外国使节团进行问责，北洋政府免去其山东督军职务。此后，田中玉离开政界，在天津、大连等地寄居。1935 年 7 月，67 岁的田中玉在大连病逝。田中玉的故乡山海关、天津都存有他的旧居，唯大连没有寻到遗址。

当时，每到夏季，宾馆里都会住满欧洲游客，因此流传着许多风云逸事。侦探小说《十三号室的杀人》[1]中的“皇后宾馆”便是以星亇浦大和旅馆为蓝本。

▼水族馆

日本侵占时期，大和旅馆南侧有一座水族馆，由日本商人、大连歌舞伎座的拥有者平田包定创建。平田包定原是钟表商，1913 年，他重拾老本行，在浪速町 2 丁目（今天植商场南对面“自由基地”位置）建起钟表店平田洋行。因为得到老东家“精工舍”的支持，总是引进最新制品，平田洋行很快成为当时大连公认的钟表商。“满洲大博览会”期

【1】客居大连的日本作家大庭武年所作。

星个浦水族馆旧影

间，平田包定接手水族馆，展出了许多珍贵的鱼贝类。博览会结束后，平田包定就在星个浦大和旅馆的南面设立水族馆。后来，此处成为旅游景区。1930 年 6 月 28 日，民生集团创始人卢作孚一行来大连水族馆参观。

青岛海滨的标志性建筑——青岛水族馆也曾取经大连水族馆。当时，蔡元培等人提议在青岛开办水族馆，并择定今青岛鲁迅公园作为馆址。因为当时的亚洲大陆只有大连一座水族馆，他们即派人赴大连水族馆调查，并根据调查绘制了详细图纸和说明书向筹委会报告。时任青岛市市长沈鸿烈坚持“表现吾国固有之文化”，故建筑设计采用了中国式古建筑风格。

这些仅是众多记录中的点滴，许多未知的故事仍待探索。

▼黑石礁东村与张宗昌

苏联驻军时期，接管马栏河口至化物所间区域，建成航海俱乐部。1955 年移交给我国，成为空军驻地。1950 年大连市政府在其西面进行修复，建成星海公园。

老大连人都记得，公园正门东侧曾有一栋建造年代不详的小白楼，传为达里尼市市长萨哈罗夫官邸。解放后小白楼被苏联红军接收，移交我国后成为驻军某部家属住宅。20 世纪 90 年代中后期，小白楼拆除，建成板楼。笔者在已故大连画家刘小燕先生的画作里寻到了美丽的小白楼。

刘小燕笔下的星海小白楼（传说是萨哈罗夫官邸）

公园正门对面海源街一带即坊间常说的黑石礁东村。黑石礁东村遗存不少造型精美的洋楼，其中一栋仍保留着历史地名——黑石礁东村 157 号。这栋白色小洋楼建于 1925 年前后，是“狗肉将军”张宗昌的别墅。张宗昌流民出身，身材高大，一脸横肉，紫膛面皮上笼着一层鸦片

黑石礁东村 157 号是张宗昌旧居（摄于 2011 年 10 月 13 日）

毒的青色，因胆大狡黠发迹。1928 年 6 月，张宗昌被北伐军击败，逃到大连，居住在此。同年 12 月，张宗昌在小洋楼里召集褚玉璞、程国瑞、王栋、杜尚等百余人，举行进攻山东秘密军事会议。日本代表公田、孙殿英代表徐钧等也参加了这次会议。日方许诺拨枪械 5000 支作为进军胶东之用。人、枪有了着落，需要迅速解决活动费用，于是当场把准备好的助款簿拿出来，让众人认捐。与会诸人彼此张望，谁都不愿落笔，第一名就给了山东银行总办蒋邦彦，数目为 50 万元。蒋邦彦格外着急，当场表示，不要说 50 万元，连 5000 元也拿不出来。张宗昌当即无法下台，最后让众人回去考虑。蒋邦彦因一毛不拔，被日本浪人暗杀。

此时，下野的段祺瑞派其内弟吴光新到大连与张宗昌联系，企图东山再起。不久，张宗昌接受段祺瑞委任，担任进军山东的第一统帅。他到天津召集旧部，于 1929 年 3 月攻打烟台的刘珍年部。强弩之末，再次失败，张宗昌只好逃回大连。

1930 年夏，张宗昌在大连恐遭遇不测，遂奔赴日本避难。[1]同年，阎锡山因中原大战失败下野。大连是日本人的势力范围，蒋介石奈何不得，他便也寄居大连。阎锡山怕落下汉奸之名，坚决不住文化台（今文化街）一带日本人所提供的洋楼。张宗昌别墅正好闲着，就住了进来。客居期间，阎锡山阅读了很多古籍，保持着写日记的习惯。他始终认为儒教才是救国根本，坚持儒教治国理念。《阎锡山日记》记载，1931 年 4 月 8 日，阎锡山受邀参观日本舰队，登上了最大的军舰“长门丸”。这艘军舰排水量 33800 吨，船面 1820 坪，相当于中国 10 亩地大小，时速 23 海里，可容纳官兵 1336 人。参观的日本人很多，都发出感慨，这是保护国家的利器。阎锡山则感慨道，这是自卫的利器，也是侵略的凶器。

1931 年 8 月，阎锡山偷偷返回太原，重新成为山西王。新中国成立后，小白楼被接收，用作旅大市公安局招待所，现为大连市公安局培训中心。

【1】1932 年 9 月，张宗昌被郑继成枪杀于济南。

黑石礁虽有日本人居住的高级住宅，大多却是中国富豪或中国流亡要人的别墅。张宗昌别墅对面，面朝大海带有圆形阳台的洋楼就是上海富豪杨隐居的公馆。那时经常可以看到年近70的主人带着一大家子人在海滩上散步，走在最前面的是健壮的杨隐居，紧跟着他的是步履蹒跚的大夫人，之后是二夫人、三夫人、四夫人和仆人。四夫人非常年轻，看起来像大夫人的孙女。据说，这一直都是当时路人观赏的一道风景。

海源街7-1号传说是张作霖别墅（摄于2011年10月13日）

海州街25号，坊间老人讲是关东军某中将官邸（摄于2011年10月29日）

从张宗昌别墅沿坡而上，幽巷深深，弯弯曲曲，似鼓浪屿一般。海源街9号古堡式石头房为日本侵占时期田中节住宅，由荒田义男设计，1936年12月建成。距其一步之遥的海源街7-1号坊间传说是张作霖别墅。洋楼极有味道，大致建于1927年前后。张作霖1927年曾来过大连，想来那仅是留于文字中的记录。

黑石礁东村一带街道因临海的缘故，街名多含海字，如海湾街、海州街、海月街等。海州街21号附近有一处日本侵占时期的洋楼。据老人讲，其门牌号码为海州街25号，是日本关东军某中将官邸。日本战败后，洋楼卖给中国商人。新中国成立前，商人逃亡台湾，洋楼为政府接收，用作市公安局招待所。又传，商人的遗孀曾经回来探望过。故人故事，故宅故梦，都化作烟云浮漫于星海天际。

▼黑石礁西村·于汉冲·金井章次

日本侵占时期，黑石礁西村一带称作高砂町，星海宾馆一带称作水明庄，建有许多风格各异的花园洋房，为欧美各国驻连高层、清朝遗贵、民国权臣聚居之地，二战期间与日本结盟的德国、意大利驻大连领事馆的工作人员也住在这一带。黑石礁区域东部、西连街和西川街之间是一个相对独立的区域，新中国成立后为部队接管。现在，这里居住着多位新中国历史上有赫赫声威的将军和高干，故称“红星村”。红星村的洋楼几经拆迁改造，剩余不多。

日本作家富永孝子当年曾住在星海附近（原高砂町）的豪宅里。她这样写道：“父亲环视了一下家里，每个房间各具特色，分别是南欧、北欧和中式风格，而且每个房间里都配置了与风格相符的家具，还有宽大的露台和阳光房。”日本侵占时期，国际色彩浓郁的大连，能够充分满足战前日本人对欧洲的向往。而且大连的日本人生活水准比日本国内高得多，非常滋润。

西长街20号西侧有三座洋楼，仍保留旧门牌——黑石礁西村49-6号，沿街总共三座洋楼，于汉冲别墅位于最西侧，与之比邻者是日本侵占时期满洲青年联盟理事长金井章次的旧居。于汉冲别墅建于1927年12月，由著名的小野木横井共同建筑事务所设计，吉川组建造，现为老干部活动中心。建筑不对外开放，仅能看到尖尖的红色穹顶。

于汉冲生于1871年，曾为东京外国语学校的汉语科讲师。日俄战争时，他成为日本满洲军总司令部的雇员，以高级翻译官身份从事收集俄军情报的间谍活动。战后，于汉冲在辽阳过着隐退的生活。民国政府成立后，他担任外交部奉天交涉员、巡按使张元奇的外交顾问。1925年担任东北特别区行政长官，1926年管理东支铁路，与袁金凯一起合称为继承王永江思想的奉天文治派双璧。于汉冲格外贪财，曾将矿山的权益低价卖给满铁。张作霖死后，于汉冲担任东北保安总司令部参议。

金井章次是当时满铁卫生课课长、满铁卫生试验所（大连制药厂前身）所长，后担任满洲青年联盟理事长。他在战后这样写道：“满洲建国之所以成功，最有力的因素当然是日本人，除朝鲜人之外，还有迄今一直隐蔽着的当地的一些‘同志’。”金井章次所说的“同志”就包括

金井章次旧居（摄于2011年10月29日）

于汉冲旧居（摄于2011年10月29日）

于汉冲。1927年，于汉冲居住在大连，金井章次因而有机会受到于汉冲的影响。于汉冲堪称“东北第一汉奸”，他所提倡的“日满组成经济联盟”、“国防由日满共同负责”、“政治则采取由当地人治理”等理论，为金井章次全盘吸收。九一八事变后，满洲青年联盟据此制定《满蒙自由国方案》。该方案由满铁总务部文书课课长中西敏宪起草，并以满洲青年联盟理事长金井章次的名义提交给关东军。关东军接到方案后，立即在沈阳金六饭店宴请金井章次以下所有满洲青年联盟骨干。第二天，金井章次前往关东军司令部，在走廊内正好碰到石原莞尔，石原莞尔客气地打招呼：“金井君，我放弃我的方案，采纳你们的方案了。”日本发动九一八事变完全是走一步算一步的事，于汉冲的设想却令石原莞尔立即描绘出伪满洲国的蓝图。

1932年2月，于汉冲参与伪满洲国创建准备，积极参加奉天地方维持会，后担任伪满洲国监察院院长。多行不义必自毙，同年，61岁的于汉冲在大连的别墅中暴病身亡。

与于汉冲一起兴办振兴铁矿无限公司的日本南满铁路奉天公所负责人镰田弥助也住在黑石礁。镰田弥助是日本人掠夺中国资源的代理人。1909年8月，满铁派人对鞍山地区进行非法的秘密探矿，先后调查了铁石山、西鞍山、东鞍山、大孤山、樱桃园、关门山、小岭子、弓长岭等十余座铁矿山，发现鞍山地区是开矿建厂冶炼钢铁的宝地。1916 年 7 月，镰田弥助和于汉冲作为日中代表在奉天组建振兴铁矿无限公司，资本金 14 万日元，名义上中日投资各半，实则由满铁全额出资。1940 年 12 月 7 日，昭和制钢所兼并振兴铁矿无限公司。

“皇姑屯事件”后，镰田弥助移居大连。九一八事变后，川岛芳子来拜访镰田弥助。因为川岛浪速的夫人与镰田弥助的夫人是同乡，两家来往密切，川岛芳子与镰田弥助非常亲近。一见面，川岛芳子就切入主题：“今天，我把皇后陛下安置在王季烈的别院了。”镰田弥助听着川岛芳子唐突的话，一时间不知所措。川岛芳子非常得意：“是的，坂垣参谋拜托的事情，顺利完成任务了。对于关东军来说，我现在是他们的骄傲。”这些都是发生在黑石礁的故事。

▼黑石礁宾馆与周恩来

黑石礁宾馆曾是赫赫有名的王府饭店，牌匾由溥杰亲手题写。王府饭店分南楼和北楼，南楼即肃亲王第七子、伪满洲国黑龙江省省长金碧东旧居。这栋洋楼建于 1933 年，建筑风格属和风欧式，正门前立着两尊威严的石狮子。1947 年用为大连县委办公场所，1950 年改为旅大市人民政府交际处黑石礁宾馆，后更名星海宾馆。

1951 年 5 月 13 日至 7 月 1 日，周恩来与邓颖超曾下榻于此。《周恩来总理卫士长回忆录》里记录了这样一个故事：初来静养时，周恩来只在院里或在院外附近散步。一周后，他提出要到远郊风

星海宾馆（原黑石礁宾馆，摄于 2011 年 10 月 13 日）

景区或者公园去看看。当时正值抗美援朝特殊时期，一旦被认出，必然招致群众围观，暴露目标后，可能会遭到敌机袭击和美蒋特务暗杀。保卫人员经过商量，建议周恩来化装。6月天不好戴口罩，遂提议他留胡子。周恩来一听就笑了：“那还不容易。”由于他胡子长得特别快，一个星期两撇八字胡就长得很像样子了。在时任大连市市长韩光陪同下，周恩来先后参观了中山广场的工业展览馆、体育馆等。后来，周总理改变了主意：“这胡子不能留，哪有总理怕群众的道理。只要相信群众，依靠群众，做好工作，是不会出问题的。”说着，他便刮掉了浓密的胡子。

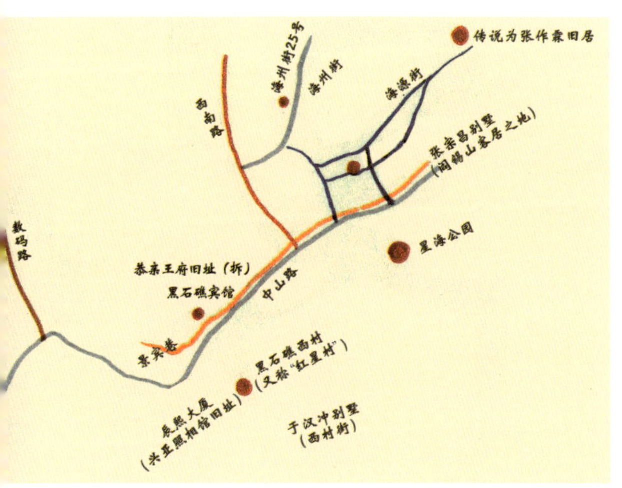

黑石礁区域示意图

为不影响周恩来休息，市政府临时规定有轨电车只开到星海公园站，星海公园至黑石礁站间停运。周恩来知道后，当即批评市长韩光，下令立即予以纠正，让电车一路通到黑石礁站。为了让周恩来了解海军舰艇学院建设情况，年轻的张学思将军还曾亲自驾驶着炮艇在黑石礁靠岸，迎接周恩来、邓颖超巡游大连湾。

此后，这栋洋楼还住过刘少奇、朱德、宋庆龄、贺龙等国家领导人及诸多外国元首。

▼星浦山庄与溥伟

王府饭店北楼是1922年秋恭亲王溥伟在黑石礁所建的星浦山庄，已拆。溥伟身材非常高大，天真率直，自傲清高，惯于命令别人。溥伟也是拒绝签署放弃皇位的两个亲王之一。辛亥革命时期，溥伟曾和清朝摄政王载沣一起制订诛杀袁世凯的计划。溥伟拥有一把咸丰帝赐予他祖父奕䜣的白虹刀，可以先斩后奏，所以他们打算用这把刀杀掉袁世凯。计划制订好了，却被张之洞等人拦住。南北和谈之际，溥伟又以甲午战争中日本皇后用珠宝赏军的故事，劝掌权的隆裕太后效法，拒绝优惠条件。善耆也极力支持这个建议，连说是好主意，但隆裕太后不是慈禧，已然没了主意。

清朝皇帝宣布退位后，溥伟立誓不居留中华民国的土地，逃到德国殖民地青岛，并将家中财产全部卖掉，希望有朝一日能够恢复王朝。因为自小生活在与世隔绝中，他常常以小孩那样缺乏经验的方式与人交往。溥伟对慈禧抱着一丝敬畏和迷恋，始终拖着一根精心梳理的大辫子以示身份。一战期间，寄居青岛的溥伟，坚持写战争日记，竟然天真地相信德国能赢得战争。1922 年，中华民国收回青岛，溥伟遂迁居大连。在他心中，中华民国从来不是他的国，凝望着星浦山庄附近的洋槐，溥伟黯然写下《星浦山庄闻雁》："露下青槐陌，秋深白豆篱。寇氛兴未艾，游子怅何之。仆仆将焉获，劳劳多所思。独怜一行雁，不爽去年期。"同年，末代恭亲王爱新觉罗·毓嶦出生在星浦山庄。

"瘦死的骆驼比马大"，溥伟仍然摆着王爷的架子，府里不但有佣人、厨子、司机，每月还花几百块钱聘请一名秘书帮着处理事情。1925 年溥仪被赶出紫禁城后，溥伟亲自从大连跑到天津张园给躲在那里的溥仪请安。溥伟有一句话颇令溥仪感动："有我溥伟在，大清永不会亡！"后来，他又写信给溥仪，希望他能来大连继续复辟活动。伪满洲国成立后，溥仪便给积极复辟的清朝王室成员分发供奉，恭亲王溥伟领到 1 万元的生活费。溥仪来连期间还曾御驾亲临恭亲王府。

黑石礁西村的老房子（摄于 2011 年 10 月 13 日）

溥伟极守旧，相信"半部《论语》治天下"，虽说上洋学堂他不反对，但是必须打下半部《论语》的基础。溥伟从北京请来一位"三家村"的老夫子教自己的三个儿子念书。除了读《三字经》《百家姓》《大学》《中庸》，还要修《幼学琼林》《龙文鞭影》等，而且他们每天必须写一篇大楷和一篇小楷。

1936 年，溥伟去世，因为平时开销巨大导致破产，恭亲王府遂被东洋拓植株式会社收走。1937 年，14 岁的毓嶦辞别母亲，按照前清王室规定，带着三件传家宝——咸丰皇帝密谕、大阅御用紫宝石黄丝腰带和白虹刀前往长春觐见溥仪。因恭亲王府在海边，潮气太重，白虹刀长满了锈。那时，常有磨刀的老白俄在附近兜揽生意，就让他重新磨过一番。1939 年溥仪颁诏，让毓嶦承袭和硕恭亲王爵位。其实啊，恭亲王不过是个虚名。

毓嶦回忆，他在20世纪80年代第一次回大连时，那幢洋房还在；90年代第二次来，已被拆掉。吟诵溥伟诗作《春日》[1]，感慨万千，人生如梦，复辟亦是一场空梦。

黑石礁宾馆附近曾有民国总理潘复旧居（景宾巷25号）。潘复旧居建于1925年左右，解放后被苏军接收，移交我国后用为空军干休所。2008年前后，洋楼拆除。众所周知，潘复为人平庸，因是奉系官员，贵为总理。

许多奉系官员都在大连置办洋楼别墅，奉系三号人物吴俊升就在大连黑石礁建有避暑庄园，占地约400坪，价值10万余元。1坪约等今3.3平方米，可见其奢华阔气。誉为“辽宁现代民族工业的奠基人”的张惠临[2]也在大连建有别墅。这些洋楼或许都消失在跨越发展中了。

国内外许多城市都把名人故居看作城市的骄傲，希望给城市保留一条追思记忆的路，这也是对生命和自然的尊重。

▼安娥与黑石礁

1932年8月22日，大连都市规划委员会提出规划方案，其中有黑礁屯附近地区规划。黑礁屯大致包括今黑石礁街与辽师附中周边。当时规划，该区域建高等住宅区，但仅在辽师附中一带建有洋楼，黑石礁街仍是中式瓦房。

据载，20世纪20年代，中国电影第一首歌《渔光曲》词作者安娥就居住在黑石礁街。安娥原名张式沅，出生于书香之家。1926年6月，她跟随丈夫邓鹤皋到大连工作。中共北方区委负责人李大钊派遣邓鹤皋来大连担任地委书记，安娥被派到大连纺织厂女工中开展工作。为安全起见，她和邓鹤皋隐藏身份，暂住黑石礁附近农民王大娘家。那时，黑石礁还是一个渔村，因此安娥有机会接触到渔民，了解他们的生活，这也为以后创作《渔光曲》积累了素材。在连工作时，她还为大连的罢工工人修改了《工人团结歌》的歌词。这首新修改的歌词，是安娥歌词创作的处女作。1927年，安娥离开大连到莫斯科学习。

1950年1月，安娥被安排在大连中长铁路工厂（原大连机车厂）工作。23年后，安娥再来黑石礁，渔歌依旧。

数月后，安娥调至大连洋灰厂（大连水泥厂前身）。当时，她负责新闻宣传工作，多次到大连海港等单位采访。8月，

[1]《春日》全文：卦井新秧绿四围，余寒未解旧棉衣。年年海角愁春去，日日矶头看鸟飞。客舍松萝经宿雨，渔家烟水静朝晖。东风处处皆芳草，惆怅天涯恨未归。

[2]张惠临本名志良，字惠临，青年时代起在张作霖手下做事，后创办惠临火柴公司等实业。曾担任奉天储蓄会长、东三省官银号总稽查、奉天和全国商会会长、沈（奉）海铁路公司总经理、东三省盐运使等职。九一八事变后，张惠临隐居大连黑石礁，抗战胜利后返回沈阳。

安娥返回北京，调入北京人民艺术剧院从事创作。11 月，她在大连采访报道之一《苏联分厂长塔拉索夫——大连中长铁路苏联分厂长》由沈阳新华书店出版。翌年 1 月，大连采访报道集《苏联大嫂》由上海劳动出版社出版。同年春天，她随田汉领导的创作组再次来连，下榻于大连宾馆，创作了反映朝鲜战争的歌剧剧本《崔斗焕与金玉姬》和电影剧本《正义的战争》。

▼ 兴亚照相馆

中山路 676 号辰熙大厦位置是当年大连地下党情报机关兴亚照相馆旧址。1940 年 3 月，在苏联接受特工训练的沈得龙被苏联红军参谋部派遣到大连从事谍报工作，筹建电台番号为“郑风”的工作站。沈得龙与苏联驻大连领事馆接上关系后，按照要求，在黑石礁高砂町 153 番地开设兴亚照相馆。

建站过程中，沈得龙先后在沈阳、本溪、天津、大连等地将李振声、王耀轩、李忠善等发展为情报工作人员。1941 年 12 月，沈得龙按照指令取回苏联领事馆事先埋藏的电台及通讯设备，在兴亚照相馆二楼李振声（当时担任照相技师）的房间内，设立电台及设备的隐藏地。每逢沈得龙进行发报，李振声就负责在照相馆外负责警戒工作。“郑风”工作站先后向苏联报告过本溪、沈阳、安东（今丹东）、大连地区日军调动情况，大连码头仓库和周水子陆军仓库军需品数量等情报。

“郑风”工作站发出的电波不幸被位于长春的关东军八六部队无线电搜查班侦获。八六部队无线电搜查班与大连宪兵队本部联合侦察约半年时间，最终确定无线电波源自兴亚照相馆。1943 年 10 月 2 日，沈得龙等人被逮捕。11 月末，沈得龙等被秘密押往哈尔滨“731”石井细菌部队进行残忍的活体解剖试验。多年后，红色遗迹兴亚照相馆被拆除，建成辰熙大厦。

吴作人画作《黑石礁》

诗情画意

棒棰岛

传言有人曾在岛上挖出人参，山东移民称人参为棒棰，又因小岛形似棒棰，故而得名棒棰岛。

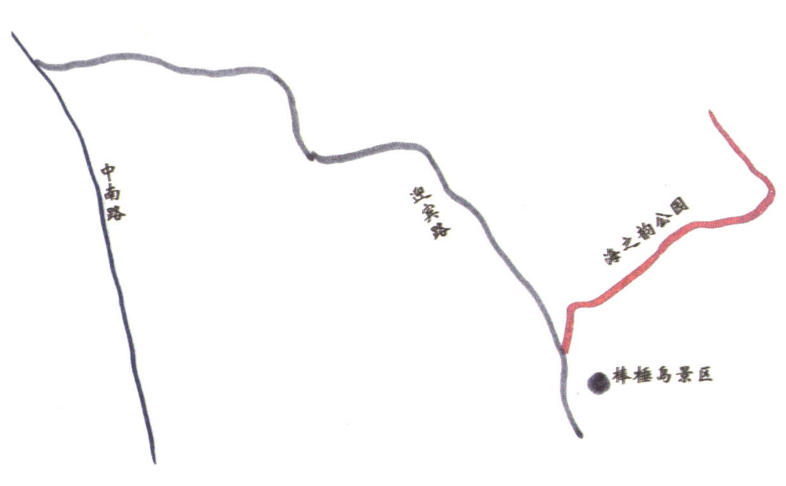

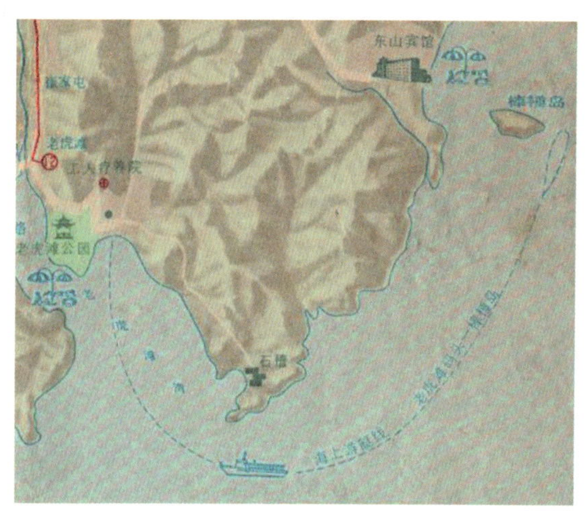

1982年大连交通游览图中的棒棰岛

棒棰岛虽小，人皆知。老辈人讲，小岛原系无名荒岛。传言有人曾在岛上挖出人参，山东移民称人参为棒棰，又因小岛形似棒棰，故而得名棒棰岛。俄国侵占时期，棒棰岛一带叫棒棰屯，日本侵占时期辖属岭前会。附近居民多是从山东跨海而来的“海南丢”，过着靠山吃山、靠海吃海的日子。解放后，改叫东山村。

1958年，为庆祝新中国成立十周年，大连

大连著名画家于涛笔下的棒棰岛

市委市政府决定修建国宾馆。当时的目标很明确，接待毛主席来大连开会。很快便成立了以市委书记郭述申为核心的领导小组。石槽、夏家河子、老虎滩当时都是备选的热门，经过慎重的权衡与筛选，最终选定棒棰岛，主要原因是棒棰岛处于山谷的狭长地带，更利于安全监管。

岛上原有的4个自然屯共计56户人家，有的被迁到老虎滩新建的房子里，有的直接住进了小龙街一带的洋房中。工程由东北设计院和大连设计院设计规划，包括1栋大楼、7座小楼，还有俱乐部、游泳池等辅助建筑。1959年下半年开始建设，1960年10月基本完工，共耗资人民币1200万元。用于接待毛主席的楼是第一个修建的，叫作“1号楼”，后觉得不利于安全和保密，改称“5号楼”。建7座小楼是参考了当时中央政治局常委的数量，规模完全按照接待政治局开全会规格设计。为加快建设进度，大批军人、学生、工人参加了当时每周六的拔草、平地等义务劳动。设计小组负责人还曾到中南海参观，参照中南海的布置，“5号楼”

的色调改为天蓝色，并去掉门槛，方便行动。

宾馆建成后，因地取名叫东山宾馆，并组成筹备小组，招聘服务人员。服务人员挑选非常严格，不仅需要政治条件过硬，而且必须才貌出众，女生身高160cm以上，男生身高170cm以上，而且只能干到23岁。出于安全考虑，宾馆的第一任经理由市公安局刑侦处处长担任。

老海军贺明琦讲，毛主席本打算当年就来大连组织召开政治局会议，旅顺基地还特地整修了游艇“海鹰”号、“海燕”号备用。后因台风要路过大连，且新楼刚交工非常潮湿，不利于健康，临时决定改在别处举行会议。1972年，毛主席再次与棒棰岛失约。

为了弥补遗憾，工作人员遂在面对棒棰岛的地方立下刻有毛主席手书“棒棰岛”的石碑。

提及毛主席题词，还有这样一段故事。1977年，市领导崔荣汉听取东山宾馆经理王华利的建议，将东山宾馆改名为棒棰岛宾馆。因为王华利在《人民日报》上看到了毛主席亲手书写“棒棰岛”三个字，便自然与大连棒棰岛联系到了一起。毛主席手书“棒棰岛”三个字出自他抄写的叶剑英《远望》一诗。

《远望》写于1965年8月24日，叶剑英下榻东山宾馆，凭海远眺棒棰岛，诗兴勃发，随即写下七律《远望》：“忧患元元忆逝翁，红旗缥缈没遥空。昏鸦三匝迷枯树，回雁兼程溯旧踪。赤道雕弓能射虎，椰林匕首敢屠龙。景升父子皆豚犬，旋转还凭革命功。”叶剑英还特地落款注明“在大连，棒棰岛”。同年12月26日是毛主席72岁生日，他便将《远望》抄赠给前去探望的毛岸青与邵华。1977年4月6日，毛主席手书《远望》在《人民日报》第一版公开发表。

毛主席虽然没来过棒棰岛宾馆，周总理却三次下榻这里。棒棰岛宾馆还接待过朱德、刘少奇、徐向前、华国锋、邓颖超等党和国家领导人，还有外国贵宾金日成、胡志明、西哈努克亲王、李光耀、叶利钦、施罗德、基辛格、萨马兰奇等。1965年9月2日至9月5日，李宗仁、郭德洁、程思远一行来大连视察访问时，也下榻在棒棰岛宾馆，而且就住在“5号楼”。

棒棰岛宾馆不仅是政界名流下榻之地，也是文人骚客汇聚之地。郭沫若、廖承志、毛岸青等皆曾在此凭海临风，滨海畅游。文学家丁玲曾两度光临棒棰岛，当年她就住在“9号楼”里。傅抱石、关山月、刘海粟、叶浅予、华君武、郑乃珖、张伯驹、梁树年、汪曾祺、丁聪、董辰生、沈柔坚等大师也都是“9号楼”的居客。所谓“雁过留声，人过留名”，“8号楼”中的名画《五棵松》就是刘海粟当年的遗墨。

傅抱石也曾在“9号楼”里留画，

傅抱石戏水棒棰岛

傅抱石画作《棒棰岛景象》

而且他还把一幅画有“棒棰岛”的作品赠送给当时负责接待工作的一位干部。“北京保利2011春季拍卖会”上的傅抱石画作《棒棰岛景象》便是这幅作品。画作的题跋中虽然没有“棒棰岛”字样，却清晰地记录着创作时间和创作动机：“一九六一年八月与山月（画家关山月）访旅大市，修荷渥待感不可言，居东山村者逾半月，启窗南望，则海天景色，气象万千。兹将别去，率写此奉念。九月十日，抱石并记。”题跋中“东山村”即当时棒棰岛的名字，这恰恰是棒棰岛宾馆一名变迁的历史信息。傅抱石在《东北写生杂忆》中还详细地描述了此次行程：“1961年6月，我因创作任务得到一次去东北旅行的机会。先后访问游览了长春、吉林、延边、哈尔滨、沈阳、旅大等地。9月底返北京，为期近四个月。”傅抱石又写道：“大连是我国一座美丽的滨海城市。我大部分时间住在东山村（现名棒棰岛）。从我住的房间内，就可以一览无余地看到络绎不绝地进出大连港的世界各国的商船。对我这个和‘海’没有多大因缘的人，一切都是新鲜的。8月下旬，还是游泳的好季节，可是我，只打湿一次脚，下水没有超过 10 厘米，引起了同志们的大笑……”《棒棰岛景象》最终的成交价为人民币 862.5 万元，是迄今大连题材画作中最昂贵的。《棒棰岛景象》虽然没有留在大连，依然承载着大连厚重的人文。

棒棰岛也是天然的影视基地。电影《东港谍影》和《生死抉择》中就有棒棰岛的镜头。潘虹、孟广美主演的电视剧《最熟悉的陌生人》在棒棰岛的 7 号别墅拍摄。现在，这里已经成为许多新人拍摄婚纱照的必选之地。正是因为棒棰岛情结，大连相继出现了棒棰岛啤酒、棒棰岛食品、棒棰岛辣酱、甚至还有棒棰岛月饼、棒棰岛海参等注册商标。《大连晚报》前身也以棒棰岛命名，叫《棒棰岛周报》。2005 年 5 月 21 日发行的特种邮票《大连海滨风光》中还有一枚美丽的棒棰岛风光邮票。

棒棰岛有太多的故事，留待人们慢慢品味。

补遗

通常，中南路与迎宾路是去棒棰岛的必经之路。中南路起自七七街，止于老虎滩，日本侵占时期即有，原为土路，1947 年重修，命名转山路。1971 年借了棒棰岛宾馆的光改铺成柏油马路，20 世纪 90 年代后期因为城市建设改名中南路。沿路转山屯（海港医院一带）、兴隆屯（兴隆西巷一带）、崔家屯等站名或地名也随之改变。迎宾路也叫棒棰岛宾馆路，始建于 1959 年，1960 年 5 月建成，北起中南路，南至棒棰岛宾馆，初为碎石路，1971 年改柏油马路，易名友谊路，1983 年改叫迎宾路。

棒棰岛邮票

参考文献

[1] 于植元，董志正. 简明大连辞典. 大连：大连出版社，1995.

[2] 刘长德. 大连城市规划100年. 大连：大连海事大学出版社，1999.

[3] 刘功成，王彦静. 20世纪大连工人运动史. 沈阳：辽宁人民出版社，2001.

[4] 于尔明，杨奇，田园，等. 解放初期的大连. 大连：中共大连市委党史资料征集办公室，1985.

[5] 王胜利，王子平，韩悦行，等. 大连近百年史人物. 沈阳：辽宁人民出版社，1999.

[6] 顾明义，方军，马丽芬，等. 大连近百年史. 沈阳：辽宁人民出版社，1999.

[7] 中国人民政治协商会议辽宁省大连市委员会文史资料办公室. 大连文史资料（1-7）. 1984-1990.

[8] 中国人民政治协商会议辽宁省大连市委员会文史资料办公室. 大连文史资料戏剧专辑. 1992.

[9] 冯贺坤，王万涛. 大连地名史话. 大连：大连海事大学出版社，2006.

[10] 铃木正次. 大连回想. 日本：河出书房新社，1985.

[11] 清冈卓行. 洋槐树下的大连. 北京：世界文学杂志，1996（1）.

[12] 松原一枝. 幻的大连. 日本：新潮社，2008.

[13] 富永孝子. 大连·空白的六百日. 日本：日本新评论株式会社，1986.

[14] 鲁海. 青岛老街故事. 青岛：青岛出版社，2003.

[15] 政协大连市西岗区委员会文史资料委员会. 西岗文史资料. 1997-2007.

[16] 大连市艺术研究所. 大连文化艺术资料. 1991.

[17] 中国人民政治协商会议大连市中山区文史资料委员会. 中山文史. 1992.

[18] 中共大连市委党史研究室. 大连中华青年会史料集. 1990.

[19] 大连市文化广播播影视局. 大连文物要览. 大连：大连出版社，2009.

[20] 大连市中山区地方志编纂委员会. 中山区志. 北京：方志出版社，2002.

[21] 大连日报社. 大连报史资料. 1989.

[22] 周大新. 大连与中国电影. 北京：中国电影出版社，2008.

[23] 眭庆曦，张复合，村松伸，等. 中国近代建筑总览——大连篇. 北京：中国建筑工业出版社，1995.

[24] 吴运铎. 把一切献给党. 北京：工人出版社，1953.

[25] 大连市史志办公室. 开始全面建设社会主义时期的大连（1957.1-1966.4）. 大连：大连出版社，1998.

[26] 《辽宁师范大学校史》编辑委员会. 辽宁师范大学校史. 大连：辽宁师范大学出版社，2001.

[27] 柴红梅. 日本侦探小说与大连关系研究. 北京：中国出版集团世界图书出版公司，2011.

[28] 柴红梅. 日本现代主义诗歌之大连起源观. 重庆大学学报，2008（4）.

[29] 柴红梅. 大连的日本“返迁体验文学”论——以松下满连子的《再见，大连》为例. 山东社会科学，2011（3）.

[30] 张蕾. 日本近现代作家与大连. 日本研究，2011（3）.

[31] 柴红梅. 大连的都市文化与日本近现代文学. 学术交流，2011（4）.

[32] 孙懋德. 大连理工大学校史. 大连：大连理工大学出版社，1989.

[33] 林呐，徐柏容，郑法清. 庐隐散文选集. 天津：百花文艺出版社，1992.

[34] 大连市史志办公室. 大连英烈. 大连：大连出版社，1995.
[35] 钱新哲. 党的好女儿赵桂兰. 大连新华书店，1950.
[36] 田志军，杲树. 甘井子史话. 大连：大连出版社，2010.
[37] 孙激扬. 大连历史文化丛书——邮电史话. 大连：大连海事大学出版社，2006.
[38] 韩悦行. 大连掌故. 大连：大连出版社，2007.
[39] 周立民. 沈从文眼中40年前的大连. 大连日报，2004-04-07.
[40] 周立民. 大连这片神圣自由的土地. 大连日报，2004-04-16.
[41] 刘向宇. 浅析北川冬彦及其反战诗歌. 安徽文学，2011（11）.
[42] 政协大连市甘井子区委员会文史资料委员会. 甘井子文史资料. 1989.
[43] 大连港集团. 大码头面孔. 长春：长春出版社，2009.
[44] 田久川，董志正，关捷. 日俄战争史略. 大连：东北财经大学出版社，2005.
[45] 田久川，董志正，关捷. 日俄战争史末. 大连：东北财经大学出版社，2005.
[46] 杜炜垠. 大连市风景名胜. 大连市风景区管理处，1987.
[47] 大连机车车辆工厂厂志编纂委员会. 铁道部大连机车车辆工厂志（1899-1987）. 大连：大连出版社，1993.
[48] 大连钢厂厂志办公室. 大连钢厂志. 沈阳：辽宁人民出版社，1988.
[49] 《大化志》编纂委员会. 大化志（1933-1985）. 大连化学工业公司，1988.
[50] 德富苏峰. 中国漫游记 七十八日游记. 刘红，译. 北京：中华书局，2008.
[51] 中村光夫. “不如早死好”——二叶亭四迷传. 刘上明，译. 长沙：湖南人民出版社，1987.
[52] 大连市甘井子地方志编纂委员会. 甘井子区志. 北京：方志出版社，1995.
[53] 刘连岗. 大连港口纪事. 大连：大连海运学院出版社，1988.
[54] 大连市卫生局. 大连市杏林名人谱（一）. 大连市卫生局，1985.
[55] 芥川龙之介. 中国游记. 陈生保，张青平，译. 北京：北京十月文艺出版社，2006.
[56] 大连机车车辆厂史编写组. 战斗的里程——大连机车车辆厂史. 沈阳：春风文艺出版社，1962.
[57] 小林爱雄，夏目漱石. 中国印象记 满韩漫游. 李炜，王成，译. 北京：中华书局，2000.
[58] 吴青云. 大连历代诗选注. 大连：大连出版社，1992.
[59] 吕伟俊，王德刚. 孙传芳. 济南：山东大学出版社，1996.
[60] 刘景泉，张健，王雪超. 宋教仁. 北京：团结出版社，2011.
[61] 吴俊燮. 段祺瑞年谱. 北京：中华书局，2007.
[62] 阎锡山. 阎锡山日记1931-1950. 北京：九州出版社，2011.
[63] 许汉三. 黄炎培年谱. 北京：文史资料出版社，1985.
[64] 爱新觉罗·毓嶦. 爱新觉罗毓嶦回忆录. 北京：华文出版社，2005.
[65] 李芒，黎继德. 日本散文精品（咏物卷）. 昆明：云南人民出版社，1999.
[66] 爱新觉罗·溥杰. 溥杰自传——爱新觉罗家族成员的回忆. 北京：中国文史出版社，2001.
[67] 辛培林，等. 吴俊升全传. 哈尔滨：黑龙江人民出版社，2001.
[68] 徐立亭. 盛宣怀. 哈尔滨：哈尔滨出版社，1996.
[69] 李德福. 侵华恶魔——冈村宁次. 北京：世界知识出版社，1995.
[70] 陈旭麓，顾廷龙，汪熙. 辛亥革命前后——盛宣怀档案资料选辑之一. 上海：上海人民出版社，1979.

[71] 棋本捨三. 川岛芳子其人. 丹东，译. 北京：世界知识出版社，1984.
[72] 文史委. 土匪军阀张宗昌. 北京：中国文史出版社，1991.
[73] 张福高. 人民的旅大. 知识书店，1951.
[74] 刘世绮. 旅大地理. 上海：新知识出版社，1958.
[75] 谭鸿鑫. 老烟台春秋. 烟台新闻出版局内部资料，2002.
[76] 谭鸿鑫. 老烟台影览. 烟台新闻出版局内部资料，1996.
[77] 亚历山大·斯捷泮诺夫. 旅顺口. 陈昌浩，译. 北京：作家出版社，1954.
[78] 筱田六三. 大连图绘. 大阪屋号书店，1930.
[79] 旅顺要塞司令部许可制作. 最新大连市街全图. 1937.
[80] 旅顺要塞司令部许可制作. 大连市街全图. 1941.
[81] 旅顺要塞司令部许可制作. 大连番地入案内. 1943.
[82] 河村幸一. 1988年手绘大连地图. 1988.
[83] 大连市测绘学会，辽宁省测绘局. 大连交通旅游图. 北京：测绘出版社，1980.
[84] 大连市交通公司. 大连市内电汽车线路图. 1980.
[85] 郑孝胥. 郑孝胥日记. 北京：中华书局，1993.
[86] 杨天石，王学庄. 拒俄运动1901-1905. 北京：中国社会科学出版社，1979.
[87] 中国近代经济史资料丛刊编辑委员会. 中国海关与辛亥革命. 北京：中华书局，1983.
[88] 邹念之. 日本外交文书选译——关于辛亥革命. 北京：中国社会科学出版社，1980.
[89] 政协辽宁省文史资料委员会. 辽宁文史资料选辑. 沈阳：辽宁人民出版社，1994.
[90] 赵润生，马亮宽. 辛亥滦州兵谏和滦州起义. 天津：天津人民出版社，2003.
[91] 中国史学会. 中国近代史资料丛刊——辛亥革命. 上海：上海人民出版社，1957.
[92] 第一历史档案馆. 清代档案史料丛编第八辑——东三省辛亥革命史料. 北京：中华书局，1982.
[93] 李鸿文，张本政. 东北大事记. 长春：吉林文史出版社，1987.
[94] 《大连公交大事记》编纂委员会. 大连公安大事记（1945-1990）. 大连：大连出版社，1998.
[95] 鲁在瑄，郭天佑，王昭建，等. 辛亥革命在山东. 济南：山东人民出版社，1991.
[96] 黄炎培. 黄炎培日记. 北京：华文出版社，2008.
[97] 竺可桢. 竺可桢日记. 北京：人民出版社，1984.
[98] 田汉. 田汉文集. 北京：中国戏剧出版社，1983.
[99] 丁玲. 丁玲文集. 长沙：湖南人民出版社，1982.
[100] 卢鸿基. 卢鸿基文集. 杭州：中国美术学院出版社，2008.
[101] 新浪博客“图说老大连”http://blog.sina.com.cn/u/1802685697
[102] 新浪博客“写着玩儿”http://blog.sina.com.cn/jianadalaohe
[103] 新浪博客“caodaye”http://blog.sina.com.cn/u/1687496272
[104] 新浪博客“熊哥作坊”http://blog.sina.com.cn/u/1367920952
[105] 新浪博客“曲国胜的BLOG”http://blog.sina.com.cn/dllaoq
[106] 天涯社区“DL王毅”http://www.tianya.cn/23881171

许多资料来源无法一一翔实附上，敬请原谅，谨此感谢！

后记

2010年的时候，记不清具体日期了，我刚刚调到大连出版社工作不久，一天在《半岛晨报》上读到一篇讲述大连城市记忆拍摄队的文章，提到某个成员正在撰写一本关于大连老街的书。

出于编辑的敏感，我立刻打通报社的电话，通过写那篇文章的记者葛运福，最终辗转联系上了《大连老街故事》（初名）的作者嵇汝广。在电话里，一句“我也是‘海南丢’的后代”拉近了我与他的距离，从此，两个“海南丢”的后代，怀着对大连这座城市的深深爱恋，开始了《记忆·大连老街》历时四年的出版之旅。

嵇汝广来自一个历经百年的“海南丢”家族，一张老房契唤醒了他深藏心底的赤子情怀。生于斯长于斯的这座城，是他魂牵梦绕的家园故土，是他血管里抹不掉的生命烙印。他恋城成痴，每天游走在大连的街头巷尾，追究每一处断壁残垣的前世今生。从2003年开始构思，到2011年初稿完成，历经八年，终成一书。2009年至2011年动笔写作的三年间，他经常熬夜，一度有半年时间是白天工作，夜晚写到次日凌晨2点。在这个过程中，他遇到了很多误解和困难，但也收获了很多朋友和他们的支持。

2012年9月，历尽千辛万苦，《记忆·大连老街》作为大连出版社“品读大连”系列丛书（第一季）之一，终于面市，并立刻得到了广大读者的欢迎与认可。很多人参与到对大连的追忆与考证中，他们与作者取得联系，就某个细节与作者一起反复论证，这些论证的结果后来在修订版中都得以体现。

还有一些年轻读者，包括那些新大连人，还曾带着这本书走进大连的老街深巷，去与书中描摹的老街、老房子来一段奇异的邂逅。

如今，《记忆·大连老街（续）》也即将付梓，虽然此时我的工作已有变化，但这本书却始终是我放不下的一个牵挂。2014年，在繁忙的工作之余，我与嵇汝广一如从前，经常就书稿中的某个细节进行不厌其烦的讨论与考证，希望呈献给读者的，是一个虽不完美但充满诚意的完整作品。把《记忆·大连老街》出齐是我和嵇汝广的一个美好愿望，没有功利方面的考虑，只是想做成这件事，觉得这本书对这座年轻而又变化太快的城市很有意义，时间会证明这一点。

城市发展的脚步总是太快，我们是一路向前，一边奔跑一边遗忘，还是应该不时回一下头，看看自己的脚印，在记忆之美里留下沉淀与反思？我们更愿意选择后者。如果说城市如树，那么老街就是这棵百年大树的枝与蔓，它们存储着城市历史文化发展的脉络，每一片叶子都印记着城市所走过的坎坷而艰辛的脚步。在《记忆·大连老街》之前，你不知道去哪里追溯这些故园旧影；在这本书之后，大连的历史街里将变得清晰立体起来，你终于可以对孩子说，从前，这里……

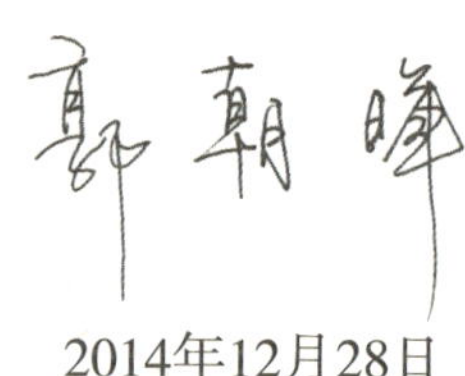

2014年12月28日

致谢

建筑的艺术之美，历史的沧桑之美，在城市的自然之美基础上确立并形成了大连的人文之美。希望善待我们的山与海，善待我们的历史，善待我们的人文，善待我们的城市。大连是温情的！

感谢郭朝晖女士多年来的信任和帮助。

感谢丁伟敏、朱桃春、朱作芬、曹隽卿、杨洪奕、吴爽、胡慧雯、韩梅、赵丽彦、王宏秋、李雪、葛运福、满文飞、张春雷、潘仁龙、曲家乙、于歌、杨锡月、蒋智南、刘潮争、贺明琦、贺兴基、朱作霈（已故）、朱作霙（已故）、朱述明、朱善来、王建波、解焕新、朱爱华、刘新杉、邹德秀、李向明、董艺兵、刘日忠、连永升、付潇深、吕忠正、孙群萃、徐巍巍、胡航、李光禄、陈亮、申大鹏、刘宝森、张高翔、尹玉瑛、唐学恺、张立聪、田野等诸位老师多年来的无私帮助。

感谢蓝薇薇（蓝天蔚将军曾外孙女）、徐学航（徐镜心将军曾孙）、卢家荪（卢鸿基先生外孙）、曹长来、葛书光、王永保、刘超英、徐雪飞、葛峰、无尘等友情提供资料。

感谢付周霞、谷骞骞、孙来成（已故）、刘新杉、刘子键等友情帮助日语翻译。

感谢栾礼建、邢国文友情帮助俄语翻译。

对大连市档案局及蒋耀辉副局长、大连现代博物馆李军副馆长的指导与帮助表示感谢。

特别鸣谢大连出版社檀月。

2015年1月